中小学教师信息技术培训丛书

# 信息化教学方法与技术

张嘉志　编著

**图书在版编目（CIP）数据**

信息化教学方法与技术 / 张嘉志编著. —北京：北京师范大学出版社，2012.4（2013.1 重印）
（中小学教师信息技术培训丛书）
ISBN 978-7-303-14005-3

Ⅰ.①信… Ⅱ.①张… Ⅲ.①计算机辅助教学－教学研究 Ⅳ.①G434

中国版本图书馆CIP数据核字（2012）第 017668 号

营销中心电话 010-58802755 58800035
北师大出版社职业教育分社网 http://zjfs.bnup.com.cn
电子信箱 bsdzyjy@126.com

出版发行：北京师范大学出版社 www.bnup.com.cn
北京新街口外大街19号
邮政编码：100875
印　　刷：保定市中画美凯印刷有限公司
经　　销：全国新华书店
开　　本：184 mm × 260 mm
印　　张：12.25
字　　数：270 千字
版　　次：2012 年 4 月第 1 版
印　　次：2013 年 1 月第 2 次印刷
定　　价：29.80 元

策划编辑：周光明　宋淑玉　　责任编辑：周光明　宋淑玉
美术编辑：高　霞　　装帧设计：高　霞
责任校对：李　菡　　责任印制：孙文凯

# 前 言

"信息技术对教育发展具有革命性影响，必须予以高度重视。"这是《国家中长期教育改革和发展规划纲要(2010—2020年)》对教育信息化在教育发展中重要地位的描述。随着信息技术的飞速发展和教育改革的不断深入，教学方法和模式不断推陈出新，信息化教学正是在这种背景下应运而生的，它是信息技术与现代教育理论相结合的产物，它将通过对传统教学的继承和发展、改造和创新，促进信息时代教学模式的全面创新，推动素质教育的创新发展。

广州市自2004年"教育e时代"工程启动以来，坚持"以优质均衡为目标、以师生发展为根本、以教育科研为引领、以实际应用为核心"的核心理念统领全市的教育信息化工作，并以"实验先行、示范带动、全面推进"的策略，通过对现代教育技术的理论与实践研究，科学地引领区域教育信息化的应用。几年来，广州市以各级各类教育技术实验校为基地，大力开展信息技术的教育应用研究和教学改革实践，形成了一批先进的教学模式。但综观全市的信息技术教学应用，信息技术与教学改革相结合的深度、广度、效度仍需进一步提高，教师特别是农村教师的教育信息技术能力建设仍需进一步加强。

为使教育信息化更好地服务于教学改革，服务于教师专业发展，服务于教育均衡发展，特组织编写了本教师培训教材，目的是帮助广大中小学教师进一步了解信息化教学的概念、技术与方法，深化信息技术与课程整合的实践和研究，并通过实际教学案例的分析与研究，激发广大教师的思考和实践欲望，引导广大中小学教师深入研究、深化应用、勇于实践、不断创新，以进一步提升区域教育信息化的应用水平。

本教材中提到的各种教学案例和软件工具等资源可以到广州市师生多媒体创作网站(http：//ss. gzjkw. net/ssdmt/)下载。本教材编写过程中得到华南师范大学柯清超教授的精心指导和大力支持，华南师大研究生陈江涛、黄小强、余秀兰、陈鑫、刘毅、廖勇刚、计晗芬、杨爽、殷慧霞、曾颖欣等同学参与了教材资料整理与编写工作，对这些专家和同学付出的辛勤劳动，在此表示衷心的感谢。

鉴于编者水平有限，不足之处，恳请读者们批评指正！

张嘉志
2011年8月于广州

# 目 录

# 第一章

# 信息化教学概述

信息技术的出现使人类社会迅速步入信息社会，给人们生活带来了巨大的改变。随着信息技术在教育教学中的应用不断深入，信息化教学应运而生。它作为一种新型的教学形式，以现代信息技术的应用为主要特征；与传统教学相比，信息化教学是具有多样化的教学手段、丰富的教学资源、现代教学理念指导下的新型教学模式。本章首先介绍信息化教学的基本概念、理论基础与技术基础；其次介绍了信息化教学模式的基本分类，并在此基础上分析了信息化教学的三种基本模式：课堂讲授型、探究型以及协作型；最后在此基础上对比了信息化教学模式与传统教学模式的异同点。

## 学习目标

1. 理解信息化教学的概念、要素及特征
2. 了解信息化教学的理论基础与技术基础
3. 了解信息化教学的基本模式
4. 比较传统教学与信息化教学的异同

## 本章知识地图

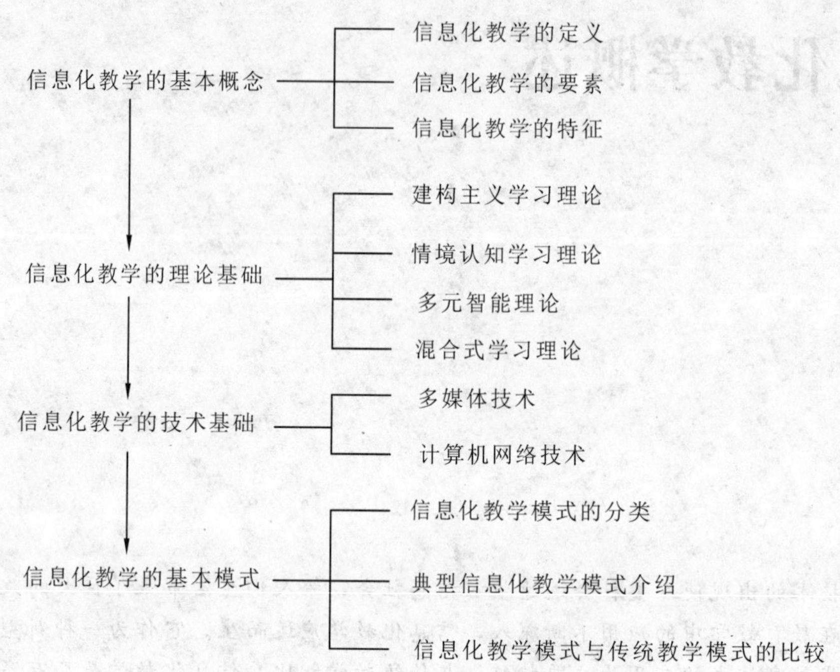


## 第一节 信息化教学的基本概念

### 一、信息化教学的定义

信息化是当今世界经济和社会发展的大趋势，以多媒体和网络技术为核心的信息技术已成为拓展人类能力的创造性工具。伴随着教学环境信息化以及数字化教学资源在教学中的应用，一些新的教学观念、教学组织形式、教学方法等正在形成，从而促进了新型教学模式不断应用于实践。正如教学是教育的主体和核心一样，信息化教学也是信息化教育的主体和核心，它是与传统教学相对而言的一种新型教学形式，它注重现代教学媒体在教育中的应用。

信息化教学，就是指教育者和学习者借助现代教育媒体、教育信息资源和方法进行的双边活动。它既是师生运用现代教育媒体进行的教学活动，也是基于信息技术在师生间开展的教学活动。

信息化教学不仅是在传统教学的基础上对教学媒体和手段的改变，而且是以现代信息技术为基础的整体的教学体系的一系列的改革和变化。信息化教学是与传统教学相对而言的现代教学的一种表现形态，它是在现代教学理念的指导下，重视现代信息技术，如多媒体技术、计算机网络技术、卫星通信技术等在教学中的作用，充分利用现代教育技术手段，应用现代教学方法，调动多种教学媒体、信息资源，构建良好的教学与学习环境，并在教师的组织和指导下，充分发挥学生的主动性、积极性、创造性，使学生能够真正成为知识、信息的主动建构者，从而达到良好的教学效果。

## 二、信息化教学的要素

在传统的教学系统中，教育者、学习者、教学内容是三个基本要素，这三个要素是相互影响、相互作用的。学生是学习的主体，学生是教学活动的出发点、教学活动的落脚点；教学内容是教学活动赖以发生的基础；教学活动是通过教师来实现的，教师在教学活动中起主导作用，在教学过程中发挥主动性来调整学生的学习活动和教学内容，使教学达到最优化的程度。

随着信息技术的迅速发展，媒体在现代教育教学活动中起着越来越大的作用。媒体要素的介入，引发了教学内容传递形式、表达形式的变化，引发了教学方式革命性的变化，媒体成为信息化教学系统的重要构成要素之一。媒体、教师、学习者、教学内容构成了信息化教学系统的四个核心要素。

### 1. 媒体

信息化教学系统中的媒体主要指现代教学媒体，现代教学媒体是近一个世纪以来利用科技成果发展起来并被引入教学领域的电子传播媒体，主要包括幻灯、投影、录音、录像、电视、计算机等教学媒体，以及由它们组合而成的教学媒体系统，如多媒体综合教室、计算机综合教室、视听阅览室、微格教学训练系统等。

从电化教育到信息化教育，媒体观在不断转变。在电化教育阶段，教学媒体在传统课堂教学中主要是传递教学信息，以生动形象的方式展示教学中的重点，解决传统教学手段难以解决的问题。在信息化教育的初期，行为主义学习理论作为主要的理论支撑，电视、录音、计算机辅助教学(Computer Aided Instruction，CAI)等教学媒体进入教学，这一阶段人们利用计算机进行教学，教学媒体被视为教师的教学工具、学生的认知工具和学习工具。随着多媒体计算机、校园网、Internet 等进入教学，建构主义学习理论作为主要的指导理论，人们将教学媒体看做是教育教学发生的物质基础和平台，媒体技术为学生和教师提供了一个数字化教学环境。

### 2. 教师

在传统的教学过程中，教师处于主导地位，其主要工作是收集、处理、传送信息，对学习者进行教育，实现教育的目标。现代教育理念的不断更新，促使教师转变教学观念；现代信息技术的发展以及现代教学媒体在教学中的应用，使得教师的角色发生变化。信息时代对教师提出了新的挑战，要求教师具备在信息化教学环境中开展教学的能力。

### 3. 学习者

当前，以学习者为主体的教育思想已成为教育教学的主导思想，在信息化教学过程中，学习者是教学活动的对象，是学习的主体，教师的一切教学活动都是围绕学习者来开展的，没有学习者就不存在教学活动。因此，学习者是教学活动的根本要素。信息化教学环境为学习者提供了丰富的网络信息资源和灵活的学习平台，使学习者的学习方式和学习行为发生变化。信息技术为学习者的学习带来便利的同时，也对学习者提出了更高的要求，例如学习方式逐渐由被动接受式的学习转向自主学习、合作学习、探究学习等信息化学习方式。

**4. 教学内容**

教学内容是指教学过程中师生之间传递学习的知识、方法和技能等内容。现代信息技术的发展和现代教学媒体在教学中的应用，使得教学内容具有新的特征，主要体现在以下五个方面：

(1)表现形态多媒体化。

(2)处理数字化。

(3)传输网络化。

(4)超媒体线性组织。

(5)综合化。

## 三、信息化教学的特征

信息化教学的特征，可以从技术层面和教育层面来加以考察。

首先，从技术层面上看，信息化教学的基本特点是数字化、网络化、智能化和多媒体化。数字化使得信息化教学系统的设备简单、性能可靠、标准统一，网络化使得信息资源可共享、突破时空限制、人际合作易实现，智能化使得系统能够做到教学行为人性化、人机通信自然化、繁杂任务代理化，多媒体化使得媒体设备一体化、信息表征多元化、复杂现象虚拟化。

其次，从教育层面上看，信息化教学的基本特征是开放性、共享性、交互性与协作性。开放性使得教育社会化、终身化，学习生活化、自主化。可以预见在未来的若干年内，教育将从学校走向家庭、社区、乡村，走向信息技术普及的任何地方。学习将不再受时空和地域的限制，学习者可以在任何时间通过互联网，根据自己的需求、知识背景、个人喜好、学习风格来选择学习内容、学习方式、学习进度，设计解决问题的方案，开展学习活动。共享性是信息化的本质特征，它为教育教学提供了丰富的教学资源，大量的数据文件、档案资料、软件程序等形成一个高度综合、集成的资源库。交互性使得学习者可以向教师提问，可以与其他学习者交流，可以围绕当前或当时的学习主题相互讨论，形成各自的判断，表达自己对问题的理解，交流各自解决问题的不同思路，相互分享解决问题的过程和成果，甚至于相互答疑、分析和评价。协作性使教师有更多的与他人协作和研讨的时间和空间，使学习者通过合作的方式共同解决问题。

# 第二节 信息化教学的理论基础

## 一、建构主义学习理论

近二十年来，把学生作为知识灌输对象的行为主义学习理论，已经让位于把学生看做是信息加工主体的认知学习理论。随着心理学家对人类学习过程认知规律研究的不断深入，近年来，认知学习理论的一个重要分支——建构主义学习理论在西方逐渐流行。

建构主义是认知心理学派中的一个分支。在皮亚杰(Piaget)的“认知结构说”的基础上，科恩伯格(Kernberg)在认知结构的性质与发展条件等方面作了进一步的研究。维果茨基(Vygotsky)提出“文化历史发展理论”，强调了认知过程中学习者所处的社会文化历史背景的作用，并提出了“最近发展区”的理论。建构主义学习理论认为：学习不是由教师把知识简单地传递给学生，而是由学生自己建构知识的过程。学生不是简单被动地接受信息，而是主动地建构知识的意义，这种建构是无法由他人来代替的。

建构主义认为，知识不是通过教师传授得到，而是学习者在一定的情境即社会文化背景下，借助其他人(包括教师和学习伙伴)的帮助，利用必要的学习资料，通过意义建构的方式而获得。由于学习是在一定的情境即社会文化背景下，借助其他人的帮助即通过人际间的协作活动而实现的意义建构过程，因此建构主义学习理论认为“情境”、“协作”、“会话”和“意义建构”是学习环境中的四大要素或四大属性。

情境：学习环境中的情境必须有利于学生对所学内容的意义建构。这就对教学设计提出了新的要求，也就是说，在建构主义学习环境下，教学设计不仅要考虑教学目标分析，还要考虑有利于学生建构意义的情境的创设问题，并把情境创设看做是教学设计的最重要内容之一。

协作：协作发生在学习过程的始终。协作对学习资料的搜集与分析、假设的提出与验证、学习成果的评价直至意义的最终建构均有重要作用。

会话：会话是协作过程中不可缺少的环节。学习小组成员之间必须通过会话商讨如何完成规定的学习任务；此外，协作学习过程也是会话过程，在此过程中，每个学习者的思维成果(智慧)为整个学习群体所共享，因此会话是达到意义建构的重要手段之一。

意义建构：这是整个学习过程的最终目标。所要建构的意义是指：事物的性质、规律以及事物之间的内在联系。在学习过程中帮助学生建构意义就是要帮助学生对当前学习内容所反映的事物的性质、规律以及该事物与其他事物之间的内在联系达到较深刻的理解。这种理解在大脑中的长期存储形式就是关于当前所学内容的认知结构。由以上所述的“学习”的含义可知，学习的质量是学习者建构意义能力的函数，而不是学习者重现教师思维过程能力的函数。换句话说，获得知识的多少取决于学习者根据自身经验去建构有关知识的意义的能力，而不取决于学习者记忆和背诵教师讲授内容的能力。

建构主义提倡在教师指导下的、以学习者为中心的学习，也就是说，既强调学习者的认知主体作用，又不忽视教师的指导作用，教师是意义建构的帮助者、促进者，而不是知识的传授者与灌输者。学生是信息加工的主体，是意义的主动建构者，而不是外部刺激的被动接受者和被灌输的对象。学生要成为意义的主动建构者，就要求其在学习过程中从以下几个方面发挥主体作用：

(1)要用探索法、发现法去建构知识的意义。

(2)在建构意义过程中要求学生主动去搜集并分析有关的信息和资料，对学习中遇到的问题要提出各种假设并努力加以验证。

(3)要把当前学习内容所反映的事物尽量和自己已经知道的事物相联系，并对这种联系加以认真的思考。“联系”与“思考”是意义构建的关键。如果能把联系与思考的过程与协作学习中的协商过程(即交流、讨论的过程)结合起来，则学生建构意义的效率会更高、质量会更好。协商有“自我协商”与“相互协商”(也叫“内部协商”与“社会协商”)两种，自我协商是指自己和自己争辩什么是正确的；相互协商则指学习小组内部相互之间的讨论与辩论。

教师要成为学生建构意义的帮促者，就要求教师在教学过程中从以下几个方面发挥指导作用：

(1)激发学生的学习兴趣，帮助学生形成学习动机。

(2)通过创设符合教学内容要求的情境和提示新旧知识之间联系的线索，帮助学生建构当前所学知识的意义。

(3)为了使意义建构更有效，教师应在可能的条件下组织协作学习(开展讨论与交流)，并对协作学习过程进行引导使之朝有利于意义建构的方向发展。引导的方法包括：提出适当的问题以引起学生的思考和讨论；在讨论中设法把问题一步步引向深入以加深学生对所学内容的理解；要启发诱导学生自己去发现规律、自己去纠正和补充错误的或片面的认识。

同化和顺应是学习者认知结构发展变化的两种途径或方式。同化，指学习者把外在的信息纳入到已有的认知结构中，以丰富和加强已有的思维倾向和行为模式。顺应指学习者已有的认知结构与新的外在信息产生冲突时，引发原有认知结构的调整或变化，从而建立新的认知结构。同化是认知结构的量变，而顺应则是认知结构的质变。同化—顺应—同化—顺应，循环往复，平衡—不平衡—平衡—不平衡，相互交替，人的认知水平的发展，就是这样的一个过程。这样看来，学习不是简单的信息积累，更重要的是包含新旧知识经验的冲突，以及由此而引发的认知结构的重组。学习过程不是简单的信息输入、存储和提取，是新旧知识经验之间双向的相互作用过程，也就是学习者与学习环境之间互动的过程。

与建构主义学习理论以及建构主义学习环境相适应的教学模式为："以学生为中心，在整个教学过程中由教师起组织者、指导者，帮助者和促进者的作用，利用情境、协作、会话等学习环境要素充分发挥学生的主动性、积极性和首创精神，最终达到使学生有效地实现对当前所学知识的意义建构的目的。"在这种模式中，学生是知识意义的主动建构者；教师是教学过程的组织者、指导者，意义建构的帮助者、促进者；教材所提供的知识不再是教师传授的内容，而是学生主动建构意义的对象；媒体也不再是帮助教师传授知识的手段、方法，而是用来创设情境、进行协作学习和会话交流，即作为学生主动学习、协作式探索的认知工具。显然，在这种场合，教师、学生、教材和媒体四要素与传统教学相比，各自有完全不同的作用，彼此之间有完全不同的关系。但是这些作用与关系也是非常清楚、非常明确的，因而成为教学活动进程的另外一种稳定结构形式，即建构主义学习环境下的教学模式。

在建构主义的教学模式下，目前已开发出的、比较成熟的教学方法主要有以下几种：

**1. 支架式教学(Scaffolding Instruction)**

支架式教学被定义为："支架式教学应当为学习者建构对知识的理解提供一种概念框架(Conceptual Framework)。这种框架中的概念是为发展学习者对问题的进一步理解所需要的，为此，事先要把复杂的学习任务加以分解，以便于把学习者的理解逐步引向深入。"

支架原本指建筑行业中使用的脚手架，在这里用来形象地描述一种教学方式：儿童被看做是一座建筑，儿童的"学"是在不断地、积极地建构着自身的过程；而教师的"教"则是一个必要的脚手架，支持儿童不断地建构自己，不断建造新的能力。支架式教学是以苏联著名心理学家维果茨基的"最近发展区"理论为依据的。维果茨基认为，在测定儿童智力发展时，应至少确定儿童的两种发展水平：一种是儿童现有的发展水平；一种是潜在的发展水平，这两种水平之间的区域称为"最近发展区"。教学应从儿童潜在的发展水平开始，不断创造新的"最近发展区"。支架式教学中的"支架"应根据学生的"最近发展区"来建立，通过支架作用不停地将学生的智力从一个水平引导到另一个更高的水平。

支架式教学由以下几个环节组成：

(1)搭脚手架——围绕当前学习主题，按"最近发展区"的要求建立概念框架。

(2)进入情境——将学生引入一定的问题情境。

(3)独立探索——让学生独立探索。探索内容包括：确定与给定概念有关的各种属性，并将各种属性按其重要性大小顺序排列。探索开始时要先由教师启发引导，然后让学生自己去分析；探索过程中教师要适时提示，帮助学生沿概念框架逐步攀升。

(4)协作学习——进行小组协商、讨论。讨论的结果有可能使原来确定的、与当前所学概念有关的属性增加或减少，各种属性的排列次序也可能有所调整，并使原来多种意见相互矛盾且态度纷呈的复杂局面逐渐变得明朗、一致起来。在共享集体思想成果的基础上达到对当前所学概念比较全面、正确的理解，即最终完成对所学知识的意义建构。

(5)效果评价——对学习效果的评价包括学生个人的自我评价和学习小组对个人的学习评价，评价内容包括：①自主学习能力；②对小组协作学习所做出的贡献；③是否完成对所学知识的意义建构。

**2. 抛锚式教学(Anchored Instruction)**

这种教学要求建立在有感染力的真实事件或真实问题的基础上。确定这类真实事件或问题被形象地比喻为"抛锚"，因为一旦这类事件或问题被确定了，整个教学内容和教学进程也就被确定了(就像轮船被锚固定一样)。建构主义认为，学习者要想完成对所学知识的意义建构，即达到对该知识所反映事物的性质、规律以及该事物与其他事物之间联系的深刻理解，最好的办法是让学习者到现实世界的真实环境中去感受、去体验(即通过获取直接经验来学习)，而不是仅仅聆听别人(例如教师)关于这种经验的介绍和讲解。由于抛锚式教学要以真实事件或问题为基础(作为"锚")，所以有时也被称为"实例式教学"或"基于问题的教学"或"情境性教学"。

抛锚式教学由这样几个环节组成：

(1)创设情境——使学习能在和现实情况基本一致或相类似的情境中发生。

(2)确定问题——在上述情境下，选择出与当前学习主题密切相关的真实性事件或问题作为学习的中心内容。选出的事件或问题就是"锚"，这一环节的作用就是"抛锚"。

(3)自主学习——不是由教师直接告诉学生应当如何去解决面临的问题，而是由教师向学生提供解决该问题的有关线索，并特别注意发展学生的自主学习能力。

(4)协作学习——讨论、交流，通过不同观点的交锋，补充、修正、加深每个学生对当前问题的理解。

(5)效果评价——由于抛锚式教学的学习过程就是解决问题的过程，由该过程可以直接反映出学生的学习效果。因此对这种教学效果的评价不需要进行独立于教学过程的专门测验，只需在学习过程中随时观察并记录学生的表现即可。

**3. 随机进入式教学(Random Access Instruction)**

由于事物的复杂性和问题的多面性，要做到对事物内在性质和事物之间相互联系的全面了解和掌握，即真正达到对所学知识的全面而深刻的意义建构是很困难的。往往从不同的角度考虑可以得出不同的理解。为克服这方面的弊病，在教学中就要注意对同一教学内容，要在不同的时间、不同的情境下，为不同的教学目的，用不同的方式加以呈现。换句话说，学习者可以随意通过不同途径、不同方式进入同样教学内容的学习，从而获得对同一事物或同一问题的多方面的认识与理解，这就是所谓"随机进入式教学"。显然，学习者通过多次"进入"同一教学内容将能达到对该知识内容比较全面而深入的掌握。这种多次进入，绝不是像传统教学中那样，只是为巩固一般的知识、技能而实施的简单重复。这里的每次进入都有不同的学习目的，都有不同的问题侧重点。因此多次进入的结果，绝不仅仅是对同一知识内容的简单重复和巩固，而是使学习者获得对事物全貌的理解与认识上的飞跃。

随机进入式教学主要包括以下五个环节：

(1)呈现基本情境——向学生呈现与当前学习主题的基本内容相关的情境。

(2)随机进入学习——根据学生随机进入学习所选择的内容，而呈现与当前学习主题的不同侧面特性相关联的情境。在此过程中教师应注意发展学生的自主学习能力，使学生逐步学会自己学习。

(3)思维发展训练——由于随机进入学习的内容通常比较复杂，所研究的问题往往涉及许多方面，因此在这类学习中，教师还应特别注意发展学生的思维能力。

(4)小组协作学习——围绕呈现不同侧面的情境所获得的认识展开小组讨论。在讨论中，每个学生的观点在和其他学生以及教师一起建立的社会协商环境中受到考察、评论，同时每个学生也对别人的观点、看法进行思考并做出反应。

(5)学习效果评价——包括自我评价与小组评价，评价内容包括：①自主学习能力；②对小组协作学习所做出的贡献；③是否完成对所学知识的意义建构。

总之，建构主义作为信息化教学模式构建的关键理论基础，有着与行为主义迥然相异的知识观、学习观和教学观。

## 二、情境认知学习理论

情境认知与学习(Situated Cognition and Learning)是当代西方学习理论领域研究的热点，也是继行为主义"刺激—反应"学习理论与认知心理学的"信息加工"学习理论后的又一个重要的研究取向。这一理论从对传统学校的批判立足，从对学习理论的自身研究反思出发，既满足了学校实践的需求，又有利于学习理论的发展与丰富，展示了其深厚的理论与实践研究底蕴与广阔的未来发展前景。

### 1. 情境学习与情境认知理论提出的背景

在过去的100年中，有关学习的理论研究经历了三个主要范型的转变。20世纪之初，以动物行为研究建模的行为主义"刺激—反应"学习理论的假设在心理学界占据主导地位。行为主义学习理论虽曾受到来自于格式塔心理学派的挑战，然而，终因主客观条件的制约，主张"学习是对理解的探索"的格式塔心理学的学习假设终究没有能得到广泛的接受。直到20世纪50年代以计算机建模的认知心理学的崛起以及内涵更为丰富的、跨学科研究领域"认知科学"的创建才提出了基于认知的信息加工理论的学习隐喻——"学习是知识获得"，形成了挑战行为主义学习理论的新的学习理论。然而，在进入80年代以后，作为认知科学"长期战略"的两大目标受到了质疑，因为这两大目标均定位于"还原说"：其一，将人类复杂的行为同基本的信息加工及其组织联系在一起，试图将复杂行为还原为一连串的简单行为；其二，在说明信息加工的神经机制时，试图表明人类思维可以还原为神经生理学。为此，作为认知心理学创始人之一的奈瑟和作为认知的信息加工理论主要倡导者的西蒙分别在70年代后期和80年代后期都对认知心理学的信息加工模型进行了深刻的反思，提出认知心理学应该作出更加现实的转变，主张以生态学的方法取代信息加工的方法，强调研究自然情景中的认知，更多地关注环境对于智能的影响。进入90年代后，研究情境认知和情境学习以及情境化人工智能的热潮已在认知科学领域出现。这表明认知科学家正试图努力突破信息加工理论的局限，更多地关注社会、历史、文化等外部因素对智能系统内部复杂的信息加工和符号处理的影响并力求将人类智能的研究推向一个新的高度。由此可见，自60年代以来，一直在有关人的思维、学习和发展的各种观点中占据着无可争议的领导地位的认知的信息加工理论，今天已经受到情境认知理论的挑战。

自20世纪80年代末以来，情境认知已成为一种能提供有意义学习并促进知识向真实生活情境转化的重要学习理论。随着以计算机和网络技术为核心的现代信息技术的发展，随着脑科学有关人的高级认知机制研究成果的呈现，随着建构主义理论研究的不断深入，随着基于知识的经济与社会形态的出现，学术界对人的学习本质的认识不断深人，基于情境认知与情境学习的理论研究和实践模式的开发正越来越受到研究者的关注。学习理论的研究首次参照人脑的认知机制构建学习隐喻——“学习是知识的建构，是意义的制定”。这一隐喻的提出开创了真正意义上有关人的学习的研究。而且，与这一有关人的学习隐喻的建立相应的是有关计算机的进一步研究与开发也开始以人脑为隐喻。人与计算机隐喻的互换标志着人类正在长期以来分析、还原、简化研究的基础上开始直面世界的真实性与复杂性，其中包括正视人的学习的本质。在90年代，苏联心理学家维果茨基有关人的心理发展的文化历史学说的传播对整个世界的教育改革产生了重大的影响。此外，网络时代的到来也为广泛意义上的协作学习提供了物质与理念相结合最有力的支持。目前，正在形成第四种有关学习的隐喻，即“学习是社会协商”表明，有关学习是知识建构的隐喻正在被修正，认知—建构正在被纳入学习的社会和文化情境之中，人的知识、认知与学习的情境性本质正在被逐渐揭示出来。

**2. 知识、认知与学习的情境性**

关于情境认知的思考最初起始于对词汇教学的研究。传统教学中，有关知与行分离的假设导致课堂词语教学的低速、低效和学生的失败。相反，在日常交际语境中，人通常能以惊人的速度和成功学习词语。一个人通过听、说、读，16年中平均每长一岁可学到5000个单词(平均每天13个词)。研究所揭示的事实表明，词语和句子并不是孤立的，它们总是存在于一定的交际场合和说话情境之中。研究人员认为，有关词语教学与学习的研究所得出的结论具有一定的普遍意义。因为，所有的知识都和语言一样，都是对世界的索引，都是人的活动和情境互动的产物。因此，情境认知强调将知识视作工具并试图通过真实实践中的活动和社会性互动促进学生的文化适应。

(1)作为工具的概念性知识

情境认知作为有关知识的新观点将概念性知识看作一整套工具。工具和知识共享着若干重要特征：它们都只能通过运用才能完全被理解，它们的运用既必须改变使用者对世界的看法，又必须适应所处文化的信念体系。因此，知识既是情境性的，又是通过活动和运用不断发展的。

如果把知识作为工具来考虑，就必须注意区分消极概念的获得和有用的、健全的知识开发。例如：学生通过课堂教学获得算法、规则和脱离情境的定义，却常常无法加以运用，只能听凭它们处于消极状态。这在传统教学中是非常普遍的现象。遗憾的是，这一问题往往因司空见惯而得不到重视。

然而，在现实生活中，人们总是积极地使用工具，而不仅仅是获取工具，人们在使用工具的同时，不断构建对于世界和工具自身丰富内涵的理解。这一理解是随着人与世界、人与工具的相互作用而持续变化的。因此，在生活中，学习与行动之间的界限是模糊的，学习已成为发生于某一情境中的一种持续的、终身的活动过程。学习使用一种工具，除了解某些确定的规则外，更重要的是要了解工具使用的场合和条件，后者直接来自使用这一工具的某一共同体的活动情境、共同体逐渐积累的独特的洞察力以及共同体的文化。因为，正是该共同体及其共同信念决定了工具的用途。

与生活中使用的其他工具一样，知识工具同样反映了使用这些工具的文化的累积性智慧以及个人的洞察力和活动体验。知识工具的意义不是抽象的、一成不变的，而是共同体内部社会协商的产物。总之，活动、知识和文化是彼此依赖的。

(2)学习与文化适应

对人的文化适应的研究表明，人从出生直至生命的终结都有意或无意地通过观察和实践接受着他所处的各种社会团体的信念、行为标准与价值取向的影响。由于这种文化适应的隐蔽性、复杂性和客观存在性，人们往往忽略了这样一个事实：人们所熟悉的一切不是外部教学的结果，而是周围环境文化的产物。据此，当代学校教育往往并不提供学生参与相关领域文化实践的机会，学校所提供的课程以及作为学校文化特殊组成部分的考试并不能帮助学生有效地进入知识的真实应用领域。正是在反思传统学校脱离生活实践的基础上，情境学习与情境认知的研究者都十分强调按照真实的社会情境、生活情境、科学研究活动改造学校教育，使学生有可能在真实的、逼真的活动中，通过观察、知识工具的应用以及问题的解决，形成科学家、数学家或历史学家等看待世界的方式和解决问题的能力，从而使学习真正有利于学生对某一特定共同体文化的适应。

(3)真实与逼真的活动

众所周知，某一领域的活动都是由其文化规定的。活动的意义和目的是通过现在与过去成员之间的磋商而以社会方式建构的。因此，一切有意义、有目的的活动都是真实的。这样，真实活动可以最简单地定义为日常的文化实践。然而，学校提供给学生的则常常是被传统学校文化扭曲了的真实活动的劣质替代品。讲授式的教学、被动的学习和形式化的成绩测试与评估被隐含在学校的这种自给自足的文化之中，形成了至今在学校中占有优势的传统教学模式。由此产生的结果是：与学校教育培养人才的目标相反，在学校文化中的成功者未必能够成为真实活动中的成功者。情境学习与情境认知的研究正是试图通过设置基于工作的、模仿从业者真实活动的学习环境，或借助信息技术设计的逼真、仿真环境和虚拟实境来提高学习的有效性，并保证知识向真实情境的迁移。

情境认知学习理论虽与建构主义有着千丝万缕的联系，但却有自身独立的观点，并在很多方面发展了建构主义的研究。情境认知学习理论肯定了认知与学习的情境性本质，把研究关注的焦点从个体转向了个体与社会文化情境的关系以及人们在这种情境中的参与和活动，并提出了一系列观点。

**3. 情境认知学习理论的主要内涵**

(1)情境是一切认知学习和行动的基础，强调情境的真实性。

(2)知识是一种应用工具，是真实的活动结果；知识是一种社会建构并表现在人们的行动和共同体互动中。

(3)学习是一种积极参与学习共同体和积极互动的过程。

(4)强调认知工具的运用和知识的协作性建构。

(5)要求学习者在学习的过程中清晰地表达理解和反思。

(6)教师的主要角色是帮促者。

(7)强调真实性的评价。

**4. 情境学习与情境认知的基本特征**

情境学习与情境认知对知识在学习过程中的特征与作用的传统观点发起了挑战。该理论不是把知识作为心理内部的表征，而是把知识视为个人和社会或物理情境之间联系的属性以及互动的产物。因此，参与基于社会情境的一般文化实践是个人知识结构形成的源泉。越来越多的研究表明，在特定情境中获得的知识比所谓的一般知识更有力和更有用。为此，该理论认为，学习不仅仅为了获得一大堆事实性的知识，学习还要求思维与行动，要求将学习置于知识产生的特定的物理或社会情境中，学习更要求学习者参与真正的文化实践。总之，持知识和情境活动相联系观点的情境学习与情境认知理论将研究学习的焦点移至实践共同体中学习者社会参与的特征，将参与视作学习的关键成分，并要求学习者通过理解和经验的不断地相互作用，在不同情境中进行知识的意义协商。由此可见，情境学习与情境认知具有以下基本特征：

(1)基于情境的行动

情境认知理论认为，人类活动是复杂的，包括了社会、物理情境和认知的因素。人们不是根据内心关于世界的符号表征行动的，而是通过与环境直接接触和互动来决定自身的行动的。在这种基于情境的行动中，隐含在人的行动模式和处理事件的情感中的默会知识将在人与情境的互动中发挥作用。情境行动的另一个重要特征是：实践者经常对情境进行反思。这表明，虽然随着实践者经验的日益丰富，其默会知识的复杂性与有用性都会随之增加，但是当实践者必须处理不同情境中的问题时，他必须通过行动中的反思建构、设计解决问题的新方法，以便使情境行动得以继续。研究表明，不同领域的实践都存在着情境行动与行动中的反思相互交替的现象。因此，情境学习的理论鼓励学习者在解决问题时采取相似的行为显然是有益的。

(2)合法的边缘参与

合法的边缘参与(Legitimate Peripheral Participation)是情境学习与情境认知理论的中心概念和基本特征。该概念的提出在很大程度上增强了情境学习的非中心化观点，由此，该理论的分析重点从“居于权威地位的专家”概念转移至“共同体中学习资源的复杂结构”概念。根据这一特征，基于情境的学习者必须是共同体中的“合法”参与者，而不是被动的观察者，同时他们的活动也应该在共同体工作的情境中进行。“边缘的”参与是指这样一个事实，即由于学习者是新手，他们不可能完全地参与所有的共同体活动，而只是作为共同体某些活动的参与者。他们应该在参与部分共同体活动的同时，通过对专家工作的观察、与同伴及专家的讨论，进行学习。在这样一种学习共同体中，专家不能因为新手的潜力而感到有所威胁，而应该尽可能地提供自己的知识与技能。“参与”意味着学徒(或新手)应该在知识产生的真实情境中，通过与专家、同伴的互动，学习他们为建构知识应该做的事情。为此，合法的边缘参与应该是学习者获得文化的机制，它既包括了学徒与专家之间的联系，也包括了与其他所有作为实践文化组成部分的参与者、人工品、符号、技能和观点的联系。情境学习中有关合法的边缘参与的研究主要关注的是学习者的社会参与的形式，学习则是其中必不可少的要素。最后，合法的边缘参与不是一种教学方法。确切地说，它是用新的方式观察和理解学习的透镜。

(3)实践共同体的建构

情境学习将社会性交互作用视作情境学习的重要组成成分。由此，在研究中显现出一个统一的概念，这就是“实践的共同体”(Communities of Practice)。该概念既强调学习是通过参与有目的的模仿活动而构建的，同时，它也同样地强调实践与共同体的重要性。该概念的提出表明，在情境认知中知识被视作行动与成功的实践能力；意义可理解为一种社会单元的构建，该单元共享着某一共同情境中的支柱；学习作为一种结果，可看作是一种增强对共同体验的情境的参与能力。总之，学习是建构一致性与建构理解的一项双重性事业。学习者正是在这样一种实践共同体之中获得该共同体具体体现的信念和行为的。随着学生作为一个初始者或新手逐渐从该共同体的边缘向中心移动，他们会较多地接触共同体中的文化，行动也会变得比较积极，随后，开始更为广泛地接触并进入成熟的实践舞台，扮演专家或熟手的角色。

情境认知学习理论以其独到的知识观、学习观和新颖的教学理念，吸引了许多教学设计研究者关注其实际的开发应用。许多教学设计专家提出了基于情境认知学习理论的教学设计框架，为实施教学过程提供了有益的启示。

总的来看，以情境认知学习理论为基础的信息化教学设计思想框架从以下九个方面来考虑：

(1)按照知识在现实生活中应用的方式，创设真实的情境。

(2)提供真实的活动。

(3)提供方便的专家绩效支持和过程示范。

(4)提供多元化的角色和观点。

(5)支持协作性的知识建构。

(6)促进对所形成的观点进行反思。

(7)促进阐释/清晰地表达，促进隐性知识转化为显性知识。

(8)教师在关键的时候提供指导和支架。

(9)对任务中的学习实施真实性的评价。

## 三、多元智能理论

美国心理学教授霍华德·加德纳在其1983年出版的《心智架构》一书中，提出了“多元智能理论”。加德纳教授将智能定义为解决问题的能力或是在各个文化背景中创作该文化所重视的作品的能力。加德纳教授认为：人的智能是多元化的，我们应该更宽泛地看待“智力”这一概念，每个孩子都是独一无二的，都有其聪明之处，也都具有在某些领域成才的能力，没有人是全能也没有人是无能。

**1. 多元智能的主要观点**

关于多元智能，必须注意以下几个重要观点：

(1)多元智能中八种智能彼此独立，一种智能很好，另一种却可能很差，很少有人能样样具备。

(2)每个人先天的智能组合不同，比如有些人在语文和音乐方面很强，但是社交却特别差。所以要通过评估找出每一个人的最佳智能组合。

(3)每一种智能都有一定的年龄关键期，过了关键期要去发展就很难。比如说音乐要在小时候培养，过了年龄要去学习就很难。但是属于空间智能的绘画，不论年纪多大都可以学习开发。

(4)每一个人除了要找出自己的智能组合外，还要找出学习形态的组合。比如说语言文字智能强的人，可以使用背诵的方式来记忆。但是对于身体运动智能强而语言文字智能弱的人，他可能无法静下来背书，而使用带动唱的方式来背诵比较有效。

(5)多元智能理论的评价不是为了对儿童进行排队，也不仅仅是为了发现小天才，而是旨在发现每个儿童的智能潜力和特点，识别并培养他们区别于他人的智能和兴趣，帮助他们去实现富有个性特色的发展，为他们提供一条建立自我价值感的有效途径。

**2. 多元智能的主要类别**

多元智能理论认为人类的智能是多元化的，人类至少存在八种以上的智能：

(1)语言智能：指用语言文字表达、思考以及欣赏语言文字意义的能力。

(2)数理逻辑智能：指数学运算、科学推理与分析的能力。

(3)视觉空间智能：指运用空间思维、图像思维的能力。

(4)肢体动觉智能：指运用身体操纵物体和调整自身身体的能力。

(5)音乐智能：指对音乐符号、旋律、节奏、音色及音质等敏感的能力。

(6)人际智能：指善解人意、善于交往的能力。

(7)内省智能：指能正确感知、认识自我的能力以及计划和引导自己人生的能力。

(8)自然探索智能：指能认识植物、动物和其他自然环境(如云和石头)的能力。

**3. 多元智能教学观**

多元智能理论是一种“内在建构性”的学习观，在对教学本质及特点的理解上，多元智能理论与建构主义的学习理论有相同之处，即都特别强调每个人都是以自己的方式来理解知识和建构自己对事物的认识的。因此，多元智能理论在教学中特别关注学习者个体智能的差异对教学的意义。在加德纳看来，按照多元智能理论，智能既可以是教学的内容，又可以是教学内容沟通的手段或媒体，这个特点对于教学是很重要的。在他的系列著作中，他强调学校教育的改革必须重视“学生个体的差异”。多元智能理论对学习和教学理解的新视角，决定了多元智能教学的如下特点：

(1)教学过程的生成性

多元智能理论将教学过程界定为一种生成性的过程。加德纳没有直接论述教学过程的这种生成性，但在他的著作《受过训练的智能》一书中提出，在多元智能理论的基础上要建立理解的课堂教学。而这种理解的课堂教学就是“重在理解的建构主义者的课堂教学”。借用建构主义的观点，我们可以将教学过程的生成性理解为两个方面：其一，建构主义认为知识是主体与环境相互作用的结果，这种知识的构建以同化和顺应两种方式进行。其二，建构主义强调学习的主动性、社会性和情境性。在加德纳的著作中，他倡导和建议学校教育应注意吸收两种非学校模式"师徒模式"和"博物馆"的社会场景化学习过程和社会场景化学习环境的有效成分，在教学评估中，他主张进行与学习过程相一致的情境化评估。

(2)教学目标的全面性

多元智能理论主张教学目标的全面性。加德纳的观点是学校教育的宗旨应该是开发多种智能并帮助学生发现适合其智能特点的职业和业余爱好。他认为学校教育的目标并不只是培养学生的智能或基本学科内容和技巧，而是学生必须对待定的学习主题有深入的理解，有进一步独立思考和解决问题的能力。多元智能是达到好的教育的助手，多元智能理论不仅在帮助学生的学习上有特别的功用，而且在帮助学生达到某种有价值的成人角色状态方面也有特别的功用。总之，在加德纳看来，多元智能的教学目标是利用个别差异的心理表征的不同方式。以多元智能为教学上的"多元切入点"，为所有的学生都提供发展的多元途径，实现真正的理解，并使教学与学生的现实及将来的生活真正相联。

(3)学生角色的主动性

多元智能的教学强调教学过程中学生角色的主动性。学生角色的主动性可以从两方面来加以解释：其一，教学过程的师生关系是一种主体间的关系。加德纳在提出多元智能的学校是以"学习者为中心"的学校时，就首先强调了尊重学生的重要性。以"学习者为中心"是多元智能教学的根本倡导，这种"中心"强调了教师对学生主体角色的认同。其二，教学过程是学生主动积极的一种实践活动。加德纳在教学中强调学生的参与，他提倡为学生准备范围更广的可供选择的课程。学生的自主选择，在多元智能的教学中与建构主义的观点一样，被看做是学习和教学中"建构"过程的开始。在教学评估中，加德纳更是重视学生自我评估的重要性。他认为学生通过对自己的评价分析，会产生对自己学习的反思，从而能对自己的学习和发展具有更自觉的责任。

多元智能理论表明每种智能既可以独立工作，也可以协同工作，学生的智能以不同的方式及不同的组合形式表现出来，具有自己的特点和独特的表现方式。每个学生都有自己的优势智力领域，有自己的学习类型和方法。多元智能理论支持积极的学生观、因材施教的教学观和多元的评价观，信息化教学应该关注对学生的多元智能的培养。

## 四、混合式学习理论

### 1. 混合式学习的概念

混合式学习(Blending Learning)是把传统学习方式的优势和数字化学习的优势结合起来，也就是说，既要发挥教师引导、启发、监控教学过程的主导作用，又要充分体现学生作为学习过程主体的主动性、积极性与创造性。

混合式学习的核心思想是根据不同问题的不同要求，采用不同的问题解决方式。反映到教学方式上就是采用不同的媒体与手段来满足不同的学习需求。解决问题的方式不拘泥于形式，教学或培训过程中个体与整体上都要求付出最小代价以获得最大的效果。世界上没有任何一个单一的方式可以解决所有问题，同样道理，拿来的经验与模式也得与自己的经验和需求结合才能发挥这种模式的最佳作用。由于学习者原有认知基础、目的和学习需求存在差异，导致了学习方式不可能相同；学习者对各种媒体的适应程度也不可能完全相同；不同的学习内容和问题，要求运用不同的解决方式，这个解决方式并不是单一的，要求解决者有恰当的混合方式。

**2. 混合式学习的内涵**

混合式学习理论指出在关注数字化学习的同时，挖掘它的优势和传统课堂相结合，注重学生全面地成长，其概念至少包含四个方面的内在含义：

(1)通过结合或混合使用不同的技术来完成具体的教学目标。

(2)通过结合不同的教学方法及学习方式以达成教学目标。

(3)通过结合和融合不同的教学应用技术来支持课堂教学。

(4)在真实或具体的任务中通过技术整合来达成教学效果。

**3. 混合式学习模式**

Josh Bersin 认为混合式学习的设计过程主要包含四个基本环节，如图 1-1 所示。

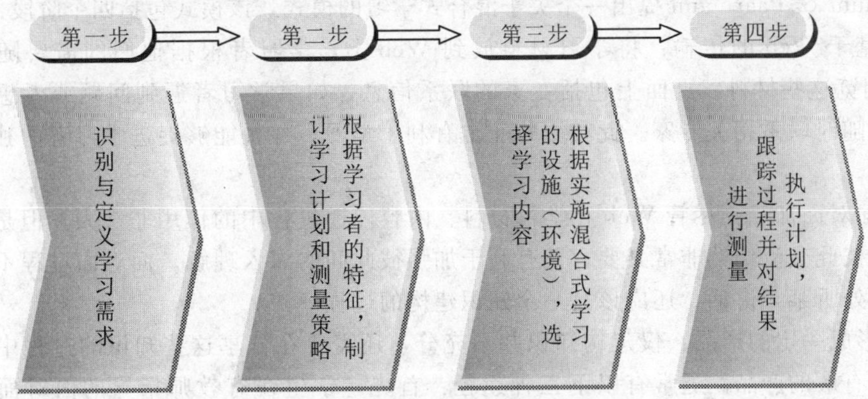


**图 1-1 混合式学习的设计过程**

(1)识别与定义学习需求

学生的学习需求具有多样性。因此，在混合式学习中需要对学习需求进行识别与定义。

(2)根据学习者的特征，制订学习计划和测量策略

学习者的特征包括多方面的内容，如学习风格(如场依存或场独立等)、原有知识及技能结构、智力水平(IQ)等。混合式学习需要根据学习者的特征，制订具有适应性的学习计划以及对应的测量策略。

(3)根据实施混合式学习的设施(环境)，选择学习内容

混合式学习的基本形式是网络学习与传统课堂学习的混合，基本设施通常指实现在线学习的设施，由开展混合式学习的单位购建，应考虑如下问题：带宽、机器配置标准、LMS(学习管理系统)、时间约束和度量标准。

(4)执行计划，跟踪过程并对结果进行测量

该过程是混合式学习的最后阶段，主要是执行学习计划，跟踪学习过程，并对学习结果进行测量，以确定是否达到预期目的。

李克东依据上述的过程描述，把混合式学习设计分解为八个不断循环的环节。

步骤 1：确定混合式学习目标。即确定开展混合式学习的目标。

步骤2：确定预期绩效(业绩)。即确定通过混合式学习应取得什么样的绩效。

步骤3：选择传递通道和媒体。需要考虑到两个方面的内容：一是可供选择的传递手段，包括学习方式与媒体，主要有在线、课堂、视频、技术支持、电子绩效支持、自我指导、教师指导、协商、同步、异步和实况E-Learning等；二是要考虑同传递手段有关的效能和成本因素，如存取方式、成本、教学模式、交流、组织授权、新颖性和速度等。

步骤4：学习设计。邀请课程专家、教育专家和技术专家，制订并形成混合式学习计划。

步骤5：支持策略。确定完成混合式学习需要什么样的支持策略。

步骤6：计划实施的行动观察。设计在实施计划过程中需要观察记录的项目。

步骤7：学习效果评价。包括诊断性评价、形成性评价和总结性评价。

步骤8：修订学习计划。根据评价结果对学习计划进行修订，然后进入下一轮学习。

Barnum & Paarmann提出一个关于混合式学习的模式，该模式包括四个阶段：

(1)基于Web的传输：将学习材料放到Web上，学习者根据他们的需要随时进入Web页浏览这些材料，页面上包括专家的联系信息，如果学习者遇到问题或者想深入探讨，可以随时联系相关专家。此种方式非常有利于学习，并且能够促进学习者的独立性和自我信心。

(2)面对面加工：尽管Web在学习材料、内容传递过程中的作用非常大，但是，人与人之间的彼此交流仍然非常必要，其有利于加强彼此间的深入理解。面对面过程不仅意味着坐在某处听某人讲话，还应该是一个知识建构的过程。

(3)形成一定的产品：仅建构知识并不充分，还需要在分享这些知识的过程中创造出一定的、有形的产品。通常有以下三种途径：首先，学生在有教师指导的面对面学习之后，将学习心得、作业、练习等记录下来，并通过电子邮件将初稿与教师、辅导者、学习伙伴进行交流，这将有利于学习者充分思考所要解决的问题；其次，发布写作纲要，供小组成员和教师观看，并相互之间进行反馈(如进行评论等)；最后，完成作业的最后版本，并将其发布在网页上或发送给教师以及同学。

(4)协作扩展学习：学生们组成小组，通常每组包括2～3人。这些小组保持每个月聚集一次，时间为1～2个小时，分享彼此的经历、感想与心得。其他时间小组成员可通过电子邮件、网络学习社区保持联系。

从以上两种设计模式可见，作为传统学习与网络学习相结合的教学模式，混合式学习仍然遵循教学设计的基本过程，即学习需求分析、学习者特征分析、学习目标确定、学习内容分析、活动设计、策略制定、实施、评价与修订等环节，只是在教学策略(学习策略)制定中对传递通道和媒体的选择范围更广、更灵活，考虑因素更多。混合式学习能否成功的关键主要在于学习者特征分析、学习内容分析、学习活动设计与学习策略的制定上。

混合式学习理论在教学理念上克服了片面强调以教师为中心和以学生为中心的缺陷，提倡主导—主体相结合。强调了数字化学习和常规学习的结合。数字化学习是为常规学习服务的，常规学习时真实的沟通交流才能完成传统课堂师生间—生生间面对面的交流的情感沟通的天然优势，以此来弥补数字化学习的缺陷。

## 第三节 信息化教学的技术基础

### 一、多媒体技术

多媒体技术是指利用计算机对文本、图形、图像、声音、动画、视频等多种信息综合处理，建立逻辑关系和人机交互作用的技术。

多媒体教学设备由早期的模拟型媒体逐渐发展为现代数字化媒体，数字化媒体设备因具有操作简单、交互性强、信息处理方便等特点而受到广大教师的青睐。目前在学校教学中，常用的多媒体教学设备有以下几种：多媒体继承控制系统、交互式电子白板、视频展示台、数字投影机、数字视频、数字音频等。

各种教学媒体设备运用在教学过程中，所表现出的教学功能和特性各不相同。我们需要了解每种媒体的教学功能和特性，根据教学需要，取长补短，综合运用，以达到最佳的教学效果。

(1)表现力：指媒体表现客观事物的时间、空间和运动特性的能力。一般来说，投影类媒体在表现事物的空间特征方面有较强的表现力，而视频类媒体在表现事物的运动变化方面有独特优势。

(2)重现力：指媒体不受时间、空间的限制，将记录存储的内容随时重新利用的能力，如多媒体计算机的资源都是能够重现的和再利用的，交互式电子白板还能够将教学过程记录下来，以供教师或学生再次使用。

(3)接触面：指媒体把信息同时传递到接受者的范围。在学校教学中，通常采用投影机、音响设备以及网络教学等方式扩大媒体接触面，提高教学效果。

(4)参与性：指媒体使用过程中，学生有共同参与活动的机会。如单纯使用投影机的演示教学参与性不高，而交互式电子白板的加入则能够较好地调动学生的参与性和主动性。

总之，多媒体技术可以为信息化教学提供丰富的教学资源和多样化的教学工具。利用多媒体技术可以激发学生的学习兴趣，可以促进学生知识的获取与保持，可以对教学信息进行有效的组织与管理，可以建构理想的学习环境，促进学生自主学习，为教学的顺利开展提供保障。

### 二、计算机网络技术

计算机网络，是指将地理位置不同的具有独立功能的多台计算机及其外部设备通过通信线路连接起来，在网络操作系统、网络管理软件以及网络通信协议的管理和协调下，实现资源共享和信息传递的计算机系统。

虽然网络类型的划分标准各种各样，但是按地理范围划分是一种大家都认可的通用网络划分标准。按这种标准可以把各种网络类型划分为局域网(LAN)、城域网(MAN)、广域网(WAN)和互联网(Internet)四种，校园网一般属于局域网。

互联网因其英文单词“Internet”的谐音，又称为因特网。在互联网应用如此广泛的今天，它已是我们每天都要打交道的一种网络，无论从地理范围还是从网络规模来讲，它都是最大的一种网络，就是我们常说的“Web”、“WWW”和“万维网”等多种叫法。从地理范围来说，它可以是全球计算机的互联，这种网络的最大的特点就是不确定性，整个网络的计算机每时每刻随着人们网络的接入在不变地变化。

互联网在教育中的典型应用包括 WWW 应用、FTP 应用、E-mail 应用。

万维网(World Wide Web，WWW)是 Internet 上集文本、声音、图像、视频等多媒体信息于一身的全球信息资源网络，是 Internet 的重要组成部分。浏览器(Browser)是用户通向 WWW 的桥梁和获取 WWW 信息的窗口，通过浏览器，用户可以在浩瀚的 Internet 海洋中漫游，搜索和浏览自己感兴趣的所有信息。网络论坛、教育博客在教育教学过程中得到了广泛的应用。

FTP 文件传输服务允许 Internet 上的用户将某台计算机上的文件传输到另一台上，几乎所有类型的文件，包括文本文件、二进制可执行文件、声音文件、图像文件、数据压缩文件等，都可以用 FTP 传送。FTP 是一套文件传输服务软件，它以文件传输为界面，使用简单的 get 或 put 命令进行文件的下载或上传，如同在 Internet 上执行文件复制命令一样。大多数 FTP 服务器主机都采用 Unix 操作系统，但普通用户通过 Windows 也能方便地使用 FTP。FTP 最大的特点是用户可以使用 Internet 上众多的匿名 FTP 服务器。所谓匿名服务器，指的是不需要专门的用户名和口令就可进入的系统。用户连接匿名 FTP 服务器时，都可以用“anonymous”(匿名)作为用户名，以自己的 E-mail 地址作为口令登录。登录成功后，用户便可以从匿名服务器上下载文件。匿名服务器的标准目录为 pub，用户通常可以访问该目录下所有子目录中的文件。基于对安全问题的考虑，大多数匿名 FTP 服务器不允许用户上传文件。

E-mail 是 Internet 上使用最广泛的一种服务。用户只要能与 Internet 连接，具有能收发电子邮件的程序，就可以与 Internet 上所有 E-mail 用户方便、快速地交换电子邮件，也可以向多个用户发送同一封邮件，或将收到的邮件转发给其他用户。电子邮件中除文本外，还可包含声音、图像、应用程序等各类文件。此外，用户还可以邮件方式在网上订阅电子杂志、获取所需文件、参与有关的讨论组。

随着计算机网络技术的快速发展，基于 IP 的视频业务和数字图书馆等新型应用在信息化教育教学过程中的作用越来越明显。

## 第四节 信息化教学的基本模式

### 一、信息化教学模式的分类

随着信息技术、学习理论和教学实践探索的不断发展，迄今产生了许多信息化教学模式。通过对教学模式的分类研究，可以剖析其特点，更好地将其运用到教学实践中去。关于信息化教学模式的分类，国内外不同研究者从不同的角度有许多不同的分类方法，我们在此介绍几种比较有影响的分类方法。

**1. Jonassen 等人的描述**

在《Learning With Technology》一书中，Jonassen 等人虽然没有明确提出信息化教学模式的分类，但综观全书，他们从建构主义学习观和用技术支持学习的角度，描述了用技术支持学习的六大方式。这些方式可以理解为六种信息化教学模式，如表1-1所示。

表1-1 Jonassen等人(1999)对信息化教学模式的分类

| 种 类 | 内 涵 |
| --- | --- |
| 用技术支持探究型学习(Learning by exploring with technology) | 依托互联网学习环境，主要活动方式包括网上科学实验、制作主页、通过协作交流实现知识的社会建构等 |
| 用技术支持视觉化学习(Learning by visualizing with technology) | 依托电视录像/视频技术，主要活动方式包括Jasper与科学家(抛锚式教学)、电视记者招待会、电视节目剪辑与制作、电视脱口秀/模仿秀、创建地方人种学研究视频档案、视频剧场(独幕剧)、视频模拟与反馈、教师作为电视录像制作人(创建学习情境)、电视会议等 |
| 用超媒体支持建构现实的学习(Learning by constructing realities with Hypermedia) | 在超媒体构建的学习环境中学习，主要活动方式包括超媒体学习环境中的抛锚式教学(如天文村)、在制作超媒体中学习等 |
| 创建以技术为支持的学习共同体(Creating technology-supported learning communities) | 依托计算机网络通信技术，主要活动方式有：协同实验室、CSILES、学习圈、MUDs/MOOs等 |
| 用技术支持反思性学习(Learning by reflecting with technology) | 信息技术作为学习工具，特别是认知工具，可以促进学习者批判性思维发展，主要活动方式有建构数据库、创建语义网络、使用视觉化工具、探索微世界、建构专家系统和运用动态建模工具表征心理模型等 |
| 用技术支持“做中学”的建构主义学习环境(Learning by doing：immersion in constructivist) | 设计技术丰富的建构主义学习环境，该环境包括问题情境、相关案例、信息资源、认知(知识建构)工具、交流(知识协商)工具和社会/情境支持六个构成部分，创建有意义的学习环境，主要活动方式有各种技术支持的科学思维、视觉化思维等 |

**2. 基于教育哲学的信息化教学模式分类法**

祝智庭教授从文化与心理两个维度对信息化教学模式进行了分类(如图1-2所示)。这一分类将教学模式划分为四个区域：Ⅰ区侧重于以教为中心的个别化教学，一些传统的CAI模式主要集中在这里；20世纪80年代以后，由于建构主义学习理论在教育技术中的应用和多媒体技术的发展，国际上信息化教学模式的研究兴趣转移到Ⅱ区，强调以学生为中心的个别化学习；90年代后，由于网上教育的兴起，出现了以合作学习为中心的多种虚拟学习环境(Ⅳ区)；位于Ⅲ区的教学模式则是从传统的电化教室发展而来，虚拟教室的出现则大大扩展了其概念；中心区域表征的是综合了多种信息化教学模式的集成化教育系统。

**3. 基于学习理论的教学模式分类**

著名学者何克抗教授认为，所有教学模式可归为三类：以“教”为中心的教学模式、以“学”为中心的教学模式和双主教学模式。以“教”为中心的教学模式是指以教师的教为中心，主要建立在行为主义学习理论或认知学习理论上，强调教师的主导作用，忽略或未能充分考虑学生的主体性；以“学”为中心的教学模式是指以学生的学为中心，建立在建构主

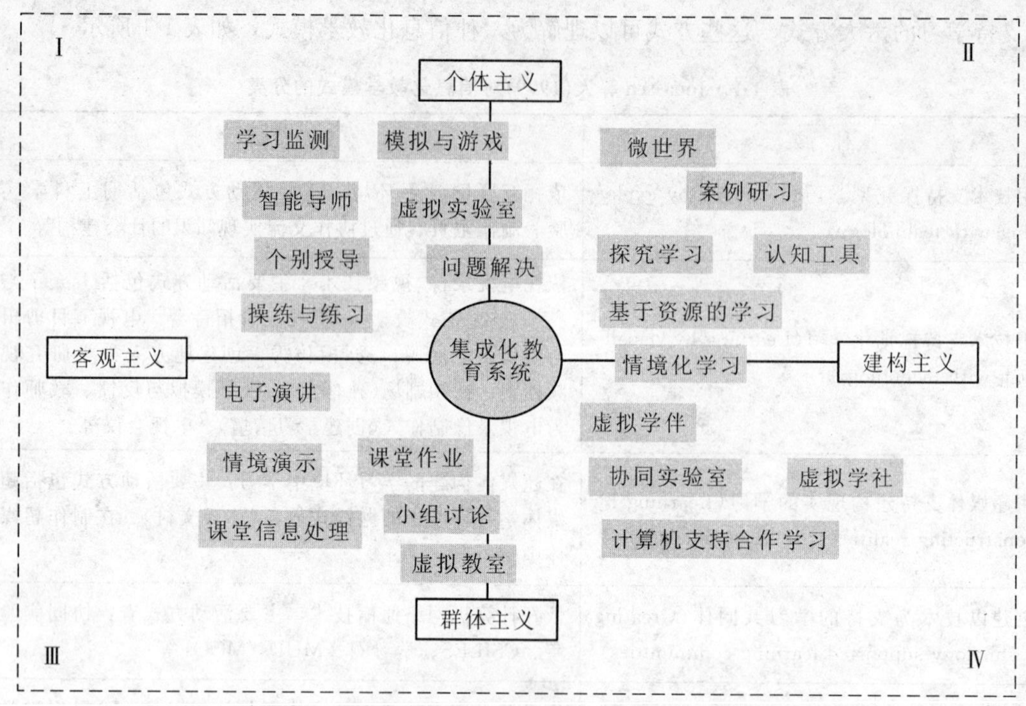


**图 1-2 信息化教学模式的分类**

义学习理论基础上，强调教学要围绕学生的学而展开，教师要为学生选择和设计恰当的学习环境和学习策略，有效激发学生学习的内部动机；双主教学模式也称为学教并重的教学模式，是指以教师为主导、以学生为主体的教学模式，其理论基础是奥苏贝尔的“有意义学习理论”、“动机理论”、“先行组织者理论”以及“建构主义学与教理论”的有机结合。

## 二、典型信息化教学模式介绍

### 1. 课堂讲授型

课堂讲授型教学模式是传统教学中应用最广泛、最典型的一种模式。在新课程标准的要求下，教育信息化的时代背景呼唤出更多各式各样的新型教学模式，如基于网络环境的探究型教学模式、基于网络环境的协作型学习模式等。新型教学模式的涌现并没有对课堂讲授型教学模式加以否定，而是对该种教学模式提出了更高的要求。

传统的课堂讲授型教学模式以教师讲授为主，学生只是被动地听，被动地接受知识。信息技术环境下的课堂讲授型教学模式虽然同样以“教”为主，但在实际的教学中它强调信息技术的应用，强调学生主动建构知识的意义，教师与学生之间交互性较好，具有充分的感情交流。如何在课堂中恰当地引入信息技术？如何控制好信息技术的使用度？如何最大限度地发挥信息技术的教学效用，是信息技术环境下课堂讲授型教学模式面临的几大难题。

信息技术环境下的课堂讲授型教学模式，充分发挥了教师的主导作用，并通过信息技术的引入，最大限度地提高了学生的兴趣，有利于调动他们的积极性。利用信息化教学资源，创设了逼真的问题情境，将死板的内容通过多媒体的手段形象化、生动化。信息技术环境下的课堂讲授型教学模式，不是纯粹地把纸质的教学内容搬到大银幕上，如何把握好信息技术的利用度并不是一项简单的任务。

**2. 探究型**

探究型学习是指学生围绕一定的问题、文本或教材，在教师的帮助和支持下，自主寻求或自主建构答案、意义，理解信息的活动或过程。探究型学习以“探究”为取向，以学习者的主动愿望和满足其求知需要为根本出发点，以促使学习者主动参与和自主投入到学习的全过程。

信息技术环境下的探究型教学模式往往立足于某一知识点或某个问题，它以信息技术为手段，教师通过组织、指导学生在自主或协作情境下开展探索、研究来求得问题的解决，最终建构起知识的体系，培养了获取信息、分析信息与加工信息的实践能力，充分体现了“学生为主体，教师为主导”的教学理念。

探究型教学模式具有多种丰富的表现形态，按照信息载体的不同，有网络探究(WebQuest)、基于专题学习网站的探究和基于专题知识型课件的探究；按照探究主体组成形式的不同，有协作探究、自主探究；按照探究客体类型的不同，不严格地说，有基于问题的探究、基于项目的探究，等等。

探究型教学模式一般包括创设问题情境(思考讨论、形成创意)、实践探索、意义建构、自评与互评四个基本环节。

教师利用信息技术手段，根据教学要求和学生的认知发展水平，创设一定的教学情境，以引起学习者对问题的思考，在充分思考的基础上，借助一定的学习资料，形成创新性问题解决的思路，并在实践中探索问题解决的具体方法，最终实现问题解决。在问题解决的过程中，学习者对问题的理解和解决方法会形成自己的独特见解，从而达到建构主义理论所要求的对知识学习的自我意义建构。最后一个环节是通过对探究过程形成的作品或学习者问题解决的过程进行自我评价或互评，发现不足与成效。

探究型教学模式具有传统教学师生面对面交流、信息反馈及时和信息技术环境下学生主体参与、学习方式灵活、学习资源丰富等特点。

信息技术在探究型教学模式中的作用一般体现为：生动问题情境的创设工具、学生思想交流的工具、教师与学生的演示工具、知识重构工具(如进行文字处理、网页制作)、评价工具(如进行形成性测试)等。

**3. 协作型**

信息技术环境下的协作学习，是指利用信息技术，由多个学习者针对同一学习内容进行彼此交互与合作，结成若干个协作学习小组，以达到对教学内容更深的理解与掌握的过程。与个别化学习相比较，协作学习有利于促进学生认知能力的发展，有利于学生健康情感的发展。

课堂讲授型教学模式与探究型教学模式中往往都包括协作环节。这里所指的协作型教学模式，是指以学生的协作学习为主，教师只起到组织者、指导者与评价者的作用。信息技术环境下的协作学习具有资源生动丰富、资源获取途径多样、成员交互方式多样、通信工具方便快捷、评价方式多样等特点。

协作学习的基本要素如下：

(1)协作小组：小组的划分方式不同将直接影响到协作学习的效果。通常情况下，协作小组的人数不要过多，一般以 2～4 人为宜。

(2)成员：根据“互补”的原则将不同学习成绩、知识结构、认知方式的学习者分配到各小组中去。

(3)协作活动任务：任务是指为了达到既定的教学目标，对学习者要完成的具体学习活动的目标、内容、形式、操作流程和结果的综合描述。

(4)辅导教师：对协作学习的组织、学习者对学习目标的实现效率、协作学习的效率等进行有效的控制。

协作学习的基本方式主要有七种：竞争、角色扮演、辩论、伙伴、设计、小组评价、问题解决。随着网络技术及通信技术的发展，支持协作学习的网络手段也日益丰富，实时、动态、可视化成为网络协作学习的发展趋势。同步交流的工具有网络聊天室、视频会议、即时通信软件、网络视频广播等；异步交流的工具有博客、BBS、E-mail 等。

## 三、信息化教学模式与传统教学模式的比较

信息化教学模式的表层特征是信息技术和网络的应用，其深层次的特征涉及人才观、教育观、学习观、教学观、技术应用观、评价观等方面的系列变化。从学习文化的角度来分析，信息化教学模式与传统教学模式的比较如表 1-2 所示。

**表 1-2 信息化教学模式与传统教学模式的比较**

| 教学模式<br>学习文化 | 信息化教学模式 | 传统教学模式 |
|---|---|---|
| 学习目的 | 重能力/潜能激发/自我完善 | 重知识/职业/生存准备 |
| 学习过程 | 重视过程 | 重视结果 |
| 学习方法 | 重启发/探究/协作 | 重传输/接受 |
| 信息呈现 | 多样化/多媒体化 | 单一化 |
| 学习工具 | 多样化的电子学习工具 | 纸笔/书本/粉笔/黑板为主 |
| 学习方式 | 个性化/多样化 | 模具化/统一化 |
| 师生关系 | 主导/主体/平等 | 主宰/听从 |
| 教师角色 | 学习的帮促者/指导者/组织者 | 知识的传授者 |
| 学生角色 | 运用信息工具的主动探求者 | 被动接受者 |
| 学习评价 | 绩效评价/作品评价/重过程 | 纸笔测验为主/重结果 |

### ●●●● 问题与思考

1. 信息化教学的原则主要有哪些？
2. 信息化教学与传统教学相比，在哪些方面有了转变？

# 第二章

# 信息化教学设计

20 世纪 90 年代以来，随着信息技术和互联网的发展，人们开始极大地关注信息化对教育产生的深远影响，并对传统的教学设计进行审思与变革，逐渐将先进的教学理论和信息技术相结合，形成了一种新的教学设计理念，即信息化教学设计。本章首先介绍信息化教学设计的基本概念与基本方法，分析了信息化教学设计的两种模式：授导型教学设计、探究型教学设计，并提供典型案例帮助教师理解；其次介绍了信息化教学设计的基本工具；最后设计综合实践帮助教师理论联系实际。

## 学习目标

1. 理解信息化教学设计的概念、特征
2. 了解信息化教学设计的一般过程与基本策略
3. 了解几种典型的信息化教学模式
4. 熟悉信息化教学设计的基本工具

## 本章知识地图

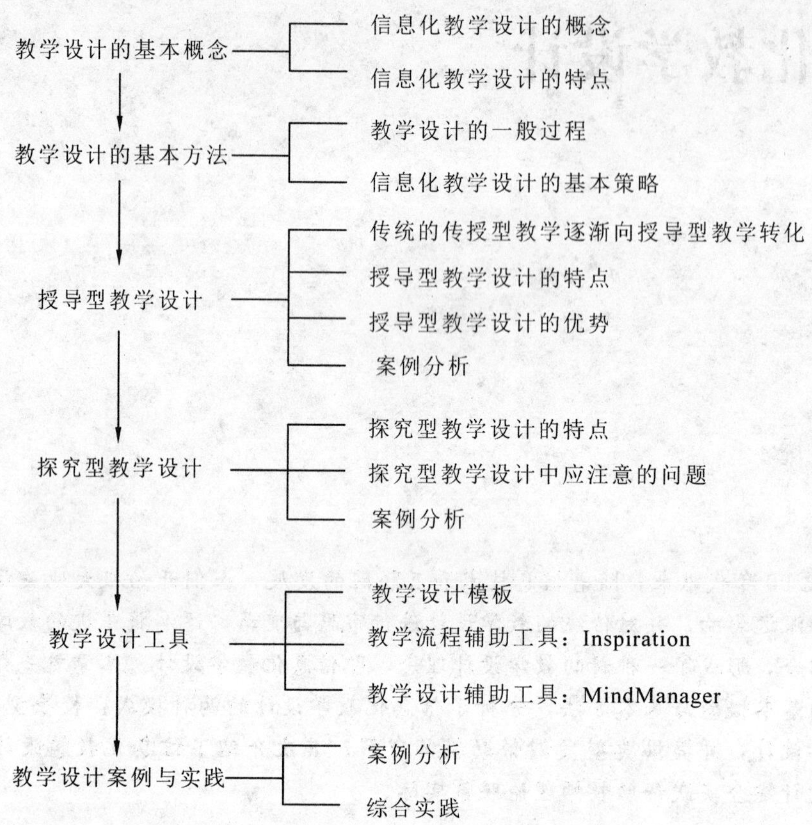


# 第一节　教学设计的基本概念

## 一、信息化教学设计的概念

信息化教学设计是充分利用现代信息技术和信息资源，科学安排教学过程的各个环节和要素，为学生提供良好的信息化学习条件，实现教学过程全优化的系统方法。其目的在于培养学生的信息素养、创新精神和综合能力，从而增强学生的学习能力，提高他们的学业成就。

所谓信息化环境下的教学设计(信息化教学设计)，是运用系统方法，以“学”为中心，充分利用现代信息技术和信息资源，科学地安排教学过程的各个环节和要素，以实现教学过程的优化。

这两个定义基本相同，都包含了以下四个方面的含义：

(1)强调充分利用现代信息技术和信息资源。

(2)以“学”为中心。

(3)用系统方法作为教学设计的指导思想。

(4)强调科学安排教学过程的各个环节和要素。

## 二、信息化教学设计的特点

信息化教学设计具有以下特点：

(1)信息化教学设计符合素质教育的根本要求和国家新课程标准，注重培养学生的创新精神和实践能力。信息化教学设计的理论基础是建构主义和人本主义学习理论，明确“以学生为主体”、“以学为中心”，充分利用各种信息资源(尤其是网络上的全球信息资源)来支持学生的“学”。

(2)信息化教学设计不限于课堂教学形式和学科知识系统，而是将教学目标组合成新的教学活动单元，以“任务驱动”、“问题解决”作为学习与研究活动的主线，以“学”为中心，倡导新型学习模式：课堂讲授型、个别辅导型、探究型、协作型学习模式；注重培养学生的三种能力：信息能力、批判性思考能力和问题解决与创新能力；把学生对知识的意义建构作为整个学习过程的评价标准；注重天才培养和弱差生个别指导。

(3)信息化教学设计要求教师转变自己的角色，由教导转向引导、辅导作用，提高自己的信息素养。

(4)信息化教学设计是在多媒体组合教学设计基础上的拓展，包含了多媒体组合教学设计，二者不是对立关系而是包容关系。经典 CAI 设计与信息化教学设计特点比较见表 2-1。

**表 2-1　经典 CAI 设计与信息化教学设计特点比较**

| 比较项 \ 设计类型 | 经典 CAI 设计 | 信息化教学设计 |
| --- | --- | --- |
| 设计核心 | 教学内容设计，以课件开发为中心 | 教学过程设计，重视学习资源的利用 |
| 学习内容 | 单学科知识点 | 交叉学科专题 |
| 主要教学模式 | 讲授/辅导<br>模拟演示<br>操练练习 | 研究型学习<br>资源型学习<br>合作型学习 |
| 作业方式 | 个体作业 | 协同作业 |
| 教师角色 | 教师作为知识施与者 | 教师作为帮促者 |
| 分组方式 | 同质分组(按能力) | 异质分组(互补) |
| 评估方式 | 针对事实性知识和离散技能的评估 | 基于绩效的评估 |

# 第二节　教学设计的基本方法

## 一、教学设计的一般过程

教学设计一般包括以下五个重要环节：教学目标分析、学习者特征分析、教学流程设计、学习环境与资源设计、教学评价设计。

**1. 教学目标分析**

教学是促进学习者朝着目标所规定的方向发生变化的过程，它贯穿于教学活动的始终。教学目标决定着教学的总方向、学习内容的选择、教与学的活动设计、教学策略的选择等。

新课程标准强调，无论是哪一门学科，都要在课程的总体目标上落实认知与技能、过程与方法、情感态度与价值观这三个维度的目标。教学目标一旦确定下来，就要用可评价的方式将教学目标描述出来，以便指导教学流程设计、教学评价设计等环节。

在分析教学目标时，要抓住以下四个方面：

(1)阐明学习行为的主体。

(2)用行为动词和动宾结构短语表述教学目标。

(3)说明达到该目标的条件。

(4)对于和目标相关的行为状况有一个判别的标准。

**2. 学习者特征分析**

教学设计的最终目的是为了有效地促进学习者的学习，而任何一个学习者都会把他原来所学的知识、技能、态度带入新的学习过程中。因此，设计的教学系统是否与学习者的特点相适应或在多大程度上适应学习者的特征，是衡量一个教学设计成功与否的重要指标。

对学习者特征进行认真分析是实现个别化教学和因材施教的重要前提。分析学习者特征时，既需要考虑学习者之间的稳定的、相似的特征，又要分析学习者之间的变化、差异性的特征。在教学设计实践中不可能考虑所有的学习者特征，也不是所有的学习者特征都具有设计意义。有些特征是可干预的，有些特征是不可干预的。对于教学设计实践而言，应主要考虑那些对学习者的学习能够产生最为重要的影响，并且是可干预、可适应的特征要素。

**3. 教学流程设计**

教学流程包括教学活动的设计、教学策略的选择、教学媒体的选择、学习情境的设计等。

(1)教学活动的设计

教学总是以一定的活动方式展开的，教学目标的达成也是在开展一个个教与学活动的过程中实现的。

(2)教学策略的选择

教学策略的选择和活动设计是教学设计中的核心环节，也是最能体现教育教学观念的一个环节。教学过程中运用的教学策略多种多样，主要有讲授法、启发式教学法、先行组织者策略、演示法、谈话法、讨论法、操练法、示范—模仿法、操作—反馈法、协作法等。

(3)教学媒体的选择

信息技术环境下的教学设计离不开多媒体的支撑，要根据教学过程的各个环节选用合适的教学媒体。

(4)学习情境的设计

学习总是与一定的"情境"相联系的，在"情境"中，只有那些生动、直观的形象才能有效地激发学生联想，唤起学生原有认知结构中有关的知识、经验、表象，从而使学生利用有关的知识与经验及表象去“同化”或“顺应”学到的新知识。在教学设计与实施过程中，要尽可能创设真实、完整的教学情境。

**4. 学习环境与资源设计**

环境与资源能为学生顺利开展学习活动提供支持与保证。教师要善于给学生提供适当的硬件、软件环境以及各种与学习有关的资源。环境与资源对于任何学习活动来说都必不可少。

**5. 教学评价设计**

教学评价是指以教学目标为依据，制定科学的标准，运用一切有效的技术手段，对教学活动过程及其结果进行测定、衡量，并给以价值判断。

教学评价主要有导向功能、鉴定功能、监督功能、调节功能、诊断功能和激励功能。

教学评价按照不同的分类标准，有不同的评价类型。其中常见的分类方式有：按照评价功能分为诊断性评价、形成性评价和总结性评价；按参与评价的主体不同分为自我评价和他人评价。

在实际教学工作中，可以开展不同形式的评价，如在“教”前进行诊断性评价，“教”中进行形成性评价，“教”后进行总结性评价，并且在教学的任一时期可以根据实际需要开展自我评价与他人评价。

## 二、信息化教学设计的基本策略

教学实践表明，学生即使掌握了大量的知识，也并不意味着他们能够把握何时、何地该如何应用所学知识去解决真实情境中的问题。原因很简单，学校情境中的问题及其评价标准与真实世界情境中的有很大差别，将信息化教学设计中的课堂教学与真实事件或真实问题相联系，是信息化教学设计的必然选择。因此，信息化教学设计的最基本策略，是教学情境的创设和信息资源的开发。

**1. 教学情境的创设**

建构主义认为，个体、认知和意义都是在相关环境中交互、协作完成的，不同的环境能够给学习者带来不同的活动效果。设计环境是信息化教学设计最重要的内容之一，通过与实际经验相似的学习情境的创设，来还原知识的背景，恢复其生动性、丰富性，从而使学生能够利用原有认知结构中有关的知识、经验及表象去“同化”或“顺应”学习到的新知识。利用现代化信息技术和信息资源，创设接近真实情境的方式很多，其使用的方法也因不同的学科和内容有很大差异。根据创设的作用和一般方法的相似性可以有创设故事情境、创设问题情境、创设模拟实验情境、创设协作情境等。

(1)创设故事情境

创设故事情境是根据教学内容、教学目标、学生原有认知水平和学生无意识的心理特征，通过各种信息技术和信息资源，以“故事”的形式展现给学生，尽可能多地调动学生的视听觉感官，进而理解和建构知识。实验心理学告诉我们，获取信息的途径来自视觉、听觉等多种感官，并且多感官的刺激有利于知识的保持和迁移，能够引起学生积极情绪反应。

(2)创设问题情境

创设问题情境是在教学内容和学生求知心理之间设置疑问，将学生引入一种与问题有关的环境。问题环境的设计可激发学生的探求欲望，可以引导学生多角度、多方位地对环境内容进行分析、比较和综合，进而建构新的认知结构。在信息化教学中，设计问题环境的方式多种多样，教师可以通过故事、模拟实验、图像、音像、活动等多种途径设置问题。

(3)创设模拟实验情境

创设模拟实验情境，首先设计与主题相关的尽可能接近真实的实验条件和实验环境，然后利用各种信息资源实现。设计模拟实验环境可以解决因实验条件不足带来的困惑。恰当的实验可以使学生将学习内容所反映的事物尽量地与自己已知的事物相联系，并通过联系加以认真思考，从而建构起所学知识的意义。

(4)创设协作情境

协作情境与外部世界具有很强的类似性，有利于高级认知能力的发展、合作精神的培养和良好人际关系的形成。在这种环境中，学习者的角色可以进行隐藏，教师的角色也发生了转变。教师要掌握的不仅仅是教学内容的逻辑序列和目标的合理安排，更多的是学生的协作情况、学习过程的规划设计。创设协作情境是利用网上多种交流工具如 BBS、QQ、电子邮件等，通过竞争、协作、伙伴和角色扮演等方式进行学习，针对某一个问题展开讨论交流，共同完成学习任务。信息化协作学习环境实现了时间和空间上的连续，使交互变得更加容易控制。

**2. 信息资源的设计**

信息化教学设计的另一个基本策略是信息资源的设计。在信息化教学中，教师不仅要拥有更多的知识，还应该具备设计、开发、利用和评价信息资源的能力。为了避免学生低效的探究活动，在学生自主学习过程中，教师应该适时地提供帮助，当学生在学习新的或困难的任务时，教师为他们提供帮助的各种材料，包括教师演示文稿、学生范例、单元问题、学习指南或向导，这些更多地是以电子文档形式出现，由此构成了丰富的信息资源。学生借助于教师开发或链接的信息资源，通过调查、搜索、收集、处理信息后获得知识和技能，并提高信息素养，学习不再是被动地接受。教师在信息资源设计过程中需要注意做到几点：①突出实用、有效、易获取性；②合理运用多种信息表达元素；③提高教育信息的形式强度；④降低干扰；⑤合理利用冗余信息。

**3. 学习支架设计**

学习支架是根据学生需要，为学生提供的一种临时性的支持，目的是帮助学生完成凭自己的能力不能独立完成的任务，获得进一步的发展。当学生能够成功建构自己的知识或独立完成任务时，学习支架就会撤销。在这个过程中，教师逐渐把管理调控学习的任务完全转移给学生自己，学生逐渐学会为自己寻求和搭建合适的支架，最终成为独立、自主的学习者。在信息化教学中，教师为学生提供学习支架对提高学习效果和培养学生的自主学习能力具有非常重要的意义。

信息化环境中的学习支架就是教师通过信息媒介为学生的学习提供支持。教师通过信息化环境把学习目标、学习任务等呈现给学生，学生同样通过信息化环境进行学习。教师通过信息化环境为学生的学习提供指导和帮助，例如，为学生提供学习资源、对学生的学习提供评价工具等。学生可以利用教师提供的一些工具与教师和同学进行交流，来展示自己的学习效果或表达自己的看法；教师也可以对学生间的交流进行引导和对学生的学习效果作出反馈。与传统教学中的学习支架相比，信息化教学中的学习支架减少了教师的直接干预，更有利于学生自主学习能力的培养。

**4. 学习评价**

学习评价引领学习行为。信息化学习评价应着眼于促进学生素质的全面发展，改变以往只注重总结性评价方式，坚持形成性评价和总结性评价并重的原则，使教学评价成为学生认识自己、激励自己的教育方式和教师改进教学的反馈方式。这样不仅有利于学生综合素质的发展，尤其能提高学生分析问题、解决问题的能力，而且倡导灵活多样的、开放的、动态的考试方式，注重给予学生更大的自主选择空间，可以减轻学生的压力，以此来激励学生学习，帮助学生有效调控自己的学习过程，使学生获得成就感，增强自信心，培养合作精神，使学生从被动接受评价转变成为评价的主体和积极参与者。

信息化教学是否成功，应从以下几个方面进行评价：

(1)是否有利于提高学生的学习效果

在评价学生的学习效果方面，应关注学习目标是否明确，表述是否清楚；是否所有的学习目标都符合相关的课程标准；设计中是否考虑到学生的个体差异，并明确说明如何调整标准以适合不同的学习者；教学设计是否能激发学生的兴趣，符合学生的年龄特征，并有利于学生的学习以及高级思维能力的培养；是否有利于学生信息处理能力的培养。

(2)技术与教学的整合是否合理

这一方面的评价应注意技术的应用和学生的学习之间是否有明显的关联；技术在教学设计的实施过程中是否具有不可替代性；把信息技术作为研究、发布和交流的工具是否有助于教学目标的实现；教师是否可以比较轻松地应用教学设计中所涉及的技术，并获得相应的软、硬件支持。

(3)是否能够有效评价学生的学习

在评价学生的学习方面，应检验是否设计了一些简单易用的评价工具，用于具体、客观的评价和评估：学生的学习目标和学习成果评价标准之间是否有明确的相关性。

## 第三节　授导型教学设计

### 一、传统的传授型教学逐渐向授导型教学转化

传授型教学是中国多年来传统的教学方式。一支粉笔，一块黑板，一本书，基本上就是传授型教学的典型模式。授导型教学与传授型教学的根本区别在于：传授型教学是以教师为主体，老师讲，学生听，将学生置于被动状态。这也是我国教育沿袭已久的主要教学方式，这种教学方式无视学生是主体的活动过程，教师只是将内容传达给学生，互动性很差。同时与当代信息技术突飞猛进的发展现实相去甚远。而授导型教学是以学生为主体、教师为主导的教学模式，充分调动学生的积极主动性。

教学过程是极其复杂的过程，存在着许多错综复杂的矛盾关系，教与学的关系、传授知识与发展智力的关系、智力因素和非智力因素的关系等。授导型教学法以辩证唯物论为

指导，能够既发挥学生的主体作用，又发挥教师的主导作用，把教与学辩证地统一起来；既能传授知识，又能发展智力，把两者辩证地统一起来；既能重视智力因素的作用，又能发挥非智力因素的作用，使两者相互结合，相互促进。

因此，传统的传授型教学模式已不能适应能力教育的需要，教师主宰课堂的教育活动忽视了学生能力的培养，扼制了学生个性的发展，使学生成了只会接收知识的容器。要改变这种局面，就要实现一个重要转化：将传授型教学模式转变为授导型教学模式。

## 二、授导型教学设计的特点

授导型教学设计是指在课堂教学中综合运用讲解、示范、练习、自主学习、小组讨论、合作学习、问题化学习等方法的课堂教学形式。授导型教学设计需要考虑教学目标、课程内容、学习者的特点(学习风格、学习者年龄阶段等)、教学方法、教学意图及教学环境之间的相互关系。教学方法的选择，需要综合地考虑教学目标的要求、学习者特征、教学环境的现状以及其他约束条件；在选择了教学方法的基础上，还需要进一步在综合考虑教学目标、教学内容、学生与教学环境以及其他约束条件，从而对教学媒体做出选择。

## 三、授导型教学设计的优势

授导型教学相对于一般常用课堂教学具有相对的优势，表 2-2 是两者的不同维度的相对比较。

**表 2-2 授导型教学与常用课堂教学的比较**

| 教学方法 | 优　势 |
|---|---|
| 讲解 | 教学效率高、知识标准化、知识结构化 |
| 演示 | 便于理解知识应用情境和了解技能应用过程 |
| 个别指导 | 能照顾到学习者的个别需要 |
| 操练与练习 | 适合掌握概念与技能 |
| 自主学习 | 灵活 |
| 小组讨论 | 激发思维、培养学习者自主意识 |
| 合作学习；问题化学习 | 培养团队精神；学习者自主支配 |

## 四、案例分析

《威尼斯小艇》是一节小学语文课，以教师“讲授”为主，教师借助动情的语言和信息技术等手段创设情境，调动学生主动学习语文的积极性。学生利用网络课件进行自主探究，通过小组协作完成任务，深刻地理解课文内容，体会课文的思想感情，充分体现了“教师为主导、学生为主体”的理念，是一个典型的授导型教学设计案例。

## 《威尼斯小艇》网络环境的教学设计方案

学校：上海市普陀区沪太新村第一小学　姓名：何旻华　日期：2003/11

**一、学习目标与任务**

1. 学习目标描述

认知目标：

(1)了解威尼斯小艇的样子，理解描写威尼斯小艇的优美词句。

(2)学会抓住事物特点的写作方法。

(3)能有感情地、准确地朗读课文。

情感目标：

(1)通过学习，感悟作者语言文字的精彩，感受威尼斯独特的风光。

(2)培养学生协作学习的意识和精神。

(3)培养学生运用已有经验分析问题的习惯。

技能目标：

(1)培养和提高学生协作探索的能力。

(2)提高学生的语言感悟能力。

信息素养：

提高学生搜集、整合、分析、运用信息的能力。

2. 学习内容与学习任务说明

《威尼斯小艇》是一篇状物的记叙文。课文生动地描绘了威尼斯主要的交通工具——小艇的特点，介绍了船夫的驾驶技术及小艇的作用，显示了威尼斯这个水上城市的特有风光。

本节课主要让学生通过协作探究的形式，利用网络资源了解作者是如何抓住小艇的特点进行描写的。通过多次朗读，利用录音工具分析评价学生的朗读情况，提高朗读的质量。通过拓展阅读和开放性提问，拓宽学生的知识面，激发学生的创新思维。

**二、学习者特征分析**

(说明学生的学习特点、学习习惯、学习交往特点等)

学生对于威尼斯及威尼斯小艇比较陌生，没有相关的生活经验，对小艇是“威尼斯重要的交通工具”这一点比较难以理解。从学生的信息技术能力来分析，学生已经具备了操作计算机的能力，能够通过留言板等通信工具进行交流学习。

**三、学习环境选择与学习资源设计**

1. 学习环境选择(打√)

| | | |
|---|---|---|
| (1)Web 教室　√ | (2)局域网 | (3)城域网 |
| (4)校园网　√ | (5)Internet | (6)其他 |

2. 学习资源类型(打√)

| | | |
|---|---|---|
| (1)课件(网络课件)　√ | (2)工具 | (3)专题学习网站 |
| (4)多媒体资源库 | (5)案例库 | (6)题库 |
| (7)网络课程 | (8)其他 | |

3. 学习资源内容简要说明

(说明名称、网址、主要内容等)

网络课件的名称为威尼斯小艇。

网络课件放在上海市普陀区沪太新村第一小学校园网中。

网络课件包括了大量表现威尼斯美景、威尼斯小艇特点的视频和图片，收集了一些有关威尼斯小艇的文章。网络课件最具有特色的地方在于它提供了一个录音工具，记录学生的朗读情况，并及时反馈，便于学生和教师及时得到反馈信息。该课件还提供了留言板，供学生交流和发表问题之用。

续表

**四、学习情境创设**

1. 学习情境类型(打√)

(1)真实情境 √　　(2)问题性情境　　(3)虚拟情境

(4)其他

2. 学习情境设计

教师播放视频录像：威尼斯的水上风光及威尼斯小艇。激发学生的学习兴趣，从而引入新课的学习。

**五、学习活动组织**

1. 自主学习设计(打√并填写相关内容)

| 类型 | 相应内容 | 使用资源 | 学生活动 | 教师活动 |
|---|---|---|---|---|
| (1)抛锚式 | | | | |
| (2)支架式 | | | | |
| (3)随机进入式 √ | 拓展阅读《今日威尼斯》 | 网络课件：《威尼斯小艇》 | 学生先阅读《今日威尼斯》，然后在留言板上发表问题 | 指导 |
| (4)其他 √ | 朗读课文 | 录音工具 | 学生朗读课文，用录音工具录下自己朗读的情况，然后及时得到反馈 | 根据计算机处理出来的条形分析图，小结学生的朗读情况 |

2. 协作学习设计(打√并填写相关内容)

| 类型 | 相应内容 | 使用资源 | 分组情况 | 学生活动 | 教师活动 |
|---|---|---|---|---|---|
| (1)竞争 | | | | | |
| (2)伙伴√ | 朗读课文 | 录音工具 | 两个同学组成 | 一个人朗读，用录音工具录下朗读的情况，另一个人评价 | 指导 |
| (3)协作√ | 分析威尼斯小艇的特点、船夫的驾驶技术、小艇在威尼斯的作用等 | 网络课件：《威尼斯小艇》 | 学生根据自己的兴趣，自由选择研究内容，自由组成小组 | 学生在小组内部集体朗读，感悟和品味优美词句；学生结合自己已有的经验在小组内部谈自己的想法和理解；学生利用网络课件辅助学习 | 指导 |
| (4)辩论 | | | | | |
| (5)角色扮演 | | | | | |
| (6)其他 | | | | | |

续表

3. 教学结构流程的设计

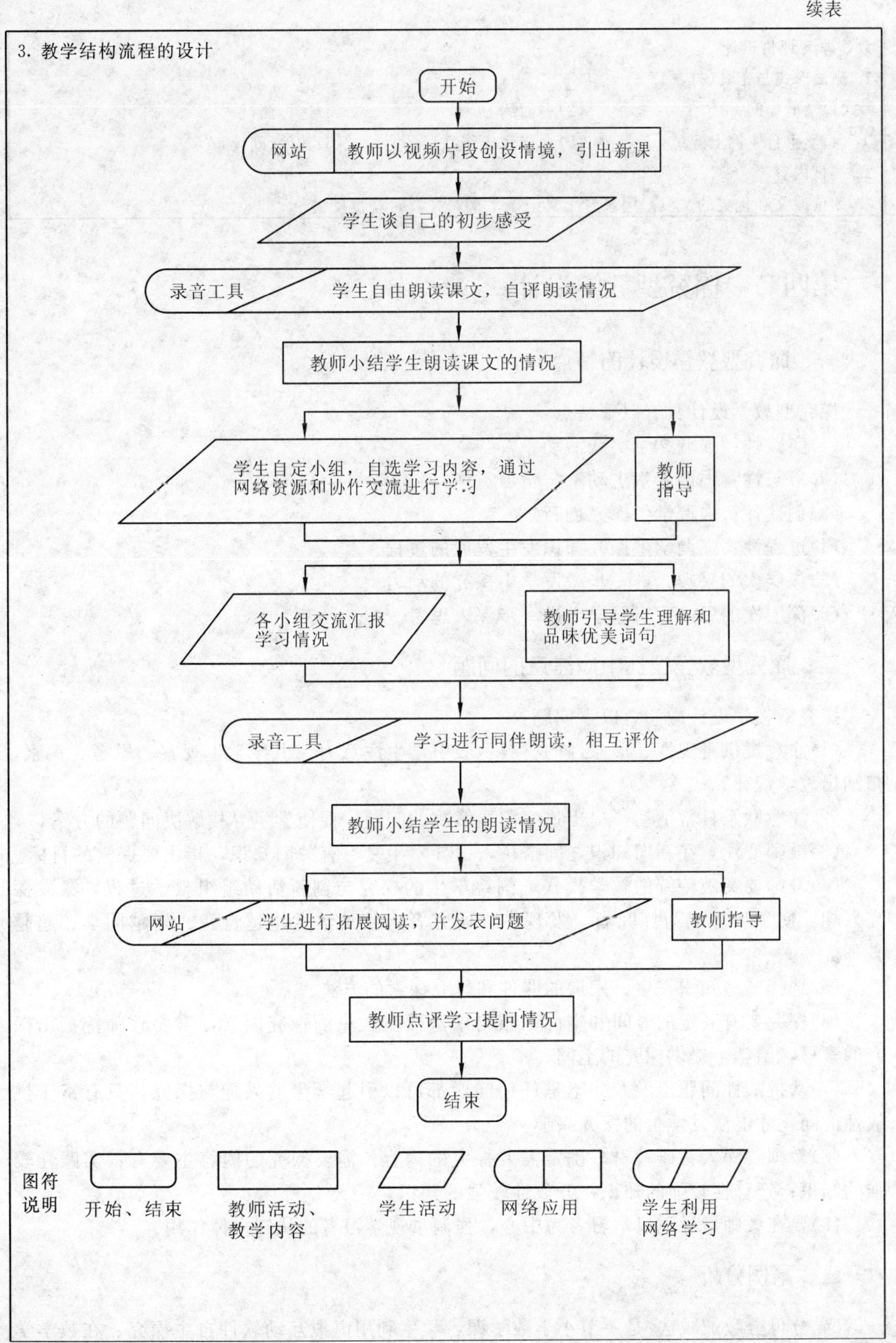

续表

| 六、学习评价设计 | | |
|---|---|---|
| 1. 测试形式与工具(打√) | | |
| (1)堂上提问 | (2)书面练习 | (3)达标测试 |
| (4)学生自主网上测试 | (5)合作完成作品 | (6)其他(朗读) √ |
| 2. 测试内容 | | |
| 朗读课文和优美的文段，用录音工具记录下来，并及时获得反馈 | | |

## 第四节 探究型教学设计

### 一、探究型教学设计的特点

探究型教学设计具有以下特点：

(1)实践性：强调学生实践活动。

(2)参与性：强调学生主动参与学习。

(3)创造性：强调学生探究创新。

(4)过程性：强调学生探究知识发生发展的过程。

(5)深层次的兴趣：进一步激发学生探究的动力。

(6)深层次的思维：引导学生进一步深入思考。

### 二、探究型教学设计中应注意的问题

探究型教学设计应注意以下问题：

(1)注意提供直观性、形象性的材料，吸引学生注意力，引导学生观察、思考、探索，归纳出教学规律。

(2)注意联系日常活动，提出迫切需要解决的问题，促使学生寻找解决问题的方案。

(3)教师要注意在新旧知识之间搭桥，引导学生复习有关旧知识，指出要探索的目标。

(4)教师要突破传统的教学模式，围绕学生的探究与创新活动组织教学过程，激发探究兴趣，使学生想成为探究者、发现者、研究者，鼓励学生超越自我、超越同学、超越教师。

(5)选择一些知识发生、发展的课件和研究探索的方法。

(6)探究要有一定的时间和空间。教材中蕴藏着大量的探究因素，需要教师挖掘出探究的素材，给学生提供探究的空间。

(7)从挑战性问题出发。并不是任何问题都可以引起学生的兴趣与探究，只有富于挑战性的问题才能激发学生的探究兴趣。

(8)教师要深入钻研教材，确定需要探究的内容。需要探究的内容主要有：实践性较强的知识；迁移性较强的知识；开放性较强的知识。

(9)要在教师指导下以学习者为中心，强调重视学习者的认知主体作用。

### 三、案例分析

《异分母分数加减法》是一节小学数学课，学生利用虚拟互动软件自主探究、在数学学

习中对图像进行分析、对数据进行记录，在协商中发现规律、形成方法，体现了以学生为中心的教学理念。在整个学习活动中，学生是探究者，教师是配合者，当学生出现不能解决的争论时适当调控引导，使学生围绕目标继续有效学习。

**《异分母分数加减法》学案设计**

体育东路小学　孙颖

| 适用年级 | 五年级 |
|---|---|
| 实施时间 | 一节课 |
| 学习者特征分析 | 学生已经学习了同分母分数加减法、通分的知识，具备学习异分母分数加减法的知识和技能基础。同时，学生更乐于自主探究式的学习方式，我们应提供能让学生动手操作、观察对比、收集分析、抽象概括的学习平台 |

**学生探究学习计划**

| 项目 | 内容说明 | | 呈现方式 | 组织形式 |
|---|---|---|---|---|
| 问题情境 | 人们在日常生活中产生的垃圾叫做生活垃圾。有关环保部门统计：危险垃圾占 $\frac{3}{20}$，纸张占 $\frac{3}{10}$，食品残渣占 $\frac{3}{10}$，废金属等占 $\frac{1}{4}$。<br>同学们，废金属和纸张共占生活垃圾的几分之几呢 | | **2. 异分母分数加减法**<br>1 人们在日常生活中产生的垃圾叫做生活垃圾。<br>(1) 废金属和纸张是垃圾回收的主要对象，它们在生活垃圾中共占几分之几？<br>危险垃圾 $\frac{3}{20}$　废金属等 $\frac{1}{4}$　纸张 $\frac{3}{10}$　食品残渣 $\frac{3}{10}$<br>$\frac{1}{4}+\frac{3}{10}=$____ | 来自教材，白板演示 |
| 探究目标 | 1. 根据上面的生活问题探索出计算结果<br>2. 通过数学实验，发现不同分母(即异分母)分数加减法的计算方法 | | | 白板演示 |
| 探究过程的设计 | 环节 1 | 观看“生活中的垃圾”的实际问题，要计算出废金属和纸张共占生活垃圾的几分之几，怎样计算呢？<br>我们学过同分母分数加减法，但现在分母不同能直接相加减吗，为什么？怎么办 | | 学生独立思考、个别回答 |
| | 环节 2：了解虚拟互动软件的各项功能 | $\frac{2}{3}+\frac{1}{2}$ is equal to $\frac{7}{6}$<br>Show Me　Clear<br>Red denominator 3　Blue denominator 2<br>Denominator of sum 6 | | 独立探究：人手一台计算机，了解软件功能 |

续表

<table>
<tr><th>项目</th><th>内容说明</th><th>呈现方式</th><th>组织形式</th></tr>
<tr><td rowspan="3">探究过程的设计</td><td>环节 3：探究生活问题的结果</td><td rowspan="2">异分母分数加减法实验记录分析表：<br><table><tr><th>创建算式(异分母分数加减法)</th><th>分几等份时每份大小相等</th><th>转化为几加(减)几</th><th>分数结果</th></tr><tr><td></td><td></td><td></td><td></td></tr><tr><td></td><td></td><td></td><td></td></tr><tr><td></td><td></td><td></td><td></td></tr><tr><td></td><td></td><td></td><td></td></tr><tr><td></td><td></td><td></td><td></td></tr></table><br>实验小结：你发现<br>1. 转化后的分母与原来的两个分母之间有什么关系？<br>____________<br>2. 异分母分数加减法的计算方法是：____________<br>____________</td><td rowspan="2">合作探究：<br>1. 一人操作，一人记录<br>2. 小组分析表格数据，总结方法<br>3. 完成小组实验表格后，由小组出来展示和分析自己的实验数据和结论<br>4. 组间互评、探索规律</td></tr>
<tr><td>环节 4：创设不同的异分母分数，探究加、减过程中的规律和方法</td></tr>
<tr><td>环节 5</td><td>巩固练习：计算下面的算式<br>网上的练习：http：//www.ciwong.com/<br>系统自动反馈信息、整理统计数据</td><td></td></tr>
<tr><td rowspan="2">探究资源、工具</td><td>虚拟互动软件</td><td>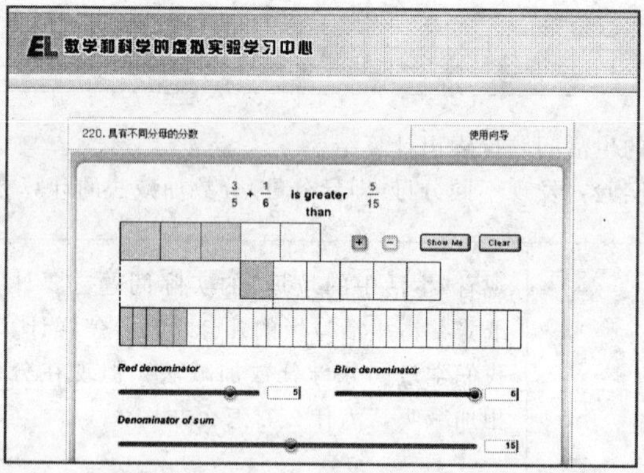<br><br>http：//science.iiris.cn/resource/maths/exploremath/220/index.htm</td><td rowspan="2"></td></tr>
<tr><td>电子白板</td><td>学生在白板上解释过程、分析数据、得出结论</td></tr>
<tr><td>探究评价</td><td colspan="2">1. 为什么异分母分数不能直接相加减<br>2. 异分母分数加减法的计算方法是怎样的<br>3. 完成一套当堂测试题：http：//www.ciwong.com/</td><td></td></tr>
</table>

**教师实施指南**

<table>
<tr><td>探究主题的缘起</td><td>

异分母分数加减法是学生在同分母分数加减法、通分的基础上学习的，它在解决实际问题时应用得更广泛。因此，它是分数加减法单元的学习重点，也是整册教材的学习重点。教科书中从一个生活问题引入

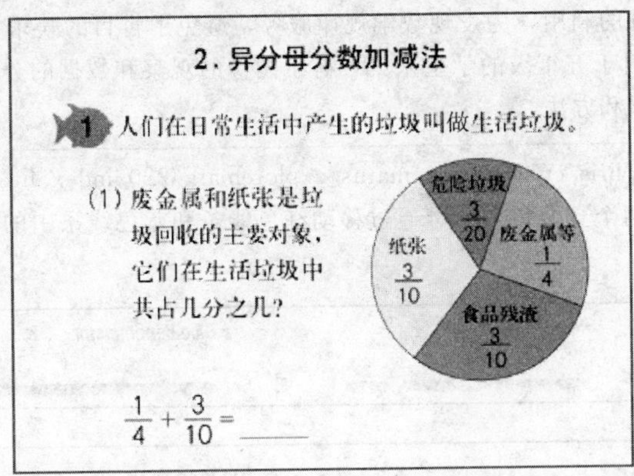


通过计算废金属和纸张共占生活垃圾的几分之几，使学生产生用数学解决实际问题的欲望，也表现出异分母分数加减法产生的必要性。

由于不同分母的计算方法没有学过，教材中通过一段对话，启发学生用通分的方法，把不同分母的分数转化成同分母的分数再计算。并呈现通分后的图形

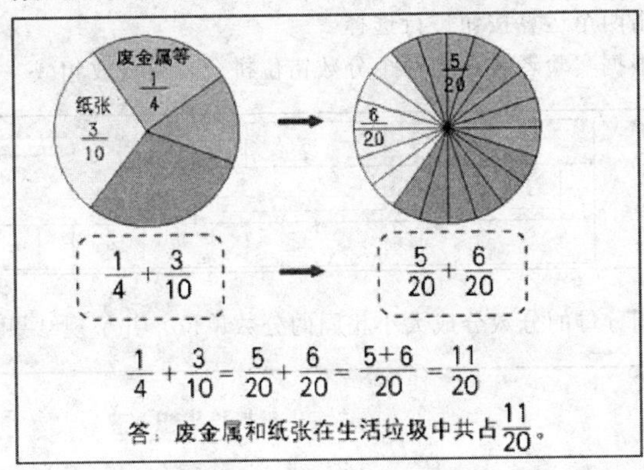


</td></tr>
<tr><td>实施的思路和特色</td><td>

**对教材中教法的反思：** 对于学生的认知来看，教材已将方法和结论清楚地教给学生，因此学生照着去做，也是可以学会异分母分数加减法的计算的。但是，直接相加减为什么不行？会发生什么情况？为什么要用通分的方法？这些问题学生都是没有机会去探究的，他们只是被动地接受了一个结果，缺乏了自己探究发现结论的过程，这对于知识的深刻理解和学生思维能力、探究能力的培养都是毫无作用的。但要学生通过制作纸片、画图填色、剪切比较等方法进行探究，实验范围过窄，剪完一个分数后难以重复使用，且时间长、效率低

**实施思路：** 如利用虚拟互动软件进行探究，不但能自主发现异分母分数通分的必要性，还能探索不同的异分母分数加减法中图形变化的直观过程，大大增加信息的输入和实验材料，进而有利于学生自主总结出计算方法，建构数学知识

**实施特色：** 学生利用虚拟互动软件自主探究，在操作中对图像进行分析、对数据进行记录，在协商中发现规律、形成方法，体现了以学生为中心的教学理念。在整个学习活动中，学生是探究者，教师是配合者，当学生出现不能解决的争论时适当调控引导，使学生围绕目标继续有效学习

</td></tr>
</table>

续表

<table>
<tr><td>探究活动可行性分析</td><td>1. 软件操作：本节课所选取的虚拟互动软件的操作难度很低，且有较大的数据、图像选择空间。五年级的学生足以正确操作<br>2. 实验的有效性：教师设计了数学实验表格，能促使学生更有目的地进行数学实验，使实验中的数据得到充分的利用，为发现数学规律服务，避免了盲目的娱乐性操作<br>3. 概括方法：对于五年级的学生来说，有了图像的观察和数据的分析基础，便能通过讨论、互评发现数学规律和方法</td></tr>
<tr><td>资源工具</td><td>http：//science. iiris. cn/resource/maths/exploremath/220/index. htm<br>1. 能自主选择两个真分数，分母通过移动红色线条和蓝色线条中的节点来决定，分母通过单击格子来决定<br>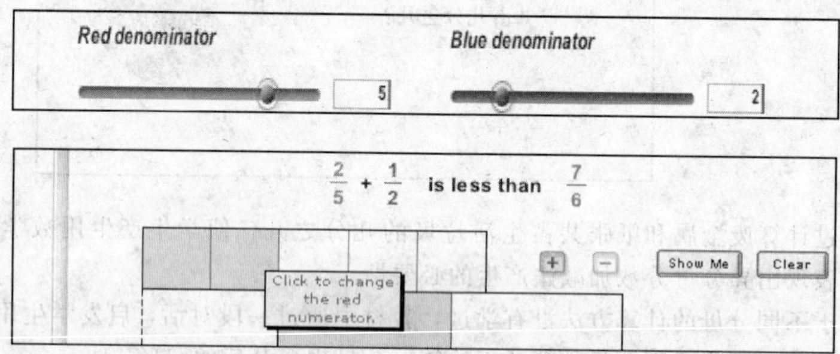<br><br>2. 加减法可单击两个运算按钮进行选择<br>3. 计算机自动根据实验者所选的两个分数错位拼合，或叠放相减<br>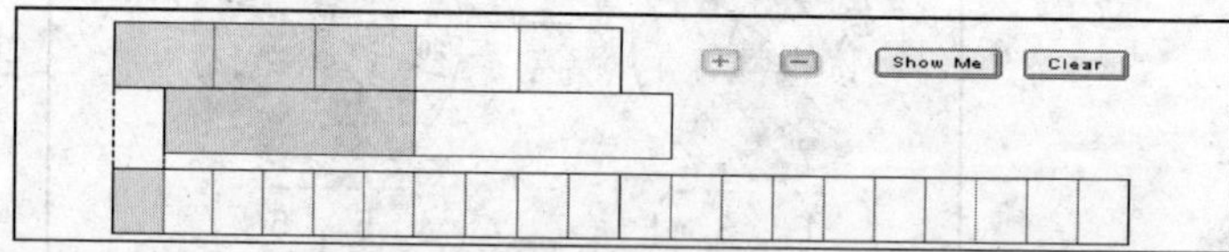<br><br>4. 计算机将不同分母的分数分成大小相同的分数单位，并呈现结果<br>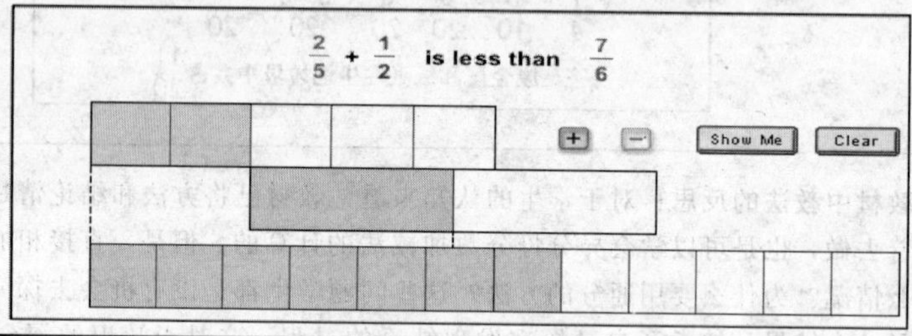<br></td></tr>
</table>

## 第五节 教学设计工具

从仅仅为教学设计者在教学策略选择过程中提供一些支持，到完全代替教学设计者进行整个教学开发过程(包括教学目标分析、学习者特征分析、教学流程设计、学习环境与资源设计、教学评价设计)，教学设计工具软件落在这两个极端之间的位置决定了其支持教学设计的程度。本节主要介绍三种教学设计的工具：教学设计模板、教学流程辅助工具、教学设计辅助工具。

## 一、教学设计模板

教学设计方案可以为叙事式教学设计方案，也可以是表格式教学设计方案，二者必然包括标题、概述、教学目标分析、学习者特征分析、教学流程设计、教学环境与资源设计、教学评价设计七个基本部分，我们下面提供表格式教学设计模板以供参考(见表 2-3)。

**表 2-3　表格式教学设计模板**

| 案例名称 | | | | | |
|---|---|---|---|---|---|
| 科目 | | 教学对象 | | 提供者 | |
| 课时 | | | | | |
| 一、教材内容分析 | | | | | |
| | | | | | |
| 二、教学目标(知识，技能，情感态度、价值观) | | | | | |
| | | | | | |
| 三、学习者特征分析 | | | | | |
| | | | | | |
| 四、教学策略选择与设计 | | | | | |
| | | | | | |
| 五、教学环境及资源准备 | | | | | |
| | | | | | |
| 六、教学过程 | | | | | |

| 教学过程 | 教师活动 | 学生活动 | 设计意图及资源准备 |
|---|---|---|---|
| | | | |
| | | | |
| | | | |

续表

| 教学流程图 |
| --- |
| |
| 七、教学评价设计 |
| |
| 八、帮助与总结 |
| |

## 二、教学流程辅助工具：Inspiration

Inspiration是由美国Inspiration公司开发的一种专用概念图软件，因其界面简单、操作直观、容易上手的特色而受到广大教师的热烈欢迎。Inspiration在教学设计中的应用主要体现为设计形象的教学流程图。

例如，小学五年级数学《梯形面积的计算》案例中，教师主要借助MP-Lab创意教学平台，让学生运用多种方法推导出梯形面积的计算公式，通过观察、操作、分析、推理等过程，最后引导学生总结内容，从而使学生解决问题的能力得到发展。《梯形面积的计算》教学流程图可运用Inspiration设计，如图2-1所示。关于Inspiration概念图工具更多的教学用途以及如何运用Inspiration绘制教学流程图，详见第四章：信息化教学工具。

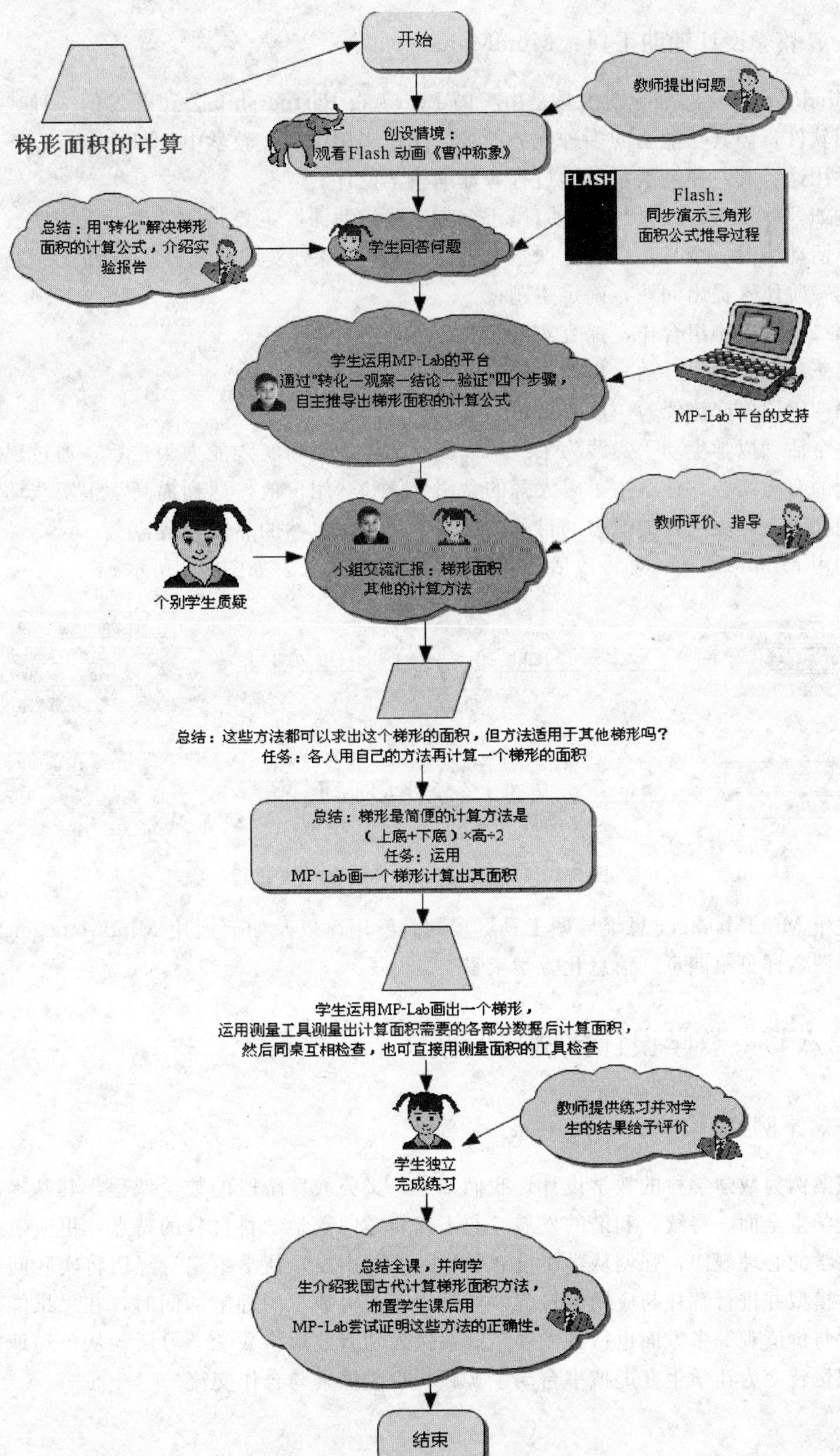


图 2-1 《梯形面积的计算》教学流程

### 三、教学设计辅助工具：MindManager

MindManager思维导图工具是由美国Learning Partnership公司开发的一种典型的思维导图软件，因其功能上的多种优势而被广泛地应用于现代教学中。MindManager具有多种教学用途，其一便是展示教学过程，辅助教学设计。

例如，《关于大蒜的探究活动》属于综合实践活动课，主要强调学生动手实践、开展探究。本活动历时一个月，主要分课堂教学(4课时)和课外实践两部分，分四个阶段进行。

第一阶段：提出问题，确定主题；

第二阶段：小组合作，探究实践；

第三阶段：师生互动，反馈指导；

第四阶段：交流经验，成果展示。

整个活动以学生动手实践为主线，以提高学生的创新实践能力为主旨，通过现实与网络环境的有力结合，让学生了解大蒜的食用价值和药用价值，达到提高学生实践动手能力及发现问题、解决问题的能力的目的，激发学生对大自然的热爱之情。

利用MindManager可将该活动的教学流程描述出来，如图2-2所示。

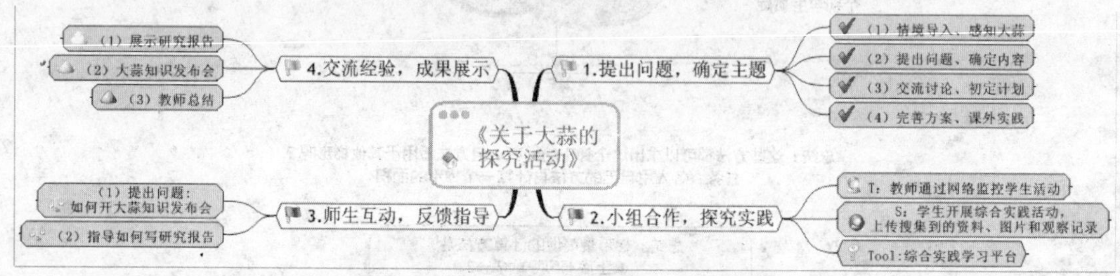


图2-2　《关于大蒜的探究活动》教学过程

关于MindManager思维导图工具更多的教学用途以及如何运用MindManager绘制教学流程图，详见第四章：信息化教学工具。

## 第六节　教学设计案例与实践

### 一、案例分析

该案例为数学学科的教学设计，我们知道，义务教育阶段的数学课程，其基本出发点是促进学生全面、持续、和谐的发展。它不仅要考虑数学学科自身的特点，更应遵循学生学习数学的心理规律，强调从学生已有的生活经验出发，让学生亲身经历将实际问题抽象成数学模型并进行解释与应用的过程，使学生获得对数学的理解的同时，在思维能力、情感态度与价值观等多方面也得到发展。该案例教师有效地将数学学习活动从单纯地依赖模仿与记忆转变为让学生在虚拟平台动手实践、自主探索与合作交流。

**案例：**

**《三角形的内角和》教学设计**

广州市天河区岑村小学 邓华文

广州市天河区猎德小学 龙启梅

广州市天河区昌乐小学 蔡晓霞

| 适用年级 | 四年级 |
| --- | --- |
| 实施时间 | 一节课 |
| 学习者特征分析 | 1. 本节课的内容是在学生学过角的度量、三角形的特征和分类等知识的基础上进行教学的，学生已经具备一定的关于三角形的认识的直接经验，也已具备了一些相应的三角形知识和技能，这为感受、理解、抽象三角形的内角和的规律，打下了坚实的基础<br>2. 四年级的学生具备小组合作探究、交流解决问题、合理分工的能力，学生乐于通过这种合作交流的学习方式获取知识，能够在教师的引导下比较有序地开展小组合作学习<br>3. 学生在用合理的数学语言表述实验结果方面还比较欠缺，教师还需要在学习活动中给予充分的引导 |

**学生探究学习计划**

| 项目 | 内容说明 | 呈现方式 | 组织形式 |
| --- | --- | --- | --- |
| 问题情境 | 两个三角形，一个大一个小，它们争论谁的三个内角和更大 |  我的个头大，所以我的三个内角和一定比你大。<br>虽然我的个头比你小，但是我的三个内角和不一定比你的小。 | 课件演示：以PPT动画“大、小三角形的争论”为情境，提出数学问题 |
| 探究目标 | 1. 通过测量、撕拼、折叠等方法，探索和发现任意三角形的三个内角和等于180°<br>2. 知道三角形两个角的度数，能求出第三个角的度数<br>3. 根据问题情境，体验“猜想—实验探索—得出结论”的数学学习过程 | | 实践操作 |
| 探究过程的设计 | 环节1：猜一猜<br>（学生通过猜想，激发探究的欲望） | 观看“两个三角形的争论”的问题情境，要确定哪个三角形的内角和大，怎样比较呢？<br>先请同学们猜一猜在一个三角形中，三个内角加起来共有多少度呢 | 学生独立思考、个别回答 |

续表

<table>
<tr><th>项目</th><th>内容说明</th><th>呈现方式</th><th>组织形式</th></tr>
<tr>
<td rowspan="2">探究过程的设计</td>
<td>环节 2：动手量<br>（引导学生动手测量，让学生在动手过程中，验证自己的猜测。）</td>
<td>两人小组用量角器合作完成下面的表格：
<table>
<tr><th></th><th>∠1</th><th>∠2</th><th>∠3</th><th>三个内角总和</th></tr>
<tr><td>大三角形</td><td></td><td></td><td></td><td></td></tr>
<tr><td>小三角形</td><td></td><td></td><td></td><td></td></tr>
</table>
全班汇报小组动手测量的结果，说说有什么发现。<br>你们测量的结果是否和猜测的结果一致？谁猜的度数最接近 180°呢</td>
<td>自主探究、合作交流：<br>1. 两人小组在自己画的三角形上用量角器分别量出三个角的角度，完成表格并分析结果<br>2. 全班交流汇报发现</td>
</tr>
<tr>
<td>环节 3：动手拼<br>（以“平角”概念为铺垫，引导学生用撕、折的方法再验证，得出三角形的三个内角都可以拼成平角。）</td>
<td>180°的角是一个什么样的角呢？（平角）我们能否根据平角的特点，也能验证三角形内角和是 180°呢？<br>两人小组合作，根据要求拼一拼，将发现填写在表格中。
<table>
<tr><th></th><th>三个角拼成的图形</th><th>我的发现</th></tr>
<tr><td>锐角三角形</td><td></td><td></td></tr>
<tr><td>直角三角形</td><td></td><td></td></tr>
<tr><td>钝角三角形</td><td></td><td></td></tr>
<tr><td>结论</td><td></td><td></td></tr>
</table>
小组汇报交流拼出的结果。<br>拼出的图形：<br> 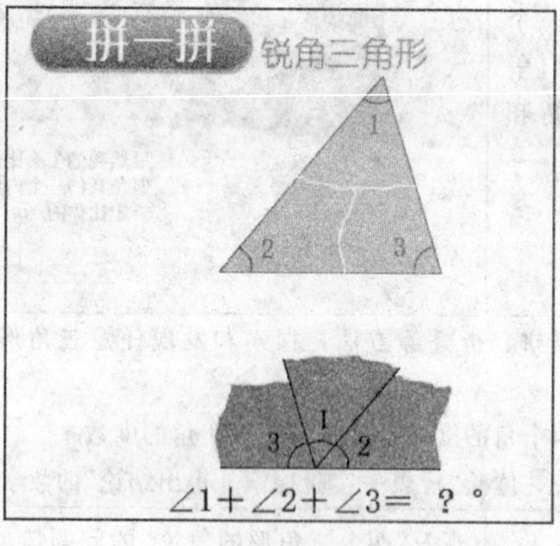拼一拼 锐角三角形<br>∠1+∠2+∠3= ？°<br>中点 中点</td>
<td>合作探究：<br>1. 四人小组讨论方法并全班汇报（决定用撕、折的方法来证明）<br>2. 四人小组中三人各自负责一种三角形的拼法，另外一人记录数据<br>3. 学生利用实物投影仪展示探究学习的结果</td>
</tr>
</table>

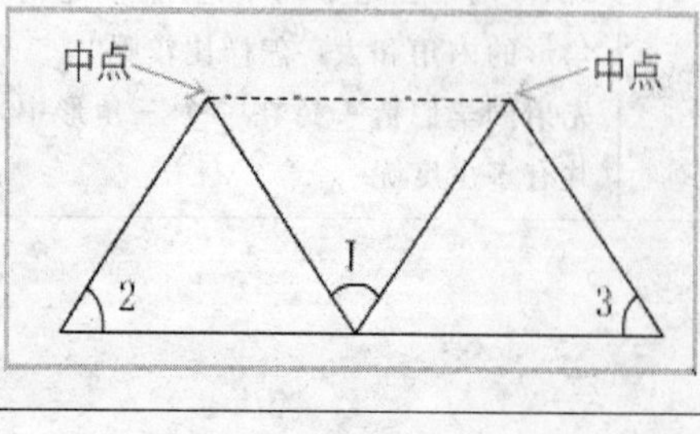

续表

<table>
<tr><th>项目</th><th>内容说明</th><th>呈现方式</th><th>组织形式</th></tr>
<tr><td rowspan="3">探究过程的设计</td><td></td><td>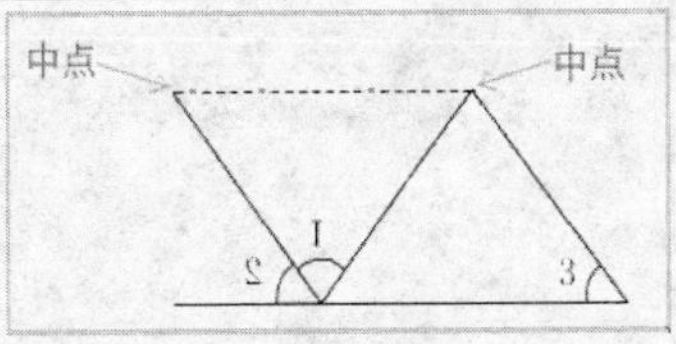<br><br>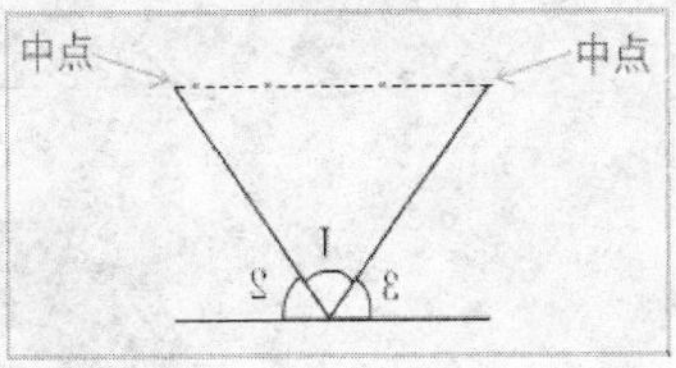<br></td><td></td></tr>
<tr><td>环节 4：归纳结论<br>（引导学生明确“按角三种分类的三角形包括了所有了三角形”的原理，得出结论。）</td><td>通过拼一拼，我们知道了直角三角形、锐角三角形和钝角三角形的内角和都是 180°，能否说明所有的三角形内角和都是 180°呢？<br>利用所学知识解决大、小三角形的争议</td><td>学生个别交流</td></tr>
<tr><td>环节 5：应用拓展<br>（通过分层次的练习设计，既巩固了本节课的知识，又培养了学生思维的灵活性，同时进一步发展学生的空间想象能力。）</td><td>巩固分层练习：<br>第 1 题：已知三角形两个角的度数，求第三个角。（Flash 展示）<br>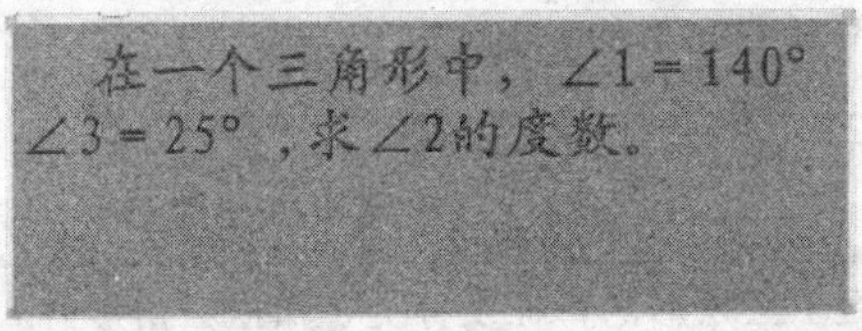<br><br>第 2 题：求特殊三角形的各角的度数。（Flash 展示）<br>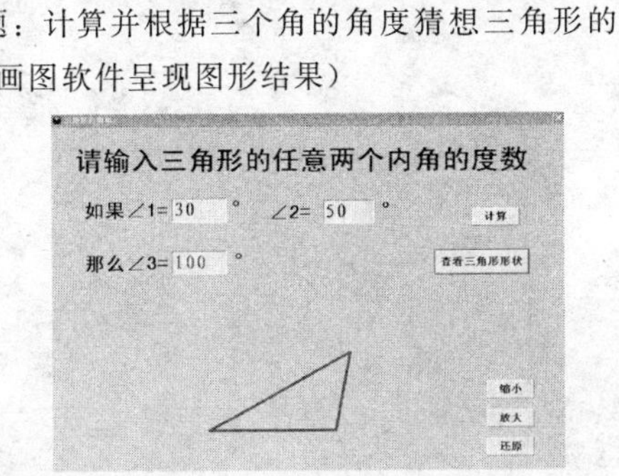<br><br>第 3 题：计算并根据三个角的角度猜想三角形的形状。（几何画图软件呈现图形结果）<br><br></td><td>课件展示，学生独立完成</td></tr>
</table>

续表

<table>
<tr><th>项目</th><th>内容说明</th><th>呈现方式</th><th>组织形式</th></tr>
<tr><td rowspan="2">探究资源、工具</td><td>量角器、剪刀、卡纸、表格(本节课探究的是三角形的内角和，让学生用身边的实物材料操作和验证，更容易理解，印象也更深刻)</td><td> 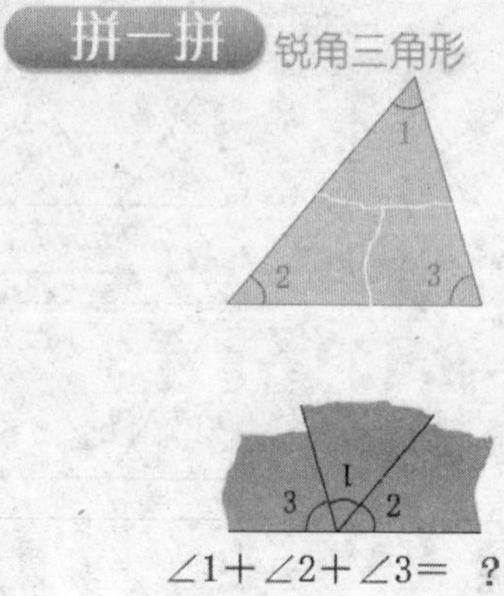拼一拼 锐角三角形<br>1 2 3<br>1 3 2<br>$\angle 1+\angle 2+\angle 3=\ ?^\circ$</td><td></td></tr>
<tr><td>情境导入(PPT)、实物投影、三角形内角和练习(Flash)、三角形内角和练习(几何画图软件)</td><td>PPT课件显示问题情境，实物投影是学生展示、解释拼平角的过程，Flash课件求三角形内角和的练习，几何画板软件使进一步发展学生的空间想象能力</td><td></td></tr>
<tr><td>探究评价</td><td colspan="3">1. 可以用什么方法来探究三角形的内角和？<br>2. 任意三角形的内角和是多少度？<br>3. 会根据已知条件求三角形的各角的度数。(三个练习)</td></tr>
</table>

**教师实施指南**

<table>
<tr><td>探究主题的缘起</td><td>学生已经学习了三角形的特征及分类，知道三角形有3条边、3个顶点、3个角，三角形按角分类分为锐角三角形、直角三角形、钝角三角形及会使用量角器等，为进一步研究三角形的新的特性——三角形内角和是180°做好了知识上的准备。如果仅仅告诉学生三角形的内角和是180°学生记忆很容易，但真正理解三角形内角和为什么等于180°的话却不容易，而且数学需要的是探究，得让学生经历过猜想—实践论证—得出结论的过程。动手操作是一种充分展示学生个性的过程，是深受学生喜欢的实践活动，它为发挥学生的主动作用提供了时间和空间。这节课在探究三角形的内角和的过程中安排了充分的操作活动，不仅有利于学生建立概念，同时也锻炼学生辨别、选择和运用信息的能力</td></tr>
</table>

续表

| | |
|---|---|
| 实施的思路和特色 | **对教材中教法的反思**：从学生的认知来看，教材一方面设计了让学生动手操作寻找结论的思路，一定程度地体现了探究学习的过程；但另一方面也已将方法和结论清楚地教给学生，因此学生照着去做，也是可以学会三角形的内角和是180°的。但是，这样一来学生只是形式上的探究，被动地接受了结论。没有问题情境的提出就没有猜想，没有猜想就没有探究的欲望，探究是经过猜想—实践论证—修正—结论的过程。缺乏了自己找问题到探究发现结论的过程，这对于知识的深刻理解和学生思维能力、探究能力的培养都作用不大<br>**实施思路**：采取了创设问题情境(两个三角形哪个内角更大?)，激起学生通过对直观图形的观察和猜想，借着让学生动手量一量的方式自己去测量及计算得出结论，然后再通过拼的方法进一步去证明。这样既调动了学生学习数学的积极性和主动性，增强了学生参与数学活动的意识，又培养了学生的动手实践能力。同时，也向学生渗透了实践—认识—再实践—再认识的辩证观点<br>**实施特色**：学生先大胆猜想，借着利用量角器自主测量与计算，得出结果再跟同组的同学进行讨论，然后用寻找拼平角的方法进行再论证。同学之间互相启发、互相辩驳、互相吸纳，并在这个过程中逐步完善自己的想法，体现了以学生为中心的教学理念。在整个学习活动中，学生是探究者，教师是配合者，当学生出现不能解决的争论时适当调控引导，使学生围绕目标继续有效学习 |
| 探究活动可行性分析 | 1. 软件操作。本节课所选取软件基本都是老师操作，用PPT动画创设情境，三角形内角和(Flash和几何画图软件)作为练习。三角形内角和练习(几何画图软件)的操作难度很低，供学生游戏，发展学生空间想象能力<br>2. 实验的有效性。四年级上学期已经学过量角器的使用，学生能正确使用量角器，除了个别误差结果不是180°，大部分学生得出的三个角总和是180°。还有经过同桌合作讨论，学生可以自己发现错误并订正。在拼平角的环节，先分组讨论，让好学生带后进生，并且老师巡堂，促使其他学生更有目的地进行数学实验，避免了盲目性操作<br>3. 概括方法。对于四年级的学生来说，有了图像的观察、实践操作和数据的分析基础，便能通过讨论、互评发现数学规律和方法 |
| 资源工具 | 量角器、剪刀、卡纸、表格、情境导入(PPT)、实物投影、三角形内角和练习(Flash)、三角形内角和练习(几何画图软件) |

## 二、综合实践

### 实践一　编写一个信息化教学设计方案

实践说明：

本活动的目的是使您有机会运用前面所学的知识和教学设计的方法，通过设计一节信息技术与课程整合课，更加深入地理解教学设计的基本流程与方法。

实践内容：

1. 选择主题

信息化教学，要能够充分发挥信息技术在资源工具、协作工具、情感工具等方面的优势，以便在教学实施的过程中使学生具有积极的感情体验、更广的认知范围和更深的认知深度。

了解了这一点，请结合您的教学实际，选择某一主题开展教学设计，并将您的选择主题填写在下面的横线上。

______________________________________________

______________________________________________

2. 编写教学设计方案

参考本章中提供的教学设计案例与模板，为所选的主题编写教学设计方案。注意教学目标分析、学习者特征分析、教学流程图的创建和教学评价设计等环节的设计。

**实践二　修改并分享信息化教学设计方案**

实践说明：

本活动的目的旨在帮助您进一步理解教学设计的方法，以完善您的教学设计方案。通过优秀作品的展示与经验交流，让您对教学设计实践中的注意事项有一个更深刻的认识。

实践内容：

1. 组内分享与作品修改

考察一个教学设计方案的优劣，一要看教学设计方案的编写是否规范、清晰。二要看设计理念是否能既体现教师的主导作用，又能突出学生的主体地位，每个环节的设计是否到位以及是否能够体现整体性，教学策略与活动的设计是否能有效地落实教学目标并能真正发展学生的能力。

在小组内，将您编写的教学设计方案与其他成员分享，听取他们的意见，并记录在表 2-4 中。

**表 2-4　教学设计方案修改**

| 教学设计环节 | 修改意见 |
| --- | --- |
| 教学目标分析 | |
| 学习者特征分析 | |
| 教学流程图的设计 | |
| 教学评价的设计 | |

根据小组成员的建议，修改您的教学设计方案，并妥善保存。

2. 优秀作品汇报

每一小组推选出优秀的教学设计方案，在班上进行汇报，请根据您的体会在表 2-5 中做好记录。

**表 2-5　优秀教学设计记录**

| 教学设计方案名称 | 制作者 | 优　点 | 对您的启发 | 改进建议 |
| --- | --- | --- | --- | --- |
| | | | | |
| | | | | |
| | | | | |

3. 分享心得

针对您在教学设计方案编写这一学习活动和实践中的心得体会，踊跃发言，与班级其他成员谈谈您的见解。

# 第三章
# 信息化教学资源

信息化教学资源是经过数字化处理，可以在计算机上或网络环境下运行的多媒体材料或教学系统。通过信息化资源的应用教师能够更好地激发学生通过自主、合作、创造的方式来寻找和处理信息，从而有利于教师突破传统教学模式，探究新型教学模式。本章首先介绍了信息化资源的定义、分类、媒体特性、应用方式和原则；其次介绍了教学资源的搜索和整合及其课堂教学课件和师生多媒体教学资源；最后分析了同步教学资源库的构建和应用问题。

## 学习目标

1. 了解信息化教学资源并掌握相关知识
2. 掌握信息化教学资源的搜索技巧与常用的整合方法
3. 掌握多媒体课件的编著工具以及应用
4. 了解多媒体教学资源
5. 掌握同步教学资源库的建设及应用

## 本章知识地图

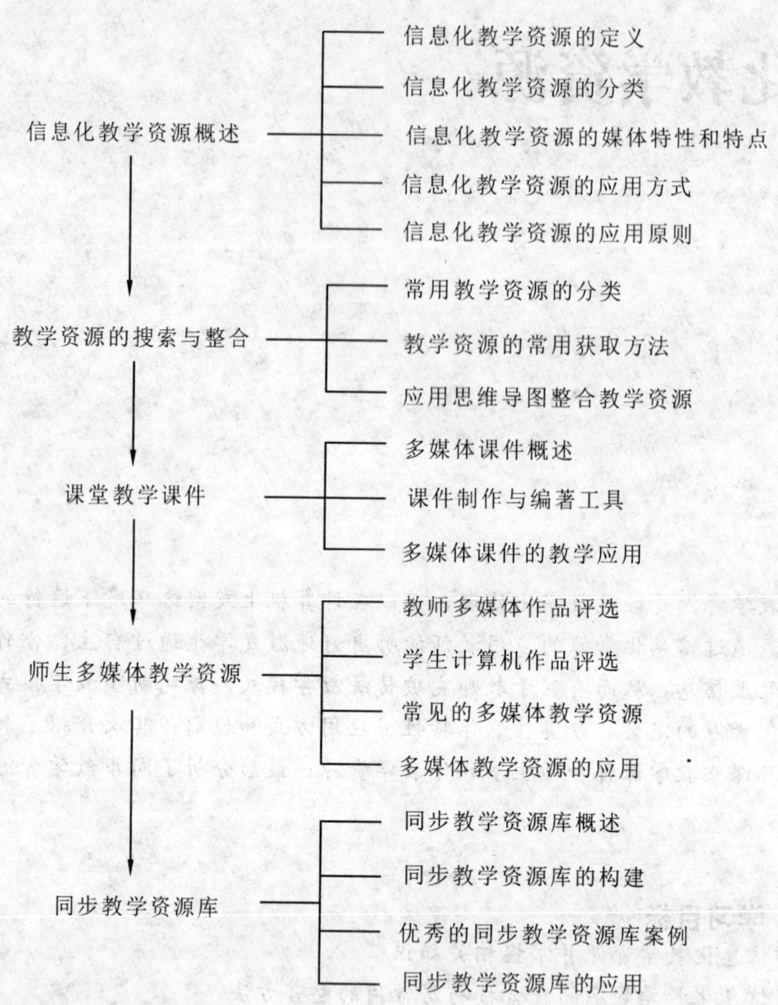


# 第一节　信息化教学资源概述

随着信息技术的发展，教育逐步实现了信息化，信息化教学资源更加丰富，种类也逐渐地增加，但是对于信息化教学资源的定义还没有一个明确的界定，信息化教学资源的分类也没有统一的方式。

## 一、信息化教学资源的定义

有关教学资源的定义见表 3-1。

**表 3-1　资源、教学资源、信息化教学资源的定义**

| 有关教学资源的定义 | |
|---|---|
| 资源 | 是指可以被人类开发和利用的一切物质、能量和信息的总和 |
| 教学资源（教育技术领域） | 狭义上通常把教学资源理解为可以应用于教学过程中的各种媒体设备和教学材料。从广义上讲教学资源则包括了人力资源、物质资源和信息资源等诸多方面，它是指能够用于促进有效教学和学习的所有资源。教学资源通常又称学习资源，它是指一切可以用来促进学生的学习、支持教与学全部过程的各种系统、教学材料和教学环境的总称 |
| 信息化教学资源 | 通常认为，“信息化教学资源”属于信息资源的范畴，是从狭义上理解的一种特殊的信息资源，是“经过选取、组织，使之有序化的，适合学习者发展自身的有用信息的集合”。狭义的信息化教学资源指的是以数字形态存在的教学材料，包括学生和教师在学习与教学过程中所需要的各种数字化的素材、教学软件、补充材料，等等。广义的信息化教学资源还包括数字化教学环境，即教学过程中所使用的各种软件 |

本书对信息化教学资源的定义如下：

信息化教学资源，是指经过数字化处理，可以在计算机上或网络环境下运行的多媒体材料或教学系统。它能够激发学生通过自主、合作、创造的方式来寻找和处理信息，从而使数字化学习成为可能。

## 二、信息化教学资源的分类

信息化教学资源从技术发展的角度可以分为：多媒体素材、多媒体教学软件、网络教学软件、集成性教学系统；从建设的角度可以分别分为：素材类教学资源建设、网络课程建设、资源建设的评价、教育资源管理系统的开发。如图 3-1 所示，其中多媒体素材主要是指：文本、图片、声音、视频、动画、电子书等；多媒体教学软件是指基于单机运行的教学软件；网络教学软件基于 Web 运行；素材类教学资源建设主要分为八大类：媒体素材、试题、试卷、文献资料、课件与网络课件、案例、常见问题解答和资源目录索引；网络课程建设和素材类教学资源建设是信息化教学资源的基础。

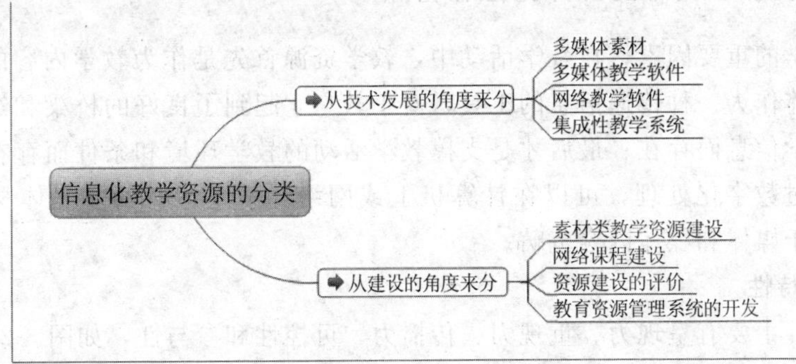


**图 3-1　信息化教学资源的种类**

目前常见的信息化教学资源主要包括 9 类，分别是：媒体素材、试题库、试卷、课件、案例、文献资料、常见问题解答、资源目录索引和网络课程。在教学中可以根据实际需要，增加其他类型的资源，如表 3-2 所示。

**表 3-2 目前常见的信息化教学资源类型**

| 目前常见的信息化教学资源类型 | |
|---|---|
| 媒体素材 | 媒体素材是传播教学信息的基本材料单元，主要包括五大类：文本类素材、图形/图像类素材、音频类素材、视频类素材、动画类素材 |
| 试题库 | 试题库是按照一定的教育测量理论，在计算机系统中实现的分学科试题的集合，是基于数学模型的教育测量工具 |
| 试卷 | 在纸张或电子版上印有考试组织者为检测接受考试者学习情况而设定的，并规定在一定时间内需完成的测试题目；也可以是资格考试中用以检验考生能力来进行人才筛选的工具；题目的代表性比较强 |
| 课件 | 课件(Courseware)是根据教学大纲的要求，经过教学目标确定，教学内容和任务分析，教学活动结构及界面设计等环节，而加以制作的课程软件。它与课程内容有着直接联系。根据其运行平台划分，可分为网络版的课件和单机运行的课件，网络版的课件需要能在标准浏览器中运行，并且能通过网络教学环境被大家共享。单机运行的课件可通过网络下载后在本地计算机上运行 |
| 案例 | 案例是指由各种媒体元素组合表现的，对有现实指导意义和教学意义的代表性事件或现象的陈述 |
| 文献资料 | 用文字、图形、符号、声频、视频等技术手段记录人类知识的一种载体，或理解为固化在一定物质载体上的知识。也可以理解为古今一切社会史料的总称。现在通常理解为图书、期刊等各种出版物的总和。这里主要是指以多媒体为载体所呈现的文献资料 |
| 常见问题解答 | 常见问题解答是针对某一具体领域最常出现的问题给出全面的解答 |
| 资源目录索引 | 将某一领域中相关的网络资源地址链接和非网络资源的索引集合列出所得的目录 |
| 网络课程 | 网络课程是指以网络为载体所呈现的某门学科的教学内容及实施的教学活动的总和，它包括两个组成部分：按一定的教学目标、教学策略组织起来的教学内容和网络教学支撑环境 |

## 三、信息化教学资源的媒体特性和特点

资源是教学的重要因素，在教学活动中，教学资源首先是作为教学内容的载体——媒体而存在，媒体作为一种传递信息的工具，对于教与学起到了良好的桥梁和纽带作用；然后才是作为教学信息而存在；最后才是支撑教学活动的教学环境和条件而存在。信息化教学资源是指经过数字化处理，可以在计算机上或网络环境下运行的多媒体材料或教学系统，它依旧属于媒体和媒体内容范畴。

**1. 媒体的特性**

媒体的特性主要有呈现力、重现力、传播力、可控性和参与性，如图 3-2 所示。

(1)呈现力：媒体呈现信息的能力，呈现事物的空间、时间、运动、颜色、声音等特征的能力。

(2)重现力：对信息的重现能力。如书本可以反复阅读，录音、幻灯片可以反复重放。

(3)传播力：媒体以各种符号形态把信息传递给受众，不同媒体在传播的范围上各有

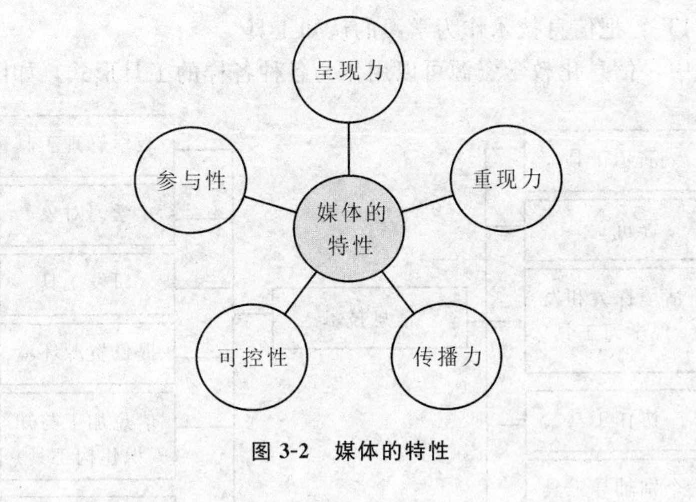


图 3-2　媒体的特性

差异。

(4)可控性：媒体可操纵控制的难易程度。

(5)参与性：利用媒体开展教学活动时，学习者可以参与活动的机会(包括行为参与和感情参与)。

**2. 信息化教学资源的新特点**

(1)组织的非线性化

传统的教学信息的组织结构是线性的；而人的思维、记忆却是网状结构。因此传统教育制约了人的智慧与潜能的调动，限制了发散思维能力的培养，不利于创新能力的挖掘与培养，而多媒体技术为教学信息组织的非线性化创设了条件。

(2)处理和存储的数字化

利用多媒体计算机的数字转换和压缩技术，能够迅速处理和存储图、文、声、像等各种教学信息。

(3)传输的网络化

随着网络技术的发展与普及，各级教育网络的逐步建立，教学信息传递的形式、速度、距离、范围等发生了巨大变化。

(4)教育过程的智能化

多媒体教育系统可以智能模拟教学，学生可以通过人机对话来自主学习、模拟实验、自我测验等，并能够通过实时的交互来实现反馈与评价。

(5)资源的系列化

随着教学的信息化和现代教育环境系统的逐步建立与完善，现代教材体系也逐步成套化、系列化、多媒体化。

## 四、信息化教学资源的应用方式

信息化教学资源和现代信息技术作为教学的有力支持，具有其他教学手段无法比拟的优势，充当着更多的教与学的中介和角色，对于培养学生的信息素养、实践能力和创新能力起着至关重要的作用。我们通常将信息技术与信息化教学资源的应用方式分成三类：

Learn about IT ：把信息技术作为学习对象；

Learn from IT ：把信息技术作为教学辅助工具；

Learn with IT ：把信息技术作为学习的认知工具。

在教学实践中，信息化教学资源可以用作为各种各样的工具形式，如图 3-3 所示。

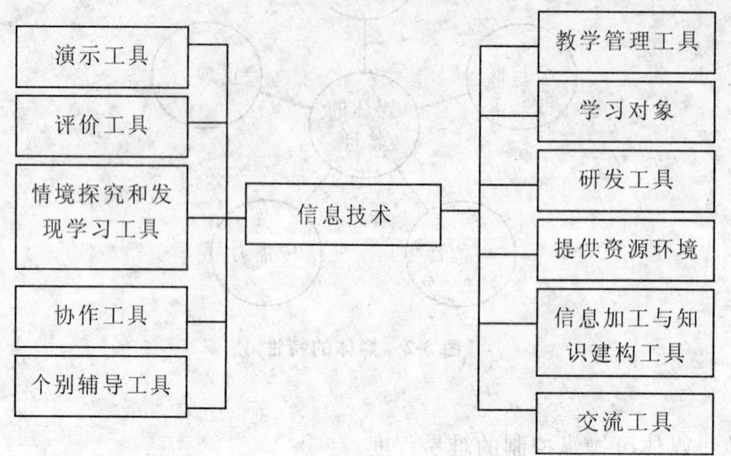


**图 3-3 信息化教学资源的应用方式**

## 五、信息化教学资源的应用原则

在选择和设计信息化教学资源时，首先要看一下现成的资源中是否有可用的，应尽可能地选取和运用现成的资源，这样可以节省时间、经费和精力；当已有的资源不能够满足需要时，要考虑对资源进行简单的修改以满足教学需要；在没有现成的资源供应用或者修改的时候就要设计、制作符合要求的教学资源。教学资源的选择应遵循如图 3-4 所示的四个基本原则。

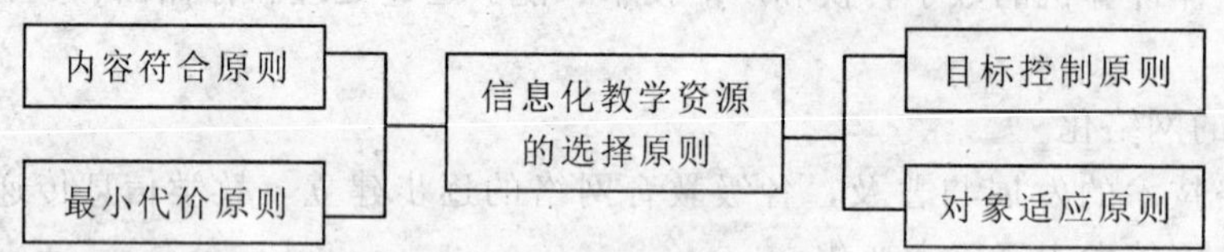


**图 3-4 教学资源选择应遵循的基本原则**

**1. 目标控制原则**

教学目标是一切教学活动的出发点和最终归宿，它不仅规定了教师的教学活动内容和方式，而且还控制了资源类型和资源内容的选择。

**2. 内容符合原则**

不同的知识点需要不同的教学资源，因此对教学资源的选用和设计应充分考虑教学内容的需要，根据需要选择工具。

**3. 对象适应原则**

根据不同年龄段学生的认识结构差别，教学资源的设计与选择必须与教学对象的年龄特征相符合。

**4. 最小代价原则**

根据最小代价来进行教学资源的选择，既要考虑资源的可用性又要考虑资源的成本，争取做到资源的成本最低化，资源的作用最大化。

# 第二节　教学资源的搜索与整合

## 一、常用教学资源的分类

在教学中经常用到的资源的类型有：文本、图片、音频、视频和动画。

**1. 文本资源**

在实际的操作过程中发现，不同的开发平台和应用环境下，即使是同种类型的资源，也有不同的文件格式，如文本常见的有纯文本资源格式（＊.txt)、Word 文档格式（＊.doc)和 WPS 文件格式（＊.wps)等。因此，文本的不同格式可以根据文件的扩展名来区别，文本的常见格式有：＊.doc、＊.txt、＊.rtf、＊.wps、＊.wri 等，如表 3-3 所示。

**表 3-3　常见文本文件格式**

| 媒体类型 | 扩展名 | 说　明 |
|---|---|---|
| 文本 | ＊.doc<br>＊.txt<br>＊.rtf<br>＊.wps<br>＊.wri | Word 文档<br>纯文本文件<br>Rich Text Format 格式<br>WPS 文件<br>写字板文件 |

**2. 图片资源**

常见的图片资源格式有：BMP 格式、JPEG 格式、GIF 格式、TIFF 格式、PCX 格式、TGA 格式等，如表 3-4 所示。课件制作常用的图片资源有三种格式：BMP 格式、JPEG 格式、GIF 格式。

**表 3-4　常见图片文件格式**

| 媒体类型 | 扩展名 | 说　明 |
|---|---|---|
| 图片 | .bmp<br>.jpg<br>.gif<br>.tif | Windows 位图文件<br>JPEG 压缩的位图文件<br>图像互换格式文件<br>标记图像格式文件 |

(1)BMP 图

BMP 是英文 bit map(位图)的简写，BMP 图是一种与设备无关的图像文件格式，其扩展名为“.bmp”。BMP 图是 Windows 软件推荐使用的一种图像格式，一般不采用压缩格式，所以打印出来比较清晰。但是由于无压缩，所以体积较大，不适合网络传播。

(2)JPEG 图

JPEG 文件的扩展名为“.jpg”或“.jpeg”，它是采用 JPEG 压缩算法压缩的图像，其压缩比约 1∶5～1∶50，甚至更高。由于它的高压缩比，JPEG 图在网上的应用非常普遍。

(3)GIF 图

GIF(Graphics Interchange Format)的原意是“图像互换格式”，是 CompuServe 公司在 1987 年开发的图像文件格式。GIF 格式的数据是经过压缩的，最多支持 256 种颜色。这种格式的文件在网上应用也非常普遍。

**3. 音频资源**

音频素材主要分为三大类，即波形音频文件、MIDI 音频文件和 CD-DA 音频文件。

波形音频文件(WAV 格式)是一种最直接的表达声波的数字形式，文件扩展名为“.wav”，该文件主要用于自然声音的保存与重放。这种文件的特点是易于生成和编辑，但在保证一定音质的前提下压缩比不够，不适合在网上播放。

MIDI 音频文件也称为 MIDI 文件，其扩展名为“.mid”。MIDI 文件比较小，容易编辑，但是由于其音色比较单调，层次感不足，所以不太适合用来表现人声和自然界的声音。

CD-DA 音频文件是标准激光盘文件，其扩展名为“.cda”。该格式的文件数据量大、音质好，在 Windows 环境中使用 CD 播放器进行播放。

根据不同的编码方式，音频资源也具有不同的文件格式，除了前面提到的之外，常见的音频文件格式还有 RAM、WMA、AU、AIFF、SND 等，如表 3-5 所示。

**表 3-5 常见音频文件格式**

| 媒体类型 | 扩展名 | 说 明 |
|---|---|---|
| 音频 | .wav | 标准的 Windows 声音文件 |
| | .mid | 乐器数字接口音乐文件 |
| | .mp3 | MPEG Layer 3 声音文件 |
| | .ra | Real Audio 流媒体音频文件 |
| | .wma | 用以替代 MP3 的音频格式文件 |

**4. 视频资源**

视频素材的常用格式有：AVI、ASF、RM 等格式，如表 3-6 所示。

AVI，即音频视频交错格式。是将音频和视频同步组合在一起的文件格式，具有一定的压缩比，通用性好，一般媒体均可支持播放 AVI 格式的视频文件。

ASF 是一种流式数据格式(或流媒体格式)，是经过压缩的视频格式，特别适合网络播放。由于 Windows 自带的媒体播放器(Windows Media Player)可以直接播放 ASF 格式的文件，所以 ASF 格式文件的应用非常普遍。

RM 格式是一种流式数据格式(流媒体文件格式)，其扩展名为“.rm”。

**表 3-6 常见视频文件格式**

| 媒体类型 | 扩展名 | 说 明 |
|---|---|---|
| 视频 | .avi | Windows 视频文件 |
| | .wmv | 微软开发的视频文件 |
| | .dat | VCD 中的视频文件 |
| | .mpg | MPEG 视频文件 |
| | .rm | Real Video 流媒体视频文件 |

**5. 动画资源**

动画资源的格式有多种，如 GIF 格式、MOV 格式、QT 格式、SWF 格式等，如表 3-7所示。这里主要介绍教学中常用的 Flash 动画文件格式。

**表 3-7 常见动画文件格式**

| 媒体类型 | 扩展名 | 说 明 |
|---|---|---|
| 动画 | . mov<br>. swf<br>. gif | Quick Time 的动画文件<br>Flash 动画文件<br>图形交换格式文件 |

Flash 动画即 SWF 格式的动画文件。SWF 格式是 Macromedia 公司(现已被 ADOBE 公司收购)出品的动画制作软件 Flash 生成的动画格式，其扩展名为". swf"，这种格式的动画能用较小的数据量表现丰富的媒体信息，并且可以与 HTML 文件达到一种"水乳交融"的境界。Flash 动画其实是一种"准"流(Stream)形式的文件，也就是说，我们在观看的时候，可以不必等到动画文件全部下载到本地再观看，而是可以边下载边播放。由于 Flash 动画是利用矢量技术制作的，因此不管你将画面放大多少倍，画面仍然清晰流畅，不会失真，所以是特别适合描述几何图形的动画，辅助播放 MP3 音乐，用于教学演示和网上播放恰到好处。

## 二、教学资源的常用获取方法

**1. 文本资源的获取方法**

文本素材的主要来源有直接从键盘输入、扫描印刷品、从网络电子资源中获取。一般情况下文本素材是根据教学的需要编写的。如果文字数量多，也可以在一些电子书籍或者网页中获取。如在《百科全书》《上下五千年》等电子书籍及相关网站的网页中，就可以方便地找出许多文本素材。一般可以通过复制粘贴的方式获得，网页也可以直接用"保存网页"的方法保存下来。

**2. 图片资源的获取方法**

教学资源中的图片，按照用途可分为背景图片、按钮图片、与教学内容相关的图片。

获取图片的途径一般有几种：一是从素材光盘中寻找；二是从教学资源库中查找，目前学校常用的教学资源库中都能够找到相当一部分与教学内容相关的图片资源；三是在网上查找，网络是一个巨大的资源库，充分利用网络能够查找到大量的图片资源，找到图片后，用鼠标要下载的图片，打开快捷菜单，执行"图片另存为"命令，然后选择相应的文件夹，用合适的文件名保存文件。也可以用"保存网页"的方法保存图片，从保存下来的网页文件夹中找到相关的图片；四是从电子书籍中获取；五是从画报、画册中扫描；六是从课件中抓取，可以用 HySnapDX 或 Snagit 等软件在现成的课件中抓取相应的图片；七是直接在相应的图片处理软件中创作自己想要的图片。

**3. 音频资源的获取方法**

音频资源一般为背景音乐或效果音乐，有 WAV、SWA、MIDI、MP3、CD 等格式。

音频的获取途径：一是从专业的音效素材光盘或 MP3 素材光盘中获取背景音乐和效果音乐；二是从资源库查找，很多教学资源库中都可以找到小学、初中、高中语文课本中的大多数课文示范录音；三是网上查找，MP3 中文网(www.nease.net/boxup)、中国音乐网(www.music.cn.net)、亚洲音乐广场(www.asiamp3.com)、MTV 音乐网(www.mtv.com)都能下载音频资料；四是从 CD、VCD 中获取。CD、VCD 可以用超级解霸的音频播放器播放，然后压缩成 MP3 格式，再根据需要决定是否转成其他格式；五是从现有的录音带中获取，方法是用音频线从录音机线路输出，再从声卡的线路输入口(或 MIC)输入，然后设置成线路输入(或 MIC)录音，最后打开附件中的录音机进行录音，再保存在相应的位置；六是从课件中获取，大多数的课件中的声音文件都存放在 WAV 文件夹中，从中可以找到需要的音频资料；七是进行原创，把附件中的录音机设置成麦克风输入，把麦克风插入声卡的 MIC 插孔，然后进行录音。

**4. 视频资源的获取方法**

计算机视频可以是来自录像带、摄像机等视频信号源的影像，但由于这些视频信号的输出大多是标准的彩色全电视信号，要将其输入计算机不仅要有视频捕捉设备，实现由模拟信号向数字信号的转换，还要有压缩、快速解压及播放等相应的软硬件处理设备。

视频的获取主要从资源库、电子书籍、课件与录像及 VCD、DVD 光盘中获取，从网上能找到视频文件。资源库、电子书籍中的视频资料可以直接调用，课件中的视频文件一般也放在 .exe 文件之外，不会和 .exe 文件打包在一起，可以直接调用。录像片中的资料可用采集卡进行采集。若无此设备，可以去 VCD 制作店进行加工，把录像资料转变为 MPGE 格式或 AVI 格式，刻录后使用。VCD 可直接用超级解霸处理，但要注意，DVD 格式(MPGE-4)在 Authorware 6.0 中无法直接使用。

视频文件获取，最可靠的方法是用采集卡进行采集，最方便的方法是用超级解霸进行采集。

用采集卡进行采集的方法：安装好采集卡并连接好线路后，启动采集软件，设置好相关参数后，打开录像机或影碟机进行浏览，发现要采集的内容后，单击“记录”按钮开始采集，记录完毕后，把采集到的信息保存为 AVI 格式即可。

用超级解霸采集视频资料：VCD、DVD 均可用超级解霸进行截取，具体是用解霸播放 VCD、DVD，单击工具栏中的“循环/选择录取区域”按钮使之激活，并在适当位置确定开始点和结束点，单击“录像”指定区域为 MPG 或 MPV 文件按钮，打开保存数据流对话框，输入文件名，设置好保存位置、文件类型，单击“保存”按钮开始转换。

用超级解霸中的常用工具，可以把 MPG 文件转换为 AVI 文件，或把 AVI 文件转换为 MPG 文件、MPG 文件转换为 GIF 文件，还可以把多个 MPG 文件合并为一个文件。

**5. 动画资源的获取方法**

如果电脑上已经安装有 FlashGet 软件，可以利用下载工具 FlashGet 软件自动下载 Flash 动画文件(*.swf)。要用 FlashGet 下载 *.swf 文件，需要对其进行一些设置。方法是：打开 FlashGet 软件，选择菜单“工具”→“选项”，在弹出的窗口中选择“监视”标签，再在下方的“监视文件类式”列表中添加“*.swf”(注意与前面的类式要用“;”隔开)。设置完毕后，当你浏览包含 Flash 文件的网页时，FlashGet 就会自动弹出“下载任务栏”窗口。只要单击“确定”按钮，FlashGet 就会帮你把网页上的 Flash 动画下载下来，并保存在已设定的文件夹中。

**6. 教学资源的网络搜索方法**

在这里我们介绍两种常用的教学资源的搜索方法：利用专业网站(或专题网站)进行检

索和利用搜索引擎进行搜索。

(1)利用专业网站(或专题网站)进行检索

大部分的综合性教育网站都提供有分类目录，如中国教育科研网、搜狐、雅虎等。通过这些专业网站进行检索，可以方便地检索到需要的教学资源。

(2)利用搜索引擎查找

搜索引擎是能够为用户提供信息检索的工具，它通过自动索引软件来发现、收集、标引网页并建立数据库，以 WEB 形式提供给用户一个检索界面，供用户输入检索关键词进行检索，找到所需资源。

目前，网络上提供搜索引擎的网站有很多，如表 3-8、表 3-9 所示。

**表 3-8　常见的中文搜索引擎网站**

| 网站名 | 网　址 |
|---|---|
| 谷歌 | http：//www. google. com. hk |
| 百度 | http：//www. baidu. com |
| 雅虎中国 | http：//cn. yahoo. com |
| 天网搜索 | http：//e. pku. edu. cn |
| 新浪 | http：//www. sina. com. cn |
| 搜狐 | http：//www. sohu. com |

**表 3-9　常见的英文搜索引擎网站**

| 网站名 | 网　址 |
|---|---|
| Google | http：//www. google. com |
| Yahoo! | http：//www. yahoo. com |
| Alta Vista | http：//www. altavista. com |
| Excite | http：//www. excite. com |
| HotBot | http：//www. hotbot. com |

由于搜索引擎设计目的与技术支持的不同，同一关键字在不同的搜索引擎上检索会出现不同的结果，所以我们应该根据我们所要搜索的内容来选择合适的引擎站点。

利用搜索引擎进行搜索的步骤如下：

①选择合适的搜索引擎

根据所要检索的内容结合不同的搜索引擎的特征来选择合适的搜索引擎进行检索。

②选择恰当的关键词

关键词的选择应遵循以下原则：

准确性原则——所选择的关键词应该能够准确体现所要检索内容的主题内容。

精简性原则——关键词的选择不宜过长，最好不要有冗余词汇出现。

③应用正确的语法规则

第一，搜索两个以上的关键字：为了缩小搜索的范围，得到更精确的搜索结果，可以输入多个关键词，每个关键词之间用立刻加号“＋”或空格相连。

第二，搜索结果不包含某些特定信息：在这个词前面加上减号“－”(减号之前必须留有一个空格)。

第三，搜索结果至少包含多个关键字中的任意一个：用大写的“OR”来表示逻辑“或”的操作。

第四，搜索整个句子：搜索引擎的关键字可以是词组(中间没有空格)，也可以是句子(中间有空格)。但是用句子做关键字，必须加英文引号。

第五，指定文件类型进行搜索：在搜索引擎中输入“关键词 filetype：扩展名”，即可以搜索到符合需要文件类型的教学资源(“:”是在英文输入法状态下的)。例如，输入“教育技术学 filetype：ppt”。

第六，指定网站进行搜索：要在某一个指定的网站内搜索感兴趣的内容，可以使用“site”功能来限定搜索的网站。例如，搜索中国教育科研网站(edu. cn)上所有包含“李白”的页面，即在搜索引擎中输入“李白 site：edu. cn”字样。

第七，其他限定搜索方法：

In title：只搜索网页标题含有关键词的页面。

In url：只搜索网页链接含有关键词的页面。

In text：搜索网页 body 标签中的文本含有关键词的页面。

## 三、应用思维导图整合教学资源

在学习了教学资源的搜索技巧后，如何将收集来的教学资源整合为一个主题教学资源库呢？是建立多个文件夹把收集到的教学资源按照所属知识点的不同分别放入，还是有一种更为简单且一目了然的办法？在这里向您推荐一个整合主题教学资源的工具——MindManager 思维导图工具。

在此，我们通过利用 MindManager 整合小学三年级科学课程中以“玩滑梯的启示”为主题的教学资源，简要说明 MindManager 思维导图工具的使用方法和技巧。

步骤 1：确定主题为“玩滑梯的启示”，将中心主题置于中心位置，整个思维导图将围绕中心主题展开。

运行 MindManager 软件后，进入其工作界面，如图 3-5 所示，在“思维图 1”文本框内单击鼠标后出现“Central Topic”。在中央的方框中输入主题“玩滑梯的启示”，按 Enter 键，确定输入内容，再按 Enter 键，出现“玩滑梯的启示”主题的下一级框图“Topic”，如图 3-6 所示。

**图 3-5 单击鼠标后出现“Central Topic”**

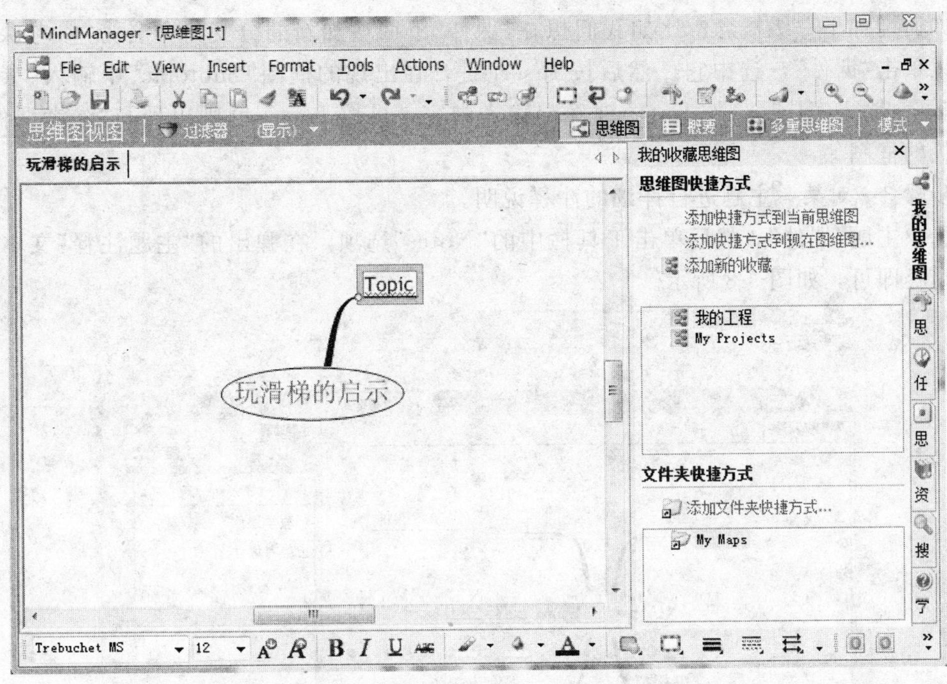


图 3-6　出现“玩滑梯的启示”主题的下一级框图“Topic”

步骤 2：围绕中心主题，逐级增加相关概念。

在“Topic”中输入围绕“玩滑梯的启示”主题的教学资源种类“课件”，然后按 Enter 键确定输入的内容，同样再按 Enter 键就会出现另外一个和“课件”同一层级的框图，在其中可以再输入一个围绕中心主题的内容“教学设计”，依次类推，如图 3-7 所示。

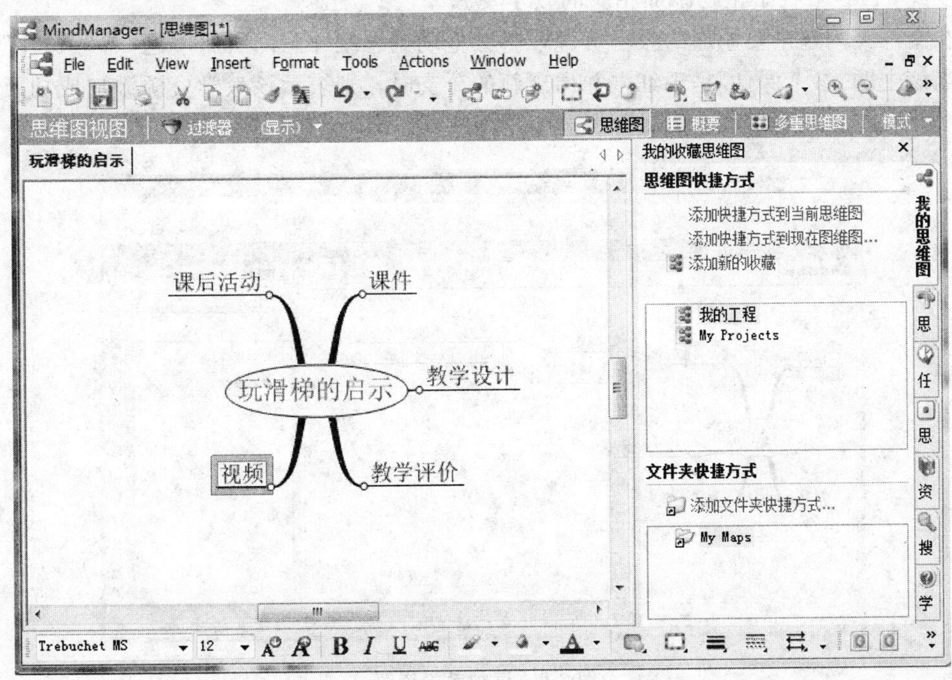


图 3-7　围绕中心主题的各个分支主题

如何增加下一级概念？比如我们想在“课件”下面增加新的分支，命名为“参考课件”，则可以单击“课件”，选中它。然后按 Insert 键，在出现的框图“Subtopic”中输入“参考课件”即可。输入完毕后，按 Enter 键确定输入内容，再按 Insert 键则出现与“参考课件”同一层级的框图。

步骤 3：对某一主题进行详细的注释说明。

选中主题“课件”，然后单击工具栏中的“Notes”选项，在弹出的“主题注释”文本框中输入内容即可，如图 3-8 所示。

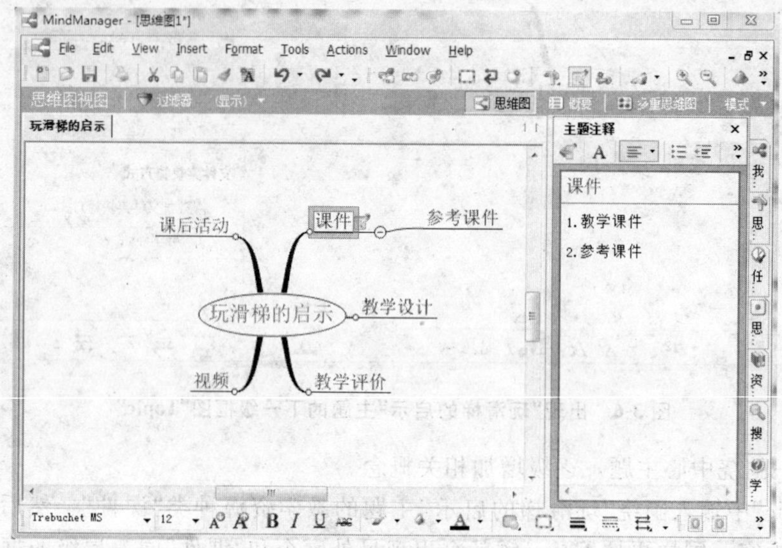


图 3-8　注释说明

步骤 4：针对各个主题添加相应的教学资源。

在文件夹内选中要添加的教学资源，将其拖动到思维导图内所属主题“参考课件”目录下，当该主题“参考课件”呈现红框并出现新的分支时，则表示该教学资源添加成功了，如图 3-9 所示。

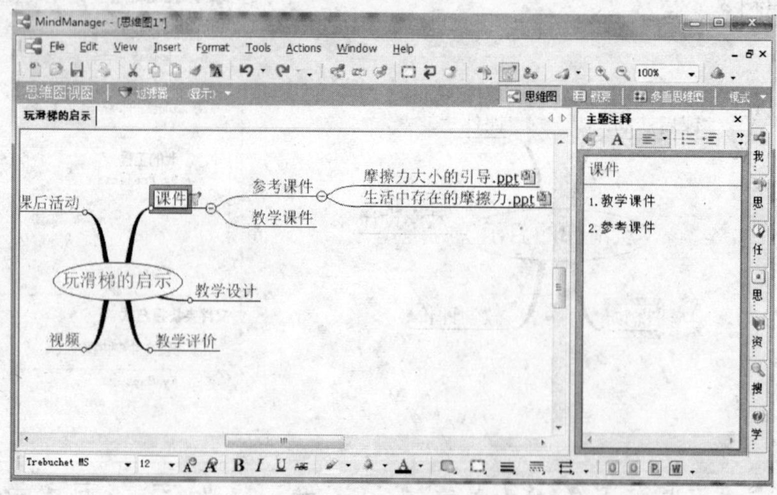


图 3-9　添加教学资源

步骤 5：对主题和注释中的文字添加超链接。

在 MindManager 中，对于主题和注释中的文字都可以使用超链接功能。针对“课件”主题中的注释“参考课件”，选中之后单击工具栏中的“Hyperlink”选项，在弹出的链接对话框中可以选择链接网页、电子邮件，以及其他的文件，如图 3-10、图 3-11 所示。

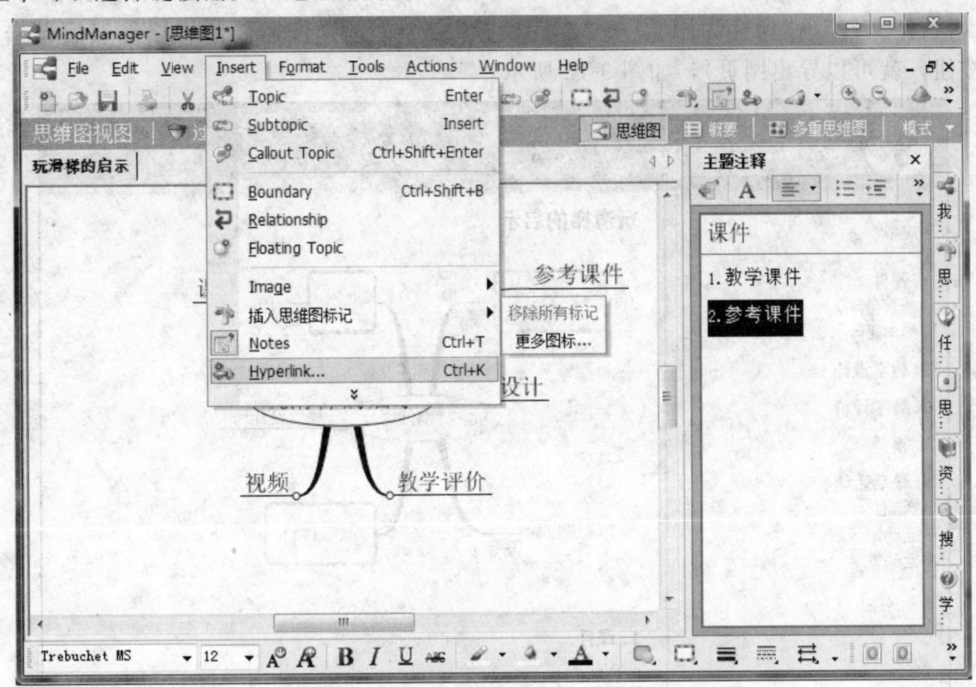


图 3-10　为注释中的文字添加超链接(1)

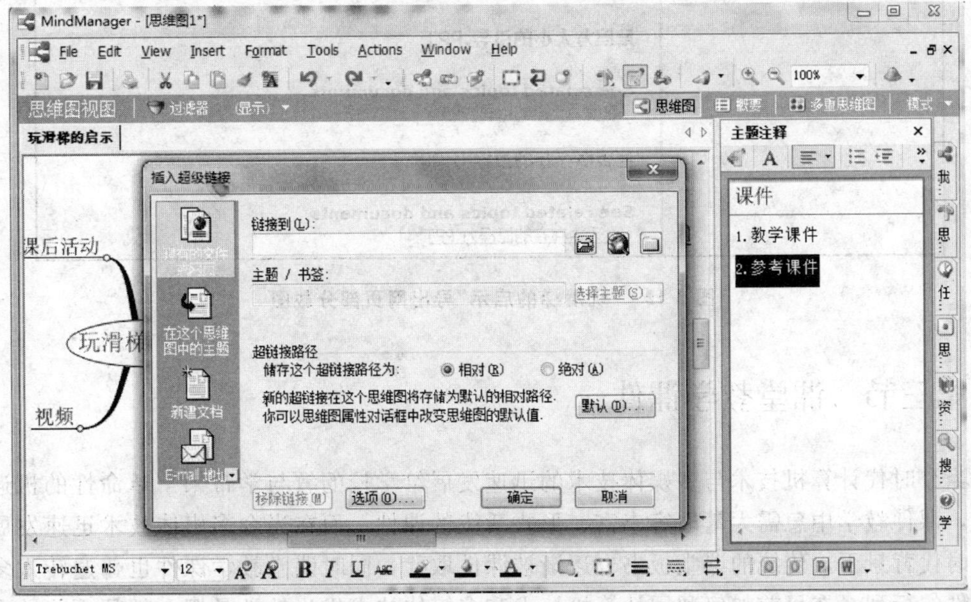


图 3-11　为注释中的文字添加超链接(2)

步骤 6：将制作好的主题教学资源思维导图按照要求导出。

MindManager 提供了多种导出功能。选中菜单“File Save as”选项，弹出对话框，可以选择保存文件的类型；还可以利用工具栏中的按钮导出相应的文件。MindManager 的导出功能能够快速地生成 Word、Powerpoint 和 GIF 等格式的文件，也可以将其保存为网页导出(执行“文件”→“保存为网页”→“选择模板”命令，选择所需要的风格，然后单击“保存”按钮，就可以导出网页)，如图 3-12 所示。

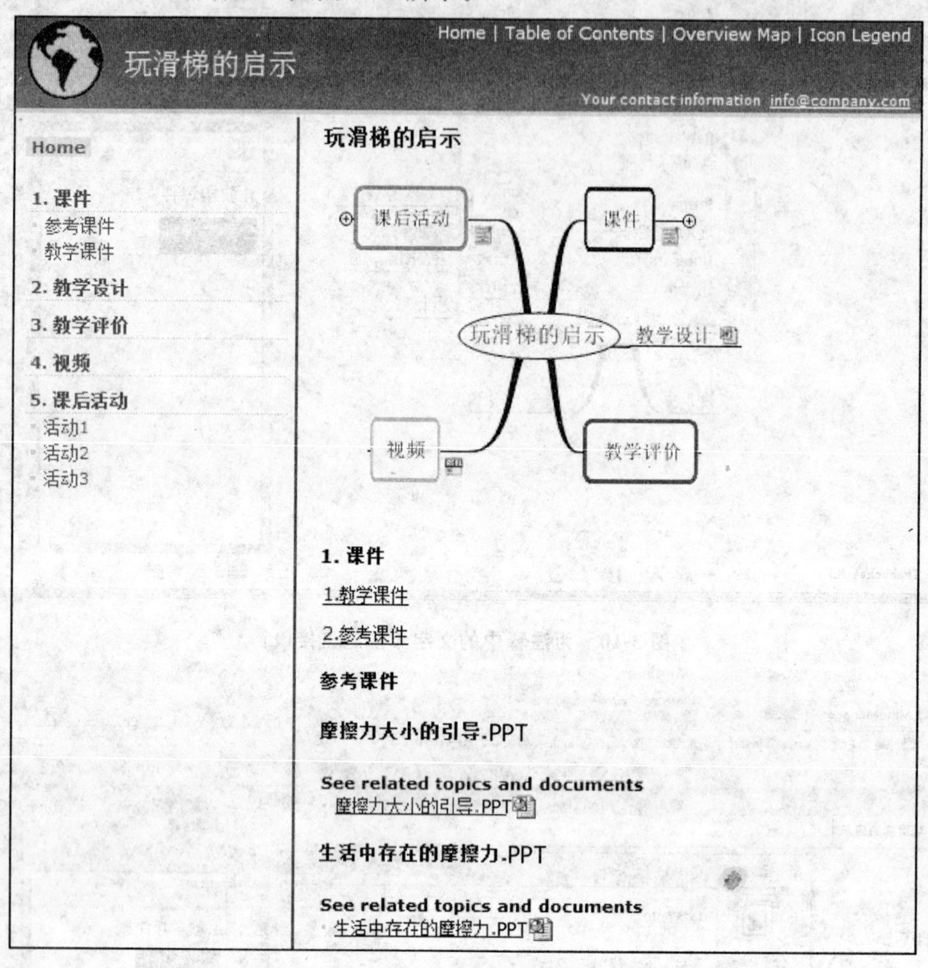


图 3-12 “玩滑梯的启示”导出网页部分截图

## 第三节 课堂教学课件

当今时代计算机技术与多媒体技术的迅速发展给学校的教与学带来了革命性的机遇和挑战，课件教学中急需大量内容丰富、形式活泼的课件。而在当今多媒体技术迅速发展的信息时代背景下，传统的课堂板书也逐渐被课件取代，同时课堂教学课件也普遍转入多媒体课件的行列。在目前如何利用计算机技术和多媒体技术优化教学是摆在教师面前的重要问题，其中制作多媒体课件是探究该问题的重要途径之一。对个体教师来说，提升教师的多媒体课件的制作与应用能力，有助于提高教师教学水平，活跃课堂教学氛围，增强他们的现代化教育教学能力，推进教育信息化进程和教育资源的建设。

## 一、多媒体课件概述

**1. 多媒体课件的概念**

多媒体课件是指基于多媒体技术和网络技术，将图、文、声、像等多种表现方式有机结合，表达和传递教学内容，辅助教师与学生的教与学，以完成特定教学任务的教学软件。多媒体课件可以针对某些知识点，也可以是一课时或一个教学单元内容，其主要用来辅助教学或者自学和交流，属于计算机应用软件。单纯的教学媒体资源不属于课件范畴。由此可以看出多媒体课件的两个基本特点：第一，多媒体课件是用于教学的；第二，多媒体课件是一种计算机程序。

多媒体课件是在多媒体环境下制作和运行的，它的功能更强，不仅具有计算机交互性特点，还具有视听设备在图像和声音呈现上的优势，其所提供的教学环境更能激发学生学习的主动性和积极性。平常所说的"CAI 课件"、"多媒体 CAI 课件"、"多媒体教学软件"等基本上都指的是多媒体课件。本书所提到的"课件"都指多媒体课件。

**2. 多媒体课件的特点**

(1)多样性

教学信息的载体有文本、图形、图像、音频、视频等多种媒体形式，调动学习者的多种感官参与到学习中，激发学习兴趣，加强学习效果。

(2)交互性

通过多媒体课件将教师、学生和课堂组成一个互动链，打破了传统教学模式中的直线型教学，使教学活动体现为真正的交互式、参与式的学习过程。

(3)集成性

多媒体课件不是简单地将多种媒体堆砌或组合，而是利用多媒体集成工具将多种媒体集成在一个整体的环境中，使得各种媒体协调配合调动视听感官，产生更好的学习效果。

**3. 多媒体课件的类型**

多媒体课件依据不同的标准可以进行不同的划分，具体分析如表 3-10 所示。

**表 3-10 多媒体课件的分类及各种类型的特点**

| 划分标准 | 具体类型 | 特　点 |
| --- | --- | --- |
| 根据运行环境 | 单机课件 | 一般以 CD-ROM 形式发布，单机环境运行 |
| | 网络课件 | 以网站(页)形式发布，网络资源共享 |
| 根据课件应用类型 | 课堂演示型 | 辅助教师的课堂讲授活动，是目前被大多数普通教师承认和使用的课件类型 |
| | 测试练习型 | 以学生为主体，检查、反馈学生的学习效果 |
| | 自主学习型 | 通过计算机交互，完成实时训练和答疑 |
| | 游戏学习型 | 设置一种带有娱乐和竞争性的学习环境，对学习者有着强烈的吸引力 |
| | 仿真模拟型 | 动态模拟某种系统、现象、原理或过程，形成较"真实"的学习情境 |

续表

| 划分标准 | 具体类型 | 特　点 |
|---|---|---|
| 根据课件的容量 | 微型课件 | 一般指一个或若干个课时的课程内容 |
| | 中型课件 | 一般指一章或者一节的课程内容 |
| | 大型课件 | 一般指一门课程或一系列课程内容 |

另外根据课件的编著类型不同以及根据制作软件不同还分为PPT课件、Authorware课件、Flash课件、Director课件、Dreamweaver课件，等等。

## 二、课件制作与编著工具

多媒体课件制作是一个兼容教育性、技术性、艺术性的综合整体，在课件制作过程中涉及教学设计技术和音频、视频、图像、动画、网页设计等加工处理的技术，以及交互脚本编写技术。

**1. 教学设计技术**

一个多媒体课件的教育性很大程度上就是指教师在一定教育理论与思想指导下分析、设计、开发实施、评价教学内容、资源与过程的技术。主要包括：

(1)学习者分析与需求分析技术。

(2)教学目标分析与设计技术。

(3)教学内容选择与组织技术。

(4)教学模式与方法选择与应用技术。

(5)教学评价技术。

推荐软件：WPS、Microsoft Word。

概念图软件：MindManager、Inspiration。

数学软件：Excel、MathType。

**2. 相关的课件素材的处理技术**

一个课件是由一系列系统的文本、音频、视频、图形、图像、动画等元素构成的，因此在课件制作过程中需要对其中的音频、视频、图像、动画等元素进行加工处理，在制作网页型的课件的时候需要掌握网页制作一般技巧。

**表3-11　相关的课件素材的处理技术**

| 技术类型 | 技术要点 | 支 撑 软 件 |
|---|---|---|
| 音频技术 | 音频采集、音频加工、音频创作 | Adobe Audition、Cool Edit Pro、Creative Wave Studio(录音大师)、Macromedia Sound Edit、Cake Walk(音乐创作) |
| 视频技术 | 视频采集、视频处理、视频创作 | Ulead Media Studio(绘声绘影)、Premiere、VEGAS、Movie Maker、视频魔方 |
| 图片处理 | 图片采集、图片处理、图片创作 | Photoshop、Firework、Corel Draw(矢量)、Adobe Illustrator(矢量)、光影魔术手、美图秀秀、Cap Picture(截图) |
| 动画技术 | 动画角色、场景、脚本、动作设计 | 3D max(3维动画)、Maya(3维动画)、Flash、3D studio、Animator Pro、Animator studio、Director，等等 |
| 网站技术 | 布局 & 脚本技术、站点建设与发布 | Frontpage、DreamWeaver、asp. net、Fireworks |

**3. 常见的课件开发工具**

(1)网页型课件

在网页型课件制作过程中，需要较高的网页制作能力，主要包括了网页布局(CSS)与色彩设计、网页脚本 HTML 技术、Javascript 脚本技术、网站站点建设与发布、动态网页技术、数据库技术，等等。目前在网页型课件制作中主流的软件是 DreamWeaver。此外还有采用 Frontpage、Fireworks。另外还可以采用 MindManager 思维导图工具将相关的教学资源整合发布成一个网页课件。

(2)常见的交互课件

在多媒体课件制作过程中，主要涉及课件界面设计、课件内容和过程的设计、课件脚本的编写、课件的打包和发布。目前主流的交互课件制作软件主要有：Flash、PowerPoint、AuthorWare、Director，等等。

## 三、多媒体课件的教学应用

教学是一个由教师、学生、教学内容、教学方法和教学工具及教学手段构成的系统。多媒体课件是这个系统的一个组成部分，它只有与教师、学生、教学内容、教学方法和教学工具等因素有机结合起来，并在师生的控制和操纵下才能发挥其应有的作用。课件是连接教学双方的桥梁和纽带，是实现 CAI 过程的中介或载体。

**1. 多媒体课件在教学中的作用**

(1)信息载体多样性：为教学提供多元化的信息展示方式

多媒体课件以文、图、声和动画等多种符号载体来呈现事物、现象、观念和思想，给教学双方提供了多元化的信息展示方式，这有利于克服单一媒体符号系统在信息交流中存在的困难和障碍，极大地丰富了教学信息的表现形式。

(2)集成性，大容量：为教学提供大容量和集成化的教学信息资源

多媒体课件的信息储存量大得惊人，仅一张小小的光盘的信息容量可达 680MB，相当于包含 3.4 亿个汉字，可为教师备课、施教提供丰富的信息资源。同时，它将文字、图形、图画和声音集成在一起，向学生提供多重刺激，给师生的教与学提供了极大的方便。

(3)超链接性：为灵活的、多样化的学习步骤提供了基础

多媒体课件在呈现信息上可以用多种信息组合方式和结构，如用非线性的网状结构，为教师灵活控制教学进程，学习者自主学习时灵活把握进度奠定了基础。这有利于因材施教。

(4)交互性：为教学提供友好的人机交互性能

交互性作为传统媒体和先进媒体之间的主要区别，它使学习者能够融入所提供的学习环境中并成为环境中的一分子。优秀多媒体课件中的交互设计可以使系统按照学生不同的需求调整交互，并提出建议，引导学生主动参与各种探索活动，进行多层次的思考、判断。

(5)为培养多维化的思维方式创造条件

在以文字加口语为主要思维标志的时代，对学习者的培养也是以一维线性思维为主。一维的线性思维对学生的创造性思维的培养存在一定程度的制约。多媒体课件的应用能使学习者的抽象思维和形象思维都得到发展，从而有利于学习者多维化思维方式的形成。

**2. 多媒体课件的发展趋势**

计算机技术的发展，特别是网络、多媒体和虚拟现实等技术的飞速发展，为多媒体课件的发展提供了技术支持，多元化的学习理论为多媒体课件的发展提供了理论基础。

(1)多媒体化

多媒体化是多媒体课件本身就具有的特性，多媒体具有两个重要特性，一是媒体信息的集成，文本、图形、图像、音频、视频等媒体信息集成在一个整体的环境内，作为一个整体呈现在学习者面前；二是媒体信息的交互性，多媒体环境是一个开放互动的环境。多媒体课件将不断丰富自身的媒体元素，为学习者展示越来越多的表现手段。近年来，虚拟现实技术的发展为多媒体课件提供了新的媒体元素，它所带来的体验和感受是其他媒体元素所无法替代的。

(2)网络化

网络化与共享性是未来多媒体课件发展的一个趋势，也是课件评估的一个重要依据。随着 Internet 的发展和普及，多媒体课件的使用范围将不再局限于一个学校或者一个班级，它将会基于网络并且面向不同地域，真正实现开放性学习模式，并实现课件资源的极大共享，同时具有很强的动态性和灵活性。

(3)智能化

把人工智能的研究成果，特别是智能代理技术，运用到多媒体课件的结构设计中，对解决课件的适应性和个性化起到积极的作用。

(4)规范化

由于目前对多媒体课件的评价体系不够完善，导致多媒体课件形式繁杂，如纯粹的“电子课本”式、通用性较差的“精品”课件式、“手工作坊”式等。

## 第四节　师生多媒体教学资源

### 一、教师多媒体作品评选

**1.“全国多媒体教育软件大奖赛”简介**

全国多媒体教育软件大奖赛是在推进中小学教育信息化、重视和加强教育资源建设的过程中，逐渐成长起来的一项具有广泛影响、涵盖各级各类教育、面向广大教师和专业技术人员的重要赛事。其目的在于：提高教师信息素养、教育技术应用能力和软件制作水平，促进信息技术与学科教学整合，推动信息技术在教育教学中的广泛应用，推进优质教育资源共建共享。大赛网址：http://www.mtsa1998.com.cn/，如图 3-13 所示。

**2.“全国多媒体教育软件大奖赛”赛项设置**

根据不同学校、不同学段的教学要求和特点，“全国多媒体教育软件大奖赛”赛项设置为：

(1)基础教育组：多媒体课件、信息技术与学科教学整合课例、ScienceWord 教学设计、学科主题社区、一对一数字化学习教学设计。

(2)中等职业教育组：多媒体课件、网络课程、ScienceWord 教学设计。

(3)高等教育组：多媒体课件、网络课程、ScienceWord 教学设计。

**图 3-13　全国多媒体教育软件大奖赛主页**

其中涉及的多媒体教学资源：

(1)多媒体课件：是指基于多媒体技术和网络技术，将图、文、声、像等多种表现方式有机结合，表达和传递教学内容，辅助教师与学生的教与学，以完成特定教学任务的教学软件。多媒体课件可以针对某些知识点，也可以是一课时或一个教学单元内容。单纯的教学媒体资源不属于课件范畴。

(2)信息技术与学科教学整合课例：是指教师在学科教学中应用信息技术，把信息技术作为内容、方法与手段融合在学科教学过程中，努力培养学生的创新精神和实践能力，促进教学过程整体优化的课例。它包括课堂教学实况录像和教学设计两方面内容。

(3)网络课程：是指通过网络表现的某门学科的教学内容及实施教学活动的总和。

(4)ScienceWord 教学设计：是指使用 ScienceWord 6.0 套件(包括 ScienceWord 和 PagePlayer)设计的教学内容，包括用 PagePlayer 软件设计的课堂教学课件，用 ScienceWord 软件制作的教案设计，用 ScienceWord 软件布置的课后作业。内容为一门课程中1～2学时。

(5)学科主题社区：是指由具有共同目标和愿景的学习者基于某一学科主题，基于网络开展自主探究和协作学习活动，以促进学习者知识建构的学习型组织。社区成员可通过 BBS、聊天室、博客、MSN 等交流互动工具在一个共享的虚拟空间中分享知识与经验，进行沟通与合作，共同参与活动，共同解决问题，建立良好而密切的关系。

(6)一对一数字化学习教学设计：是指在每位学生均拥有一台数字化终端设备的一对一数字化学习环境下，所完成的教学设计，可以是“数字化课堂学习事件设计”，也可以是“数字化课堂教学整体设计”，两者选其一。

## 二、学生电脑作品评选

**1.“全国中小学电脑制作活动”简介**

“全国中小学电脑制作活动”的指导思想是：“丰富中小学生学习生活；重在过程，重在参与；激发创新精神，培养实践能力，全面推进素质教育。”其主题是：探索与创新。即鼓励广大中小学生结合学习与实践活动及生活实际，积极探索、勇于创新，运用信息技术手段设计、创作电脑作品，培养“发现问题、分析问题和解决问题”的能力。网址：http：//www.huodong2000.com.cn，网站主页如图 3-14 所示。

图 3-14　全国中小学电脑制作活动网站首页

**2.“全国中小学电脑制作活动”内容**

“全国中小学电脑制作活动”内容分为“电脑作品评选”(简称“评选类项目”)和“电脑机器人竞赛”(简称“竞赛类项目”)。根据不同学段中小学生的特点，“电脑制作活动”按学段分为小学组、初中组和高中组，分别设置评选类项目和竞赛类项目(“竞赛类项目”项目为机器人大赛，在此略去)。其中“评选类项目”作品分为：

小学组：电脑绘画、电脑动画、电子报刊、网页。

初中组：电脑绘画、电脑动画、电子期刊、网页。

高中组：电脑艺术设计、电脑动画(二维)、电脑动画(三维)、网页、程序设计。

“评选类项目”作品形态分为：

(1)电脑绘画：运用各类绘画软件或图形、图像处理软件制作完成的作品。可以是主题性单幅画或表达同一主题的组画、连环画(不得超过 5 幅)。

(2)电脑艺术设计：运用图形、图像处理软件，用电脑原创设计制作完成的系列作品(不得超过 6 幅)。可以是商标及符号标志设计、企业形象设计、产品包装设计、书籍装帧设计、景观艺术设计、展示艺术设计和工业产品设计。

(3)电脑动画：运用各类动画制作软件，通过角色和场景绘制、音效处理与动画制作，运用动画画面语言完成的作品。其中高中组按照电脑动画(二维)、电脑动画(三维)分别设组。以3D类制作软件(如3D Max、Maya、Lightwave等)制作的动画属电脑动画(三维)组作品。三维作品中不得嵌入二维场景(必要的故事情节表现所需除外，但播放时间不得超过20秒)。

(4)电子报刊(包括电子报和电子期刊)：运用文字、绘画、图形、图像等素材和相应的处理软件创作的作品。应主要以文字表达为主，辅之适当的图片、视频或动画；应有相应的网址和电子信箱，内容的原创成分应达到60%。通过网上下载或其他渠道搜集、经作者加工整理的内容，不属于原创范畴。

(5)网页：使用HTML语言或网页制作工具编制的、阐释某个主题或传递某类专题信息的作品。

(6)程序设计：以各种计算机程序语言编写的软件。可以是管理系统类软件、工具类软件、辅助学习类软件和益智游戏类软件等。

## 三、常见的多媒体教学资源

“广州市师生多媒体创作天地”网站是配合每年一度的教师多媒体教育软件评奖活动和学生电脑作品竞赛而开设的，提供专家辅导、创作素材、工具和资源等，它将成为师生开展多媒体创作、共建本地特色资源的平台与思想沟通、技术交流的桥梁。“广州市师生多媒体创作天地”包含两大模块：教师创作天地和学生创作天地。网站网址：http://ss.gzjkw.net/ssdmt/index.htm，首页如图3-15所示。

图3-15　广州市师生多媒体创作天地

“广州市师生多媒体创作天地”主要有广州市多媒体教育软件评奖活动的多媒体课件、信息技术与学科教学整合课例、网络课程、学科主题社区、一对一数字化学习综合课例、教育教学工具类软件系统等作品：

(1)多媒体课件：多媒体课件是指基于多媒体技术和网络技术，将图、文、声、像等多种表现方式有机结合表达和传递教学内容，辅助教师与学生的教与学，以完成特定教学任务的教学软件。多媒体课件可以针对某些知识点，也可以是一课时或一个教学单元内容。单纯的教学媒体资源不属于课件范畴。

(2)信息技术与学科教学整合课例：信息技术与学科教学整合课例是指教师在学科教学中应用信息技术，把信息技术作为内容、方法与手段融合在学科教学过程中，培养学生的创新精神和实践能力，促进教学过程整体优化的课例。它包括课堂教学实况录像和教学设计两方面内容。

(3)网络课程：网络课程是指通过网络表现的某门学科的教学内容及实施教学活动的总和。参评作品应能发挥网络资源共享、互动交流等特性，帮助使用者进行自主探究、答疑讨论、协作学习等教学活动的设计与实施，并能够对教学过程与教学效果进行跟踪、评价与管理。

(4)学科主题社区：学科主题社区是指学习者基于某一学科主题，基于网络开展自主探究和协作学习活动，以促进学习者知识建构的学习型组织。社区成员可通过 BBS、聊天室、博客、MSN 等交流互动工具在一个共享的虚拟空间中分享知识与经验，进行沟通与合作，共同参与活动，共同解决问题，建立良好而密切的关系。

特征：在社区中不仅存在学习者与媒体界面的交互，也存在学习者与学习资源的交互、学习者之间的交互，最终实现学习者新旧概念的交互。社区应提供多种的学习活动来促进社区的管理和成员的交流，提供多种学习资源及其检索工具，提供多种学习方式，如个别化的学习方式和协作化的学习方式。

(5)一对一数字化学习综合课例：一对一数字化学习综合课例是指在每位学生均拥有一台数字化终端设备的一对一数字化学习环境下，应用信息技术开展自主学习和主动学习，培养学生分析问题和解决问题能力的新型教学方式。参赛作品应是完整反映一节优秀课的教学设计与课堂教学效果的信息资源包。

(6)教育教学工具类软件系统：教育教学工具类软件系统是指利用计算机技术、多媒体技术、网络与通信技术设计开发的，支持或辅助学生、教师和管理者完成特定教育教学任务的工具类软件系统。包括课件制作工具、学生自主学习工具软件、教学平台、教育管理平台、教育教学评价系统、教育教学资源管理系统等。

## 四、多媒体教学资源的应用

### 1. 多媒体教学资源应用原则

多媒体教学资源的应用应遵循下列原则：

最优决策原则——教学资源在教学过程中对于达到预期的教学目标所起的作用是否达到最优化；

有效信息原则——教学资源、认知结构、教学内容三者间是否能够形成一个有效信息区；

优化组合原则——所选教学资源间之间的整合是否达到最优化，是否存在冗余资源等。

### 2. 多媒体教学资源的应用案例

(1)下面以广州市“师生多媒体创作天地”网站中的“成果展示”中教师创作的优秀作品为例来介绍多媒体教学资源的应用。

本案例所选内容为二年级下册的义务教育课程标准试验教科书《品德与生活》中的一节内容《奇妙的光》。如图 3-16 所示，通过单击红色矩形框标注出来的内容可以分别进入“学习目标”和“进入学习”两个模块来开展教学。该课件是以视频的格式进行播放的，并运用到多媒体教学资源的多种功能：呈现学习内容；播放视频，将生活中的例子展示在课堂上让学生观察；提供操作软件让学生自己动手练习；提供动画实验供学生观察学习。

图 3-16 《奇妙的光》课件界面(1)

如图 3-17 所示，通过运用多媒体教学资源的学习内容呈现的功能，让学生观看学习目标，以了解课程结束自己应该达到的标准，为接下来的学习做好充分的准备。

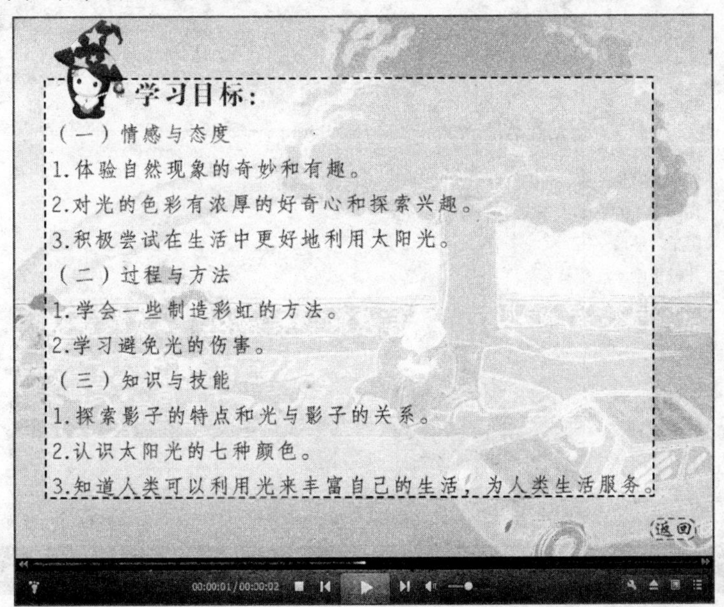


图 3-17 《奇妙的光》课件界面(2)

如图 3-18 所示，通过运用多媒体教学资源的视频动画播放功能，将生活中的例子牵引到了课堂，让学生进一步地观察和学习。动画的播放形象生动，能够激发学生的学习兴趣，加深学生对于知识内容的学习和理解。

图 3-18　《认识影子》课件界面(1)

如图 3-19 所示，通过运用多媒体教学资源的交互功能，为学生提供了观摩教师演示操作和动手实践的机会。

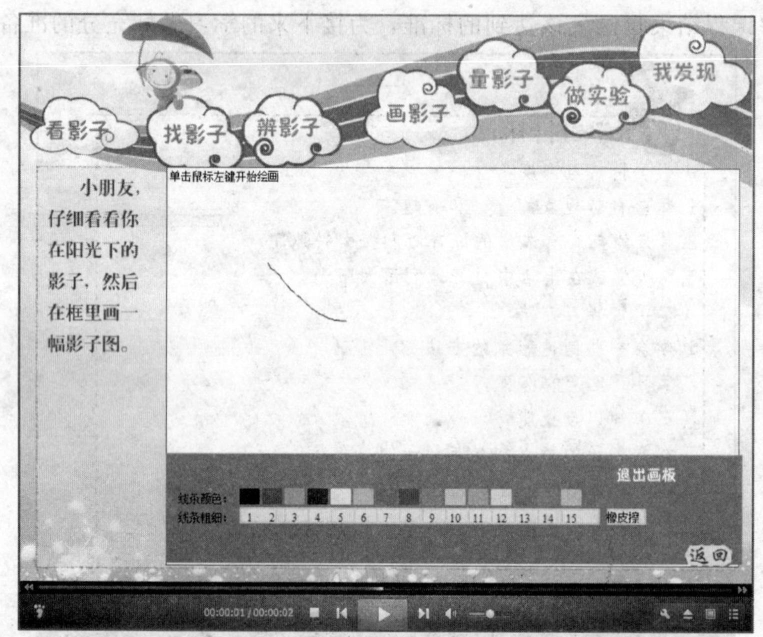


图 3-19　《认识影子》课件界面(2)

如图 3-20 所示，通过运用多媒体教学资源的动画演示功能，将复杂难以理解的教学内容生动形象地展示给学生观看，学生通过观摩动画演示就能有效的理解教学内容。

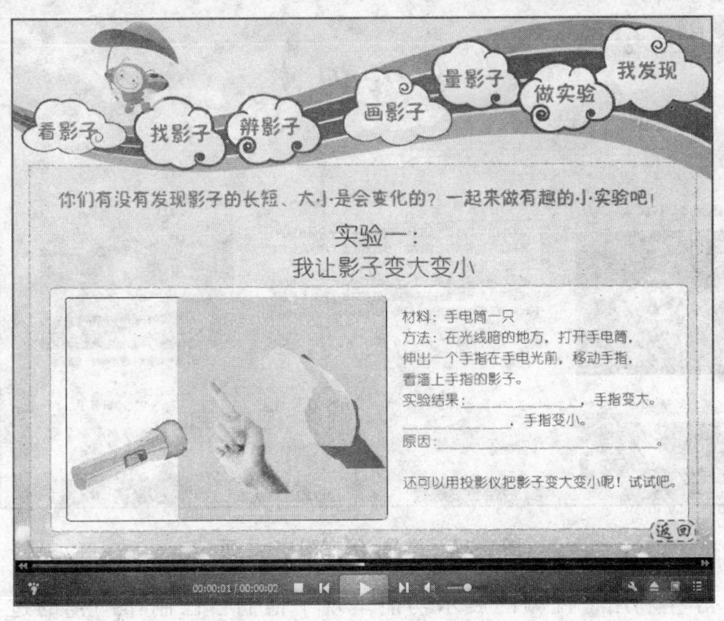


**图 3-20　《认识影子》课件界面(3)**

(2)下面以广州市“师生多媒体创作天地”网站中的“成果展示”中学生创作的优秀作品为例来介绍多媒体教学资源的应用。

本案例所选作品为 2010 年广州市中小学电脑制作活动市级一等奖的学生作品《乐在陶中》。该作品用到了多媒体教学资源的多种功能，例如：呈现内容，便于学生阅读；呈现活动照片，有助于激发学生对该活动的乐趣，同时，增强了活动的真实性；播放视频，将学生动手实践制作陶艺的过程录制下来，便于自己的观看和其他人的欣赏；提供互动平台供同学和教师以及同学之间相互交流等。作品首页如图 3-21 所示。

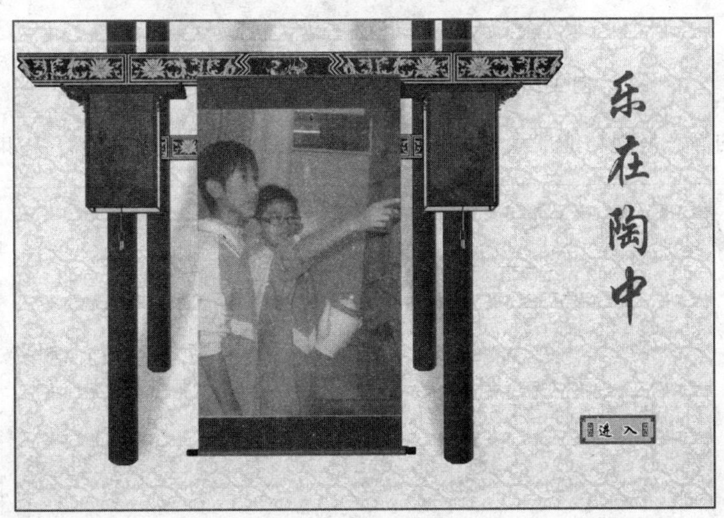


**图 3-21　作品《乐在陶中》首页**

该作品是以网页的形式呈现。作品首页以动画的形式展示了学生参观陶器的画面，单击首页中的“进入”按钮便进入了作品的主页，如图 3-22 所示。

图 3-22 作品《乐在陶中》主页

在作品中，学生利用了视频的展示功能呈现了他们自己制作陶瓷的过程，如图 3-23 所示。

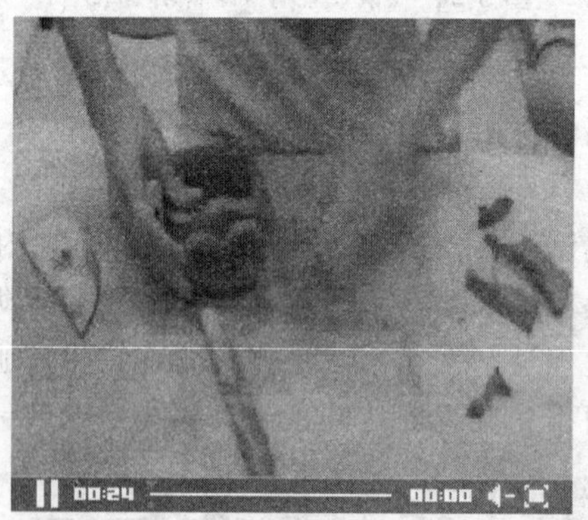


图 3-23 作品《乐在陶中》里制作陶瓷的视频

利用网页的静态呈现功能展示了“陶艺之渊源”等文字内容和图片内容，如图 3-24 所示。

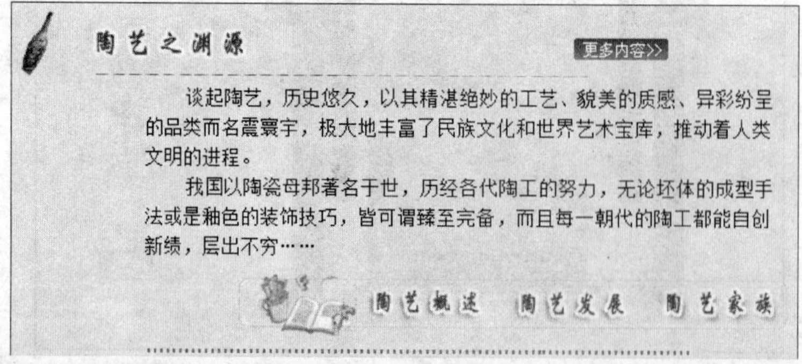


图 3-24 作品《乐在陶中》“陶艺之渊源”图文片段

利用网页的导航功能合理地设置了作品的呈现顺序和方式，如图 3-25 所示，单击红框内的内容即可进入该页的链接。

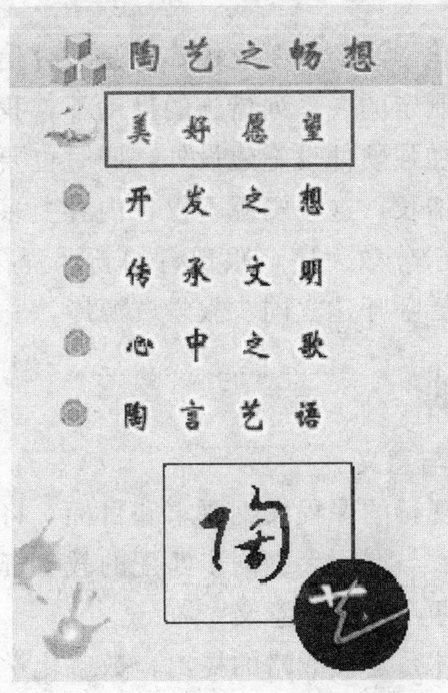


**图 3-25　作品《乐在陶中》导航细节**

利用网页的交互功能提供简单的交互，便于学生之间以及学生与教师之间交流。如图 3-26 所示。

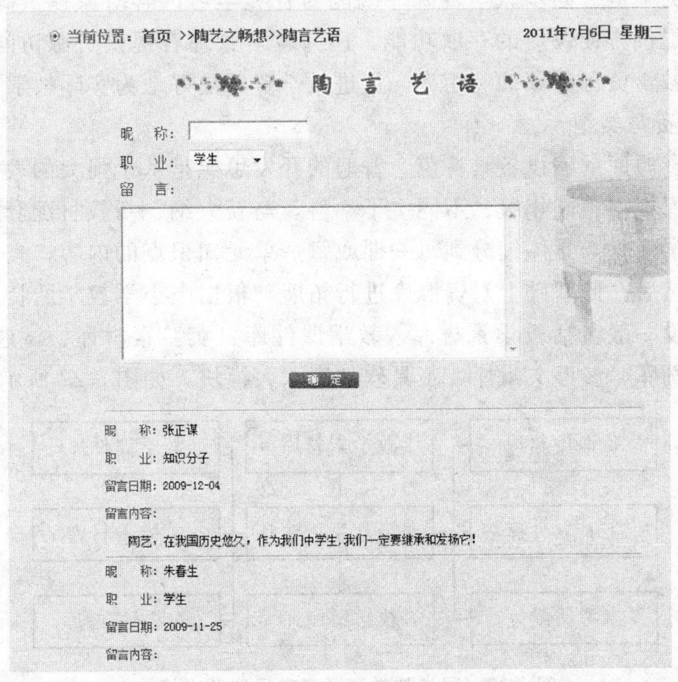


**图 3-26　作品《乐在陶中》中的讨论区**

# 第五节 同步教学资源库

数字化教育资源库是数字化学习的重要支撑，也是教育信息化建设的重要内容。在国家的大力支持下，在教育部门制定的一系列措施的推动下，我国教育信息化建设在硬件设施的建设上已初具规模，除了加强硬件设施建设外，同时也要加强软件与资源的建设。目前互联网中的信息以指数方式增长，这些资源不仅在内容上多种多样，在表现形式上更是丰富多彩，其不足就是资源过于分散无序，跟现行的新课程标准不能很好地同步、匹配。因此，在我国的基础教育中广泛呼吁建立同步教学资源库，并在大范围内共享教育资源。

## 一、同步教学资源库概述

### 1. 同步教学资源库的内涵与意义

同步教学资源库就是根据现行的课程大纲要求和目标，将分散无序的教育资源整合起来，从而构成按照一套系统的、与课程大纲同步匹配的教学资源的集合。

同步教学资源库的建设有两个层面的意义：

首先，随着我国终身教育体系建设战略的提出，数字化学习支撑体系以及数字化教育资源库将会有更广泛的应用需求，同步教育资源库的建设能够使师生能高效方便地将其应用于自己的教与学的过程中，并在大范围内实现优质资源的共享和辐射。

其次，随着我国教育信息化的逐步拓展，教学资源越来越丰富，教学资源的有效管理成为教育信息化的关键。同步教学资源库既能为各类学习内容对象提供高效的存储管理，又为各种使用者提供方便快捷的存取功能，还为教学管理者提供资源访问效果评价分析，从而系统地提高教学资源对象的利用率，促进教学资源更好地为实际教学系统服务。

### 2. 资源库的资源类型

目前中小学资源库的建设各具特色，普遍的开发思想是基于强大的教育资源系统管理平台，这些资源库根据不同年级、不同主干学科，与新大纲、新教材配套进行设计，每门学科包含大量教学素材，具体细分到每一课或每一单元知识点的内容，素材之间的关联以知识点为基础，然后在此基础上对资源库进行拓展。根据中小学教学的特点和实践，同步教学资源库的建设一般包括教学素材库、教学课件库、实验素材库、试题/试卷库、备课资料库、教学案例库、参考文献库、工具软件库八大模块，如图 3-27 所示。

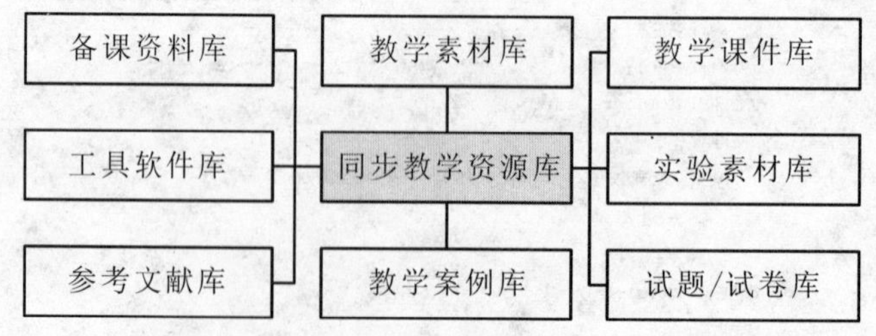


**图 3-27 同步教学资源库常见的八大模块**

(1)教学素材库，根据不同年级、学科，涵盖中小学教学大纲所规定的全部知识点及能力训练要求，以文本、图形图像、音频、视频、动画的形式呈现。

（2）教学课件库，存放中小学教师自主开发的以及收集到的国内外优秀课件，是对某个单元、一节课或一个知识点的教学课件，可以为传统的视音频课件、基于视频流的录像课件、制作成网页的课件等。

（3）实验素材库，是针对有实验要求的物理、化学、生物等学科设置的，提供实验的设计方案、实验仪器的多媒体资料，或以视频、文字等形式呈现的部分实验的操作实录。

（4）试题/试卷库，存入支持教师和学生进行各种类型的测试，并可根据不同的测试目标采取相应的组卷策略，完成如题目增加、删除修改等一般的题目管理功能。

（5）备课资料库，为教师提供每一节课的教学设计，包括教学方法、教学内容分析、重点难点分析以及相关的教学模式、教学资源的参考等。

（6）教学案例库，按照学科分类存放国内外教师各学科教学设计方案、教学视频案例、相关教学模板案例，等等，为教师提供更多参考资料。

（7）参考文献库，为用户提供了包括电子文档、图书资料等多种载体资料的相关信息。

（8）工具软件库，为师生提供包括网络工具、文字编辑、输入法、图形图像浏览、程序设计、防杀病毒等教学工具和软件的下载服务。

## 二、同步教学资源库的构建

### 1. 同步教学资源库设计的原则

同步教学资源库的建设应以现代教育思想和理论做指导，通过设置超级链接、提供多媒体资源等技术手段，构建起以师生为主体的内容丰富、形式生动、交互及时的资源库平台。其设计原则具体表现在以下几个方面：

（1）教学性原则：资源建设必须针对教学的需要，紧紧围绕学科特征、课程大纲和目标来建设，并考虑教学应用的实用、快捷、高效性，做到与现行的课程目标同步。

（2）多媒体化原则：同步教学资源库的内容呈现应该是多媒体化的，尽量采用多种媒体，恰当生动地传递教学内容，因此在资源库中要提供大量的文本、图形、图像、音频、视频、动画，同时也鼓励采用超媒体以及流媒体等技术。

（3）个性化原则：同步教学资源库使用的主体是教师、学生和教学管理人员，资源库应该允许用户自主选择学习内容，提供个性化的定制服务，如资源库中的用户个性化空间，由用户自主决定定制、分享何种资源。

（4）标准化原则：资源建设应以教育部颁布的《教育资源建设技术规范》等标准为指导，并结合学科、专业、课程特点制定资源建设标准。为提升资源库的可移植性，资源建设过程还应该遵循一定的数据标准，例如 SCORM 标准。

（5）“开放、共建、共享”原则：开放就是资源要采用比较方便修改的方式组织；共建就是要发动老师参与资源建设；共享是要将资源有效组织，供全区域教师使用。

（6）易用性原则：结构化、系统化组织各种课件、教学案例、教学设计、教学反思、教学手记等资源，并为用户提供便捷、快捷的搜索功能。

### 2. 常见的同步教学资源库构建模式

同步教学资源库通常有三种构建模式，一是通过专题网站形式构建同步教学资源库，这种方式指针对某一个专题而创设的网站，是一种很有针对性的资源库建设方式。二是以学科资源网的形式构建同步教学资源库，将各学科的教学资源通过网页的方式链接在一起，由此而形成的资源网站。三是通过平台集成的方式构建同步教学资源库，该模式利用现成软件系统平台对批量资源进行管理，这种建库方式快捷、方便。

## 三、优秀的同步教学资源库案例

自 2004 年 10 月广州启动了一套集信息化、现代化、系统化为一体的“教育 E 时代”工程，由此也诞生了一系列的教学资源。其中一个非常显著的特点就是建立了系列丰富的教学资源库，整合了大量优质教育资源，供学生自主学习、供教师方便应用，其中广州“教育 E 时代”新课标主题资源库和广州市同步教学资源包就是这个工程中典型成果，下面将对两个优秀的同步教学资源库进行简要的介绍。

**1. 广州“教育 E 时代”新课标主题资源库**

该同步资源库以学科资源网站的形式构建，将各学科的教学资源通过网页的方式链接在一起而成。该同步资源库网站根据学科特点以及教师使用习惯设定栏目，如网上题库、电子教案、素材资源等，并根据学科自身的特色采用多种表现形式和管理方式。如语文学科可按照体裁来划分、数学学科可按照章节来划分、物理学科可按照知识点来划分。学科教师既可以直接运用学科网站进行教学活动，也可以将资源库中的资源进行重新组合，形成一个集资源共建共享、网络在线学习、联机电子备课、学科信息发布、多重互动交流等功能于一体的各学科、多层次的教学资源应用环境。广州“教育 E 时代”新课标主题资源库目前涵盖了基础教育各个学科同步教学资源，其网址：http://rs.gzjkw.net/xueKeIndex.do，其首页如图 3-28 所示。

图 3-28　广州“教育 E 时代”新课标主题资源库

**2. 广州市同步教学资源包**

广州市同步教学资源包是利用平台模式搭建而成的同步教学资源库，它利用现成软件系统平台对资源进行管理，各学科的资源只是按文件目录或属性分类排列，它最大优势是可以存储大容量的数据，资源管理效率高，安全性好。

该网站所有资源都与广州市现行的课程标准以及课程大纲、施行教材版本相匹配。并按照科目、教材版本、年级、单元、课时等层级目录组织各资源。目前该站提供了“单项资源下载”和“全章资源下载”两个方式，“单项资源下载”就是下载单一的资源节点，而“全章资源下载”是指下载整章的教学资源包。

图 3-29 是广州市同步教学资源包的网站首页，其一级导航包含“最近更新”、“资源分类”、“下载推荐”、“下载排行”等模块，以方便用户查阅和下载。目前该同步教学资源库几乎涵盖了小学到高中各科目的教学资源，资源类型主要有：教学设计、教学反思、教学评价、教学课件、录像课例、单元说明、教材分析、课堂实录、同步练习、实践活动、教学文化、研究性学习、课标解读，目前所有的资源都在教育网中均可免费下载。

图 3-29　广州市同步教学资源包网站首页

### 3. 获取同步教学资源库的资源

下面以广州市同步教学资源包为例来介绍获取同步教学资源库的中资源具体操作步骤。

步骤 1：在浏览器中 输入广州市同步教学资源包的网址进入其首页，如图 3-30 单击导航条中的“资源分类”选项，将进入学科资源目录页面。

图 3-30 广州市同步教学资源包导航

步骤 2：在学科资源目录页面中，如图 3-31 所示单击相应对的资源文件夹查找所需资源。比如：依次单击"语文→人教版→七年级上册→第一单元→第一课→教材分析"，即出现资源下载的链接文字。单击图 3-31 右边的下载链接文字则进入下载页面，如图 3-32 所示。

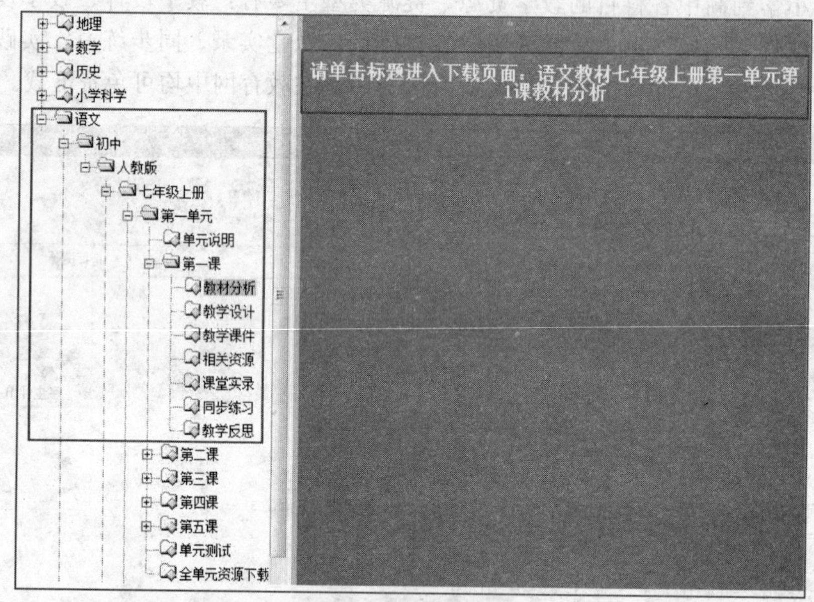


图 3-31 查找所需资源

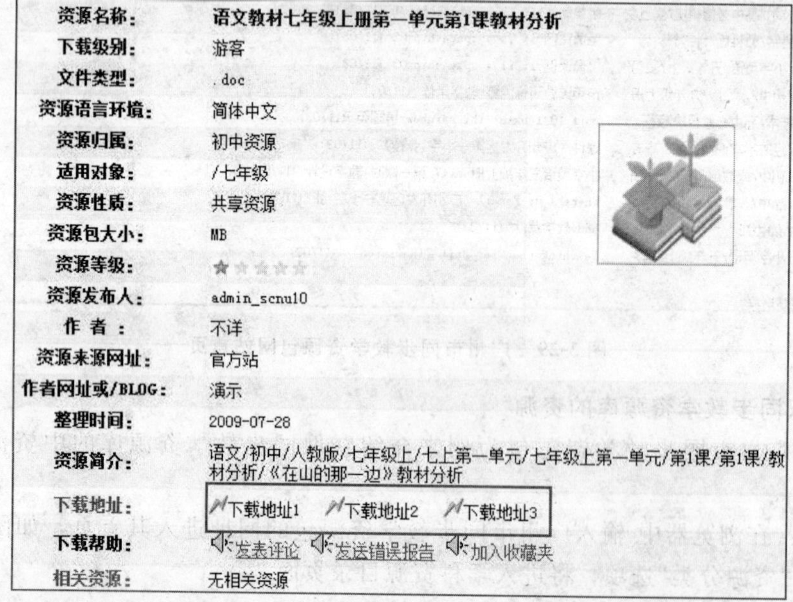


图 3-32 目标资源信息和下载地址页面

步骤 3：在图 3-32 所示的下载页面中，可以浏览到目标资源的所有信息，单击其中的一个下载地址，如单击“下载地址 1”选项，弹出下载窗口如图 3-33 所示，右击 DOWNLOAD 按钮，选择存储位置后确认即可完成资源的下载。

图 3-33　课件资源下载窗口

## 四、同步教学资源库的应用

同步教学资源库作为教学资源系统化、结构化的集合，在教育运用中主要用于辅导教师备课、辅导教师课堂教学、辅助学生进行课外自主学习以及运用于社会教育。

**1. 辅助教师备课**

教师能够按照同步教学资源库中的结构化导航，快速定位到配套的特定单元/知识点的备课资料。更重要的是教师可以通过同步教学资源库查找、获取大量丰富有效的信息来源，弥补自己原有知识的不足，应用于课堂教学中去。

现有的同步教学资源库包含了大量帮助教师有效开展教学的应用系统，如多媒体教学资源备课系统、网络课件制作系统、多媒体教学资源编目工具、分布式多媒体教学资源管理平台，等等，这些应用系统及平台将促进教师有效整合信息技术与课堂教学，优化教育教学过程。

**2. 辅助教师课堂教学**

各位授课教师可以直接下载同步教学资源库的相关的案例、教学素材等直接运用于自己的课堂教学，提升课堂教学的质量与效率。同时在现有的同步教学资源库中有很多的模拟实验库，在多媒体网络教室中，教师直接可以将其运用到课堂教学中，让学生在生动的模拟仿真实验中更高效、更节省实验成本地开展相关的教学实验。

**3. 辅助学生课外自主学习**

同步教学资源库为学生的个性化学习提供了很好的支撑，无论是学优生还是学困生，都可以自主地进入到相应的同步教学资源库系统中下载、订阅、共享自己的喜欢的学习资源。

**4. 社会教育**

在社区教育理念的指导下，以网络为途径，以街道或小区为单位，延伸至社区居民的学习应用，组织社区居民集中学习。

## ●●●● 问题与思考

1. 信息化教学资源的类型有哪些？
2. 信息化教学资源的特点有哪些？
3. 同步教学资源库的资源类型有哪些？

4. 信息化教学资源的获取方法有哪些？
5. 如何应用思维导图来整合教学资源？
6. 完成一个专业化的多媒体课件需要应用到哪些技术？
7. 你知道哪些多媒体教学资源的网站？如何将这些资源网站运用到教学中？
8. 你知道哪些同步教学资源库？如何将这些资源库运用到教学中？

# 第四章

# 信息化教学工具

当今社会日益信息化、网络化，不断发展变化的教育教学环境给广大教师的教学工作带来了前所未有的挑战，新课程标准的实施对教师的教育技术能力提出了更高的要求。面对挑战，了解和掌握一些必要的信息化教学工具成为新时期教师的“必修课”，充分发挥信息化教学工具的作用能有效地支持和促进学生主动学习、协作式探索、意义建构、解决实际问题等能力的培养。本章首先介绍信息化教学工具的基本概念及其应用特点，然后介绍了四种信息化教学工具：Inspiration概念图工具、MindManager思维导图工具、超级画板工具、NetSupport School课堂教学管理工具。

## 学习目标

1. 了解信息化教学工具的定义、分类及其应用特点
2. 学习使用Inspiration基本使用技巧，掌握Inspiration的教学应用
3. 学习使用MindManager基本使用技巧，掌握MindManager的教学应用
4. 学习使用超级画板基本使用技巧，掌握超级画板的教学应用
5. 学习使用NetSupport School基本使用技巧，了解NetSupport School的教学应用

## 本章知识地图

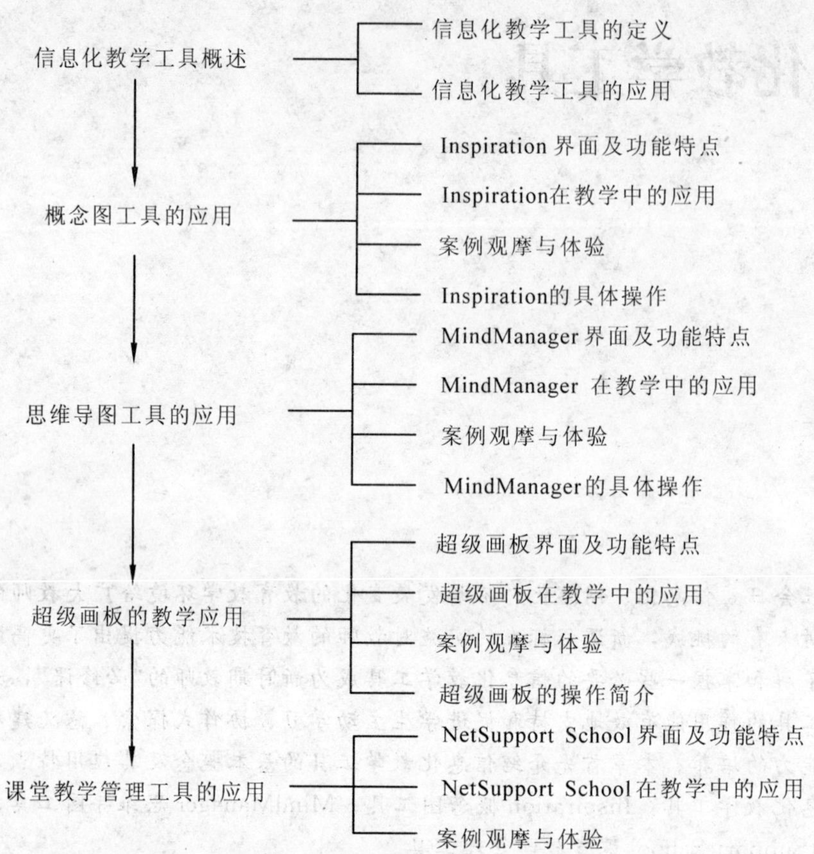


# 第一节　信息化教学工具概述

## 一、信息化教学工具的定义

信息化是当今世界经济和社会发展的大趋势，以多媒体和网络技术为核心的信息技术已成为拓展人类能力的创造性工具。信息化教学工具是教学者和学习者为了与学习环境要素进行有效互动而使用的多媒体技术手段和网络技术手段，是为了学习活动有效进行而参与到学习活动中并在其中担负一定认知功能的信息工具。信息化教学工具的出现有效地改进了课程教学效果，对于促进学习者高阶思维能力的发展和有意义学习起到了重要的作用。

课堂是教学活动的主阵地，教学活动依靠一定的手段和工具来完成。教学活动的具体过程、组织方式以及质量效益等都和教学活动中使用的工具密切相关。新课程标准的实施对教师的教育技术能力提出了更高的要求。面对挑战，了解和掌握一些必要的信息化教学工具，成为新时期教师的“必修课”。

## 二、信息化教学工具的应用

传统的书本、黑板以及随后出现的幻灯机、投影仪等在教学中主要是发挥教学手段的作用，辅助教师传递教学的信息。而目前迅速发展的多媒体技术、虚拟现实技术、人工智能技术不再是单纯的教学手段，还为学生创建多种学习环境，提高学习的效率，可作为学生的认知工具和思维工具，培养学生的高级思维能力和解决问题能力。信息化教学工具在教学中发挥越来越重要的作用，主要表现为以下几个方面：

**1. 作为获取和分析信息工具**

信息化社会中能否主动、积极地获取信息是学习者成功的关键。在数字化环境中，网络信息检索成为学习者获取信息的主要途径。因特网中蕴涵着越来越多有价值的教育资源，极大地拓宽了学习者的学习空间，有助于丰富学习者感性认识，建构对知识的认知，达到对知识更深层次的理解。

**2. 作为情境探究和 WebQuest 工具**

利用多媒体集成工具或网页开发工具将需要呈现的内容以多媒体、超文本、友好交互等方式进行集成、加工处理转化为数字化学习资源，根据教学需要，创设一定的情境，并让学习者在这些情境中进行探究、发现，有助于加强学习者对学习内容的理解，提高其学习能力。

WebQuest 包括引言、任务、过程、资源、评价和结论六个部分，是一种基于网络的探究式教学模式。它注重教与学的过程中学生分析问题、解决问题和创造性思维能力的培养。

**3. 作为对话讨论和交流分享工具**

信息技术提供的数字化学习环境具有强大的通信功能，学生可以借助 NetMeeting、Internet Phone、ICQ、E-mail、Chat Room、BBS 等网络通信工具，实现相互间的交流，参加各种类型的对话、协商、讨论活动，培养独立思考、求异思维、创新能力和团队合作精神。

**4. 作为知识建构和创作实践工具**

信息技术学习环境中有助于学习者知识建构的工具平台非常多，有专门的工具性教学软件、一般工具软件以及计算机外接设备等。工具型软件不为教师提供具体的教学内容，而是提供一个展示、处理某类教学内容的平台，教师、学生可以利用这一工具来解决所面临的具体问题。

**5. 作为系统模拟和思维建模工具**

根据知识内在的系统原理，利用计算机建造出系统模型，模拟真实世界的问题解决过程，供学习者学习知识时使用以提高对知识理解力的各种工具，帮助学习者将所学知识元素按照语义建立联系，表征思维过程，有助于知识的系统化。小学教学中，教师应善于运用思维可视化工具丰富的图库功能与“将思维可视化”的特点，呈现故事的来龙去脉，即故事讲述的思维过程，表现知识之间的相互联系，从而将学生带入出神入化的神话故事情境中。

**6. 作为自我评测和学习反馈工具**

计算机辅助测试系统具有生成测试的功能，也有多媒体作业与考试系统，通过统计分析软件和学习反应信息分析系统来分析测试成绩，发掘教学过程问题。学生借助统计图表可以进行学习水平的自我评价，而教师通过信息发掘可以诊断学生学习问题，从而及时调整教学。

## 第二节 概念图工具的应用

概念图(Content Map)是一种用节点代表概念，用连线表示概念间关系的图示法。康乃尔大学的 Joseph D. Novak 博士在 Ausebel 的学习理论的基础上研究概念图技术，并使之成为一种教学工具。目前，概念图已经得到了广泛应用。它除了被用作辅助学生学习的工具外，还是教师和研究人员分析评价学生对知识的理解和构建的方法，也是人们产生想法(头脑风暴)，设计结构复杂的超媒体、大网站以及交流复杂想法的手段。

常见的概念图工具有 Inspiration、CmapTool、“易思——认知助手”等。Inspiration 是 Inspiration 软件公司开发的一种专用概念图软件，CmapTool 是西佛罗里达大学人类和机器认知研究所开发的一种共享概念图软件。这两种工具都是英文版的，在网上很容易下载，也不用付费，而且功能强大。比如 Inspiration 中提供了一千多种常用的图片，能够基本满足各学科需要。“易思——认知助手”是由国华软件推出的汉语软件，这款软件操作界面简单实用，只要有一定的电脑基础就很容易掌握其制作概念图的功能，不过这是一个付费软件。下面我们就以 Inspiration 为例介绍概念图工具的应用。

### 一、Inspiration 界面及功能特点

#### 1. Inspiration 的界面构成

Inspiration 作为一款服务于广大教师和中小学生日常教学和学习的概念图软件，在不断升级和完善后，具备了界面简单、操作直观、容易上手的特色，如图 4-1 所示。

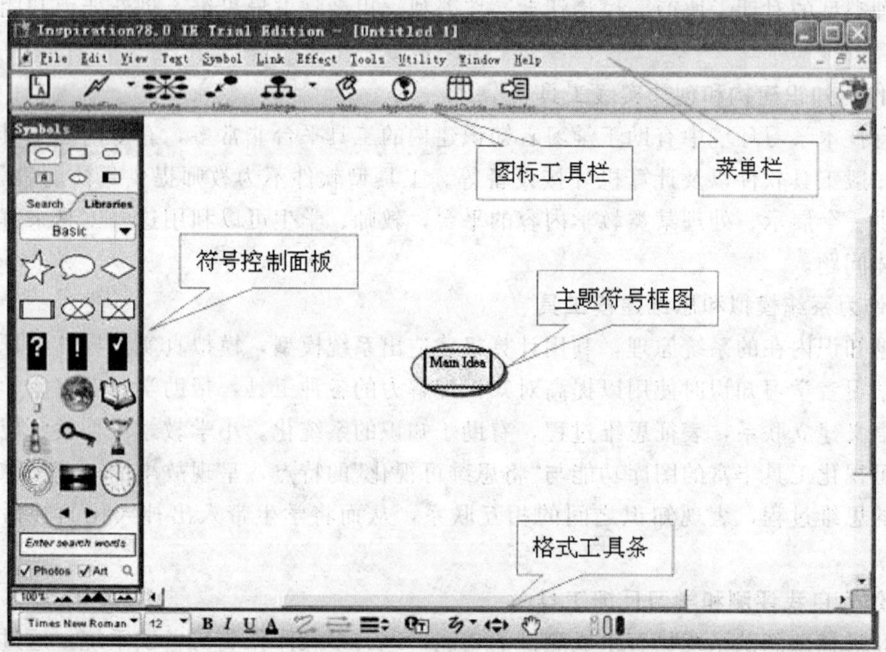


图 4-1 Inspiration 工作界面

**2. Inspiration 的功能特点**

Inspiration 软件具有以下功能特点：

(1)Inspiration 有两个可以同步进行的操作视图：图表视图和大纲视图。图表视图用来记录使用者的思维，将概念用图表和文本的形式表现出来；大纲视图用来将概念进行重新排列，以修改和确定概念图的层次结构。

(2)运用 Inspiration 制作概念图时，可以在任意两个节点之间创建联系。节点内容除文字外，还可以是图片。并且 Inspiration 具有自动布局图形的功能，使得各节点不重叠。

(3)Inspiration 有一个自带的符号库，其中包括 1 300 多个高质量的图形、图像和动画，共分为 17 大类，涉及教学中的语文、数学、物理、化学、生物等各个学科。使用者只需单击软件中符号控制面板上的相应按钮，就可以将这些符号添加到自己的概念图中来。

(4)可创建超链接，用户可以将某个节点链接到图形、图像、网页或其他用 Inspiration 制作的概念图上。

(5)模板是 Inspiration 的又一特色。所谓模板，就是系统自带的一些具有代表性的概念图文件样式，使用者只要按照提示稍加修改完善就可以制作出很好的概念图来。

(6)Inspiration 软件所生成的文件除可保存为 *.isf 格式外，还可以保存为很多其他的文件格式，具有很好的兼容性。

## 二、Inspiration 在教学中的应用

随着对概念图研究的深入，人们发现灵活运用概念图软件 Inspiration 进行学科教学，不仅能更好地组织和呈现教与学的内容，有效地监控教与学过程并促进学生概念的形成与发展，而且还能有效满足信息化环境下多种教学形式的个性化需要，进一步丰富和拓展传统概念图的教学功能，体现鲜明的时代特征，有利于多角度、多形式地促进意义教学与意义学习的发生，进而有效提高教与学的实效性。概念图绘制软件 Inspiration 良好的易用性和功能性使其在教学应用中的作用越来越突出，主要表现在以下几个方面：

**1. 以 Inspiration 为知识可视化的表征工具**

合理运用概念图软件 Inspiration，将它作为知识可视化的表征工具，以简洁明了的图式呈现复杂的知识结构，有助于师生在零散孤立的概念节点间，以及新旧知识间建立联系，做到融会贯通，深化对概念的理解，进而形成全面系统的认知结构，促进知识的意义建构和有意义的教学。

**2. 以 Inspiration 为高级思维的发展工具**

概念图软件 Inspiration 在引导学生知识识记的基础上，更关注学生对所学内容的理解与反思，以及对知识的创造性建构，突出思维训练和能力培养。绘制概念图有助于高级思维的发展，概念图能够教给学生一些有关大脑机制和知识组织的知识，从而有助于学生进行意义学习和意义记忆。

**3. 以 Inspiration 为合作交流的工具**

概念图可以作为合作交流的工具，用来支持头脑风暴，并把许多瞬间即逝的灵感和知识元素构建起清晰的知识网络，引导思维的不断延伸。用概念图软件 Inspiration 制作概念图，既易于修改，又易于扩展，富有表现力，还能突破时空的限制，利于促进学习者彼此

间的深度交流与分享，营造合作化的学习氛围。

**4. 以 Inspiration 为促进教学的评价工具**

以概念图软件 Inspiration 作为形成性评价工具有利于教师根据形成性评价结果，及时修改完善自己的教学设计，更有针对性地进行教学。概念图作为一种新的教学评价工具，还能引导学生从系统化、结构化、整体性的高度来关注新旧知识点及其相互联系，促进意义学习的发生。

**5. 以 Inspiration 为一体化教学设计与课件开发的工具**

以概念图软件 Inspiration 为工具设计教学，需要教师将头脑中的教学理论、教学经验、教学内容、教学环节和教学资源以可视化的图式表现出来，有利于更有效地组织教学。Inspiration 软件还可以很方便地为每一个概念节点建立相应的超链接，链接资源可以是网页、视频、动画、图片等。这种用概念图制作的图式化教学设计又可以自然地转换成多媒体教学课件，从而实现教学设计与教学课件的有机整合。

**6. 以 Inspiration 为构建网络课程的设计工具**

在网络课程的设计过程中，概念图软件 Inspiration 主要可以发挥两方面的作用：充当网络课程的导航工具和课程知识的组织工具。作为组织和表征知识的设计工具，Inspiration 能够优化资源结构与呈现形式，增强课程的导向性，使学习者更加直观地把握课程框架和内容，可以弥补基于网络课程的远程学习中诸如学习目标欠明确、学习内容整体性不强、信息繁杂、对学生的自主学习能力要求高等不足。

## 三、案例观摩与体验

**1. 用于构建知识体系**

Inspiration 可以清晰地展示出知识结构之间的关系。如植物的概念图如图 4-2 所示。

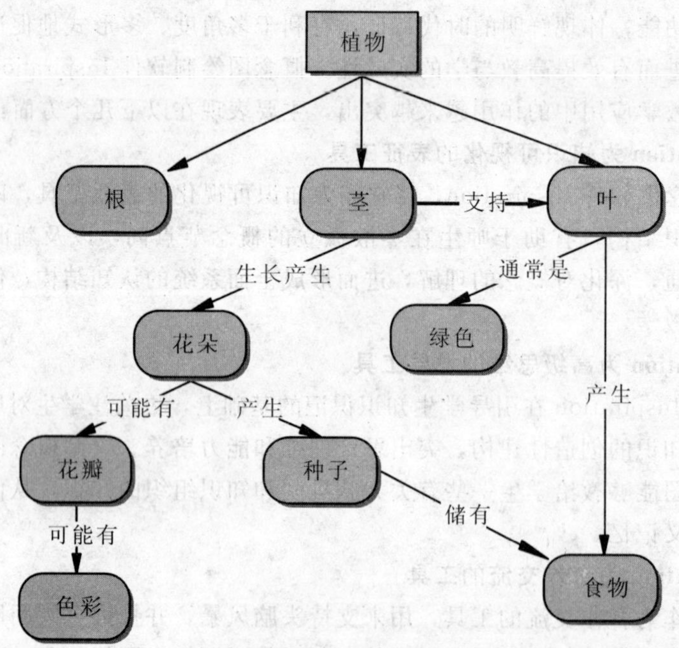


**图 4-2 植物的概念图**

**2. 用于制订研究计划**

在某些学科的教学实践中，往往围绕某一主题展开，针对主题研究的内容进行一个事先的规划将有助于把握重难点，保证教学工作的有效开展。如教师以“生活中的统计应用”为研究主题开展活动，利用 Inspiration 绘制概念图，将学生已知的信息、即将研究的内容、研究策略、研究焦点通过图形化的形式形象地表示出来，为下一步教学工作提供了可视化的依据，如图 4-3 所示。

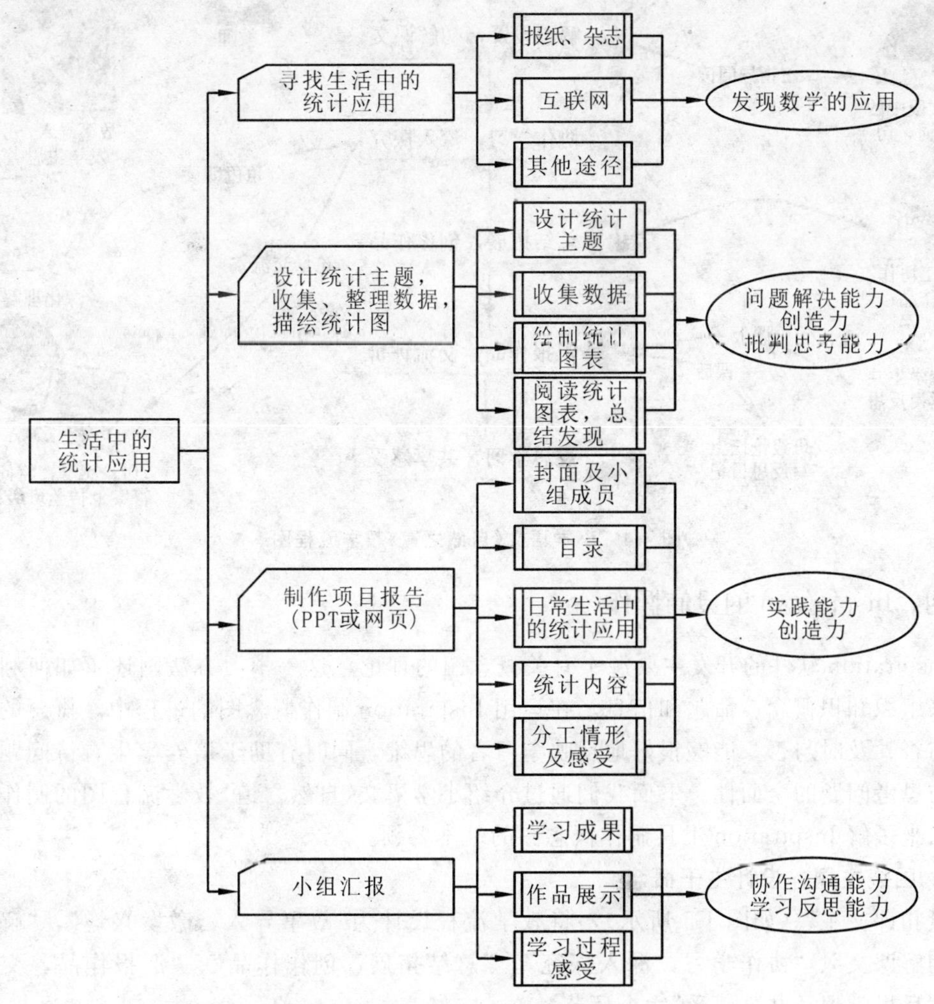


**图 4-3　制订“生活中的统计应用”主题研究计划**

**3. 用于展示教学过程**

在编写某一节课或某一个学习内容的教学设计方案时，往往需要画出该节课或该学习内容的教学流程图。教学流程图的制作工具可以是 Word、IDesign，也可以是 Inspiration。运用前两者绘制教学流程图较为烦琐，更缺乏形象性，Inspiration 操作简便，其庞大的图形库功能弥补了以上的不足，因此在现代教学领域受到了广大教师的欢迎。

在学科教学实践中，不少教师运用 Inspiration，设计出灵活生动的教学流程图，如图 4-4 所示是《自然之道》教学流程图。

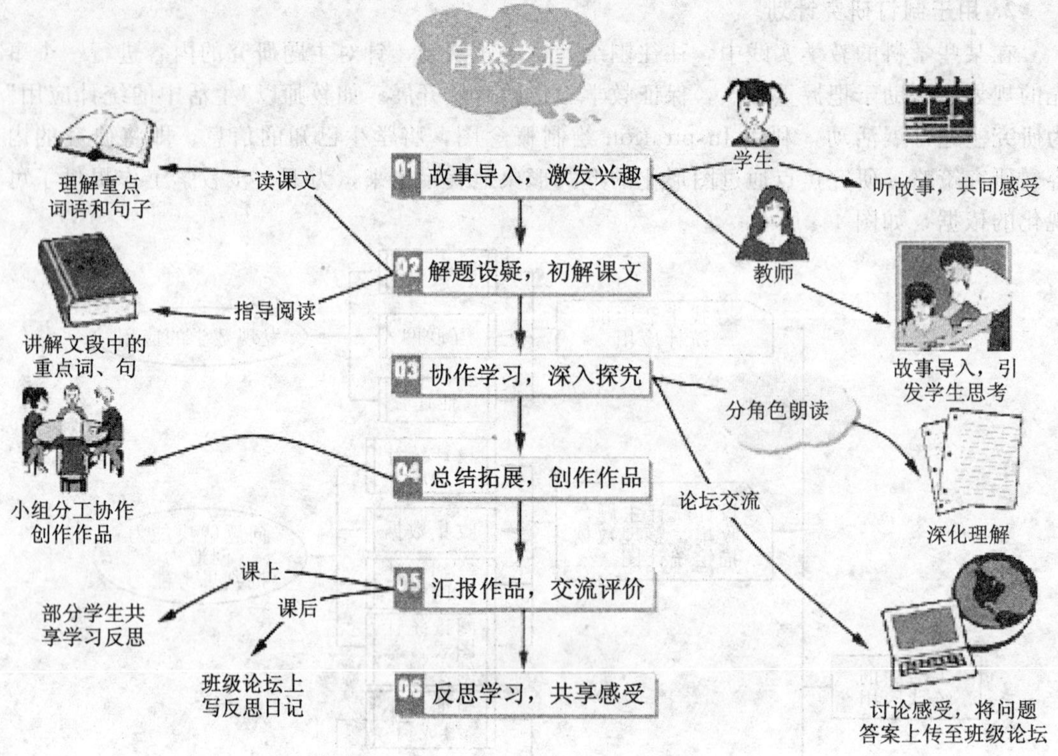


图 4-4 小学语文《自然之道》教学流程图

## 四、Inspiration 的具体操作

Inspiration 软件的开发主要源于有关概念图的理论，这一学习方法阐述了如何利用概念图来组织知识概念、命题和信息。在运用 Inspiration 制作概念图的过程中，概念的组织得当与否、及时与否，能够很好地反映学习者的思维，同时有助于培养学生看待问题的灵活性与思考问题的全面性。下面我们通过介绍小学语文《自然之道》教学流程图的制作步骤与方法来了解 Inspiration 工具制作概念图的基本要领。

**1. 围绕主题，设计主干概念**

紧扣课文主题(如图 4-5 所示)，将教学流程设计为“故事导入，激发兴趣”、“解题设疑，初解课文”、“协作学习，深入探究”、“总结拓展，创作作品”、“汇报作品，交流评价”、“反思学习，共享感受”六个环节。

选择概念框图的形状，单击视图界面上任意空白处，插入第一个概念框图，双击该概念框图，输入第一环节的名称“01 故事导入，激发兴趣”。重复操作，依次输入“02 解题设疑，初解课文”、“03 协作学习，深入探究”、“04 总结拓展，创作作品”、“05 汇报作品，交流评价”、“06 反思学习，共享感受”，如图 4-6 所示。

**2. 建立主干概念之间的链接**

单击图标工具栏中的 Link 按钮，建立概念之间的链接，如图 4-7 所示。(注：如果已在某两个概念之间建立链接，右击链接线条，即可在弹出的快捷菜单中设置线条的粗细、类型、颜色、方向等。)

图 4-5　插入主题

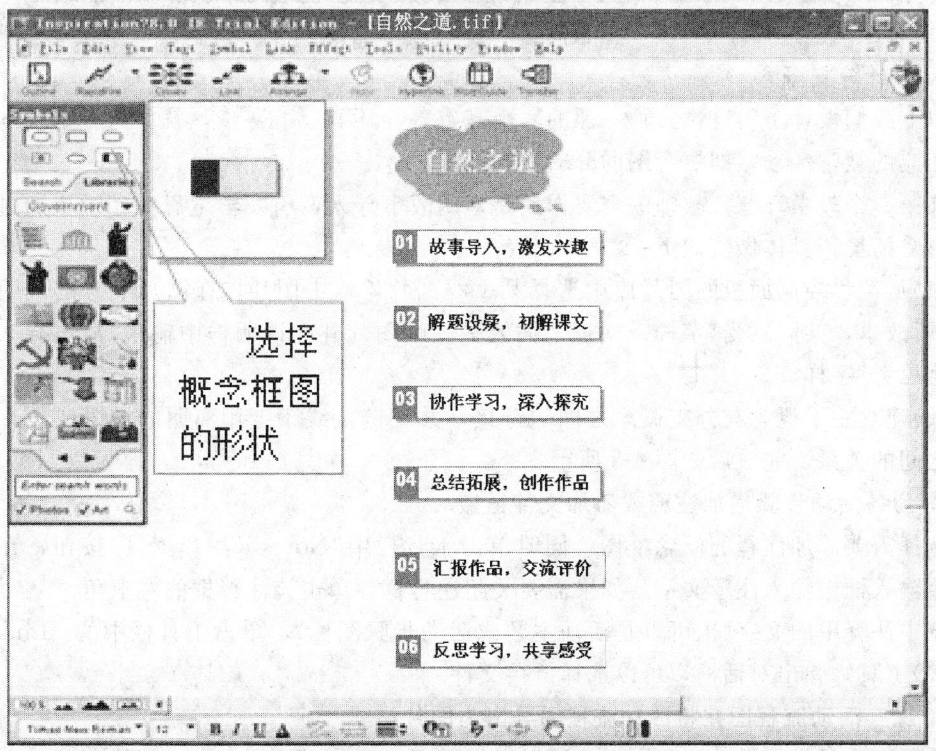


图 4-6　设计主干概念

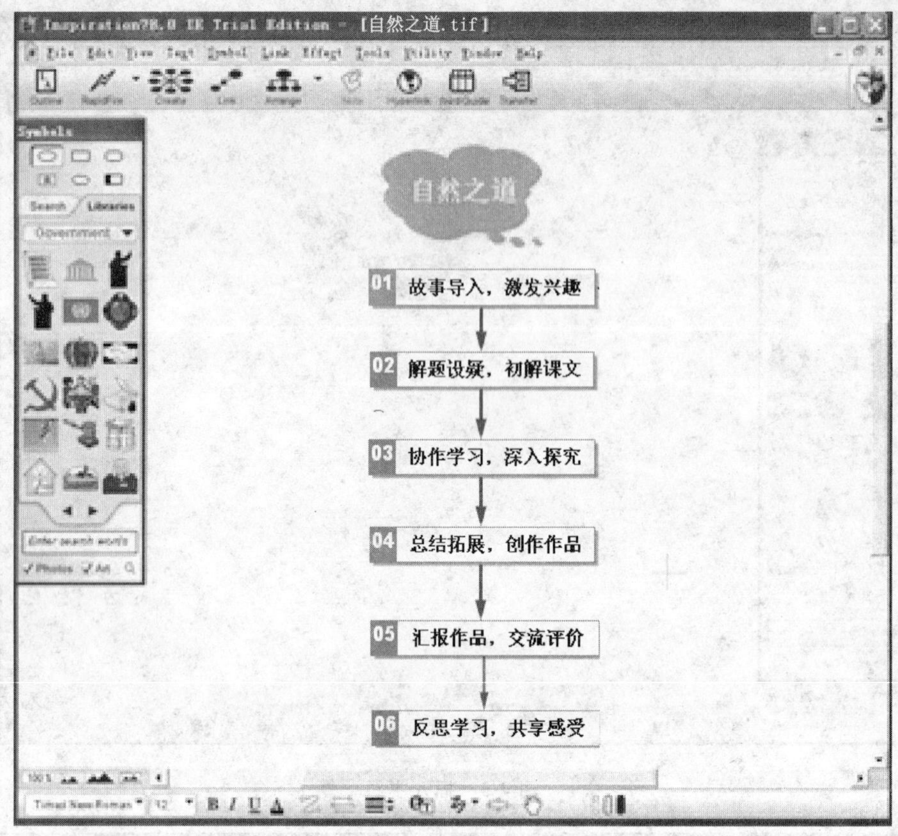


图 4-7 建立概念之间的链接

**3. 设计分支概念**

以上我们设计了《自然之道》一课的六个基本教学环节，下一步，就要为各个基本环节设计相应的教学活动，即概念图的分支概念。

在第一个教学环节，教师的主要作用是运用故事导入，引发学生思考，学生通过听故事，感受情境。具体做法如下：

(1)从符号控制面板的图片库中选择某一幅图片，双击图片，在图片下方的说明框中输入“听故事，共同感受”字样。同理，插入另一幅图片并在说明框中输入“故事导入，引发学生思考”字样。

(2)建立主干概念与分支概念之间的链接，并在链接线条上用简明的词语或图片标注概念之间的关系，完成后如图 4-8 所示。

**4. 为各活动步骤增加注释或添加文件链接**

选择需要添加注释的概念框图，同时单击工具栏中“Notes”(注释工具)按钮，在弹出的文字输入框中输入注释文字。如果需要关闭注释框，单击该注释框的左上角。

选中注释中的文字(也可以是活动主题或活动步骤图标)，单击工具栏中的“Link”(超级链接)工具，弹出对话框，可以选择链接文件。

**5. 保存活动流程图并将活动流程图导出为图片格式**

绘制好项目学习活动流程图后，可以通过运行“文件→保存”命令将其保存(Inspiration 文件扩展名为 .isf)。此外，还可以将制作好的活动流程图导出为图片，运行“文件→导出”

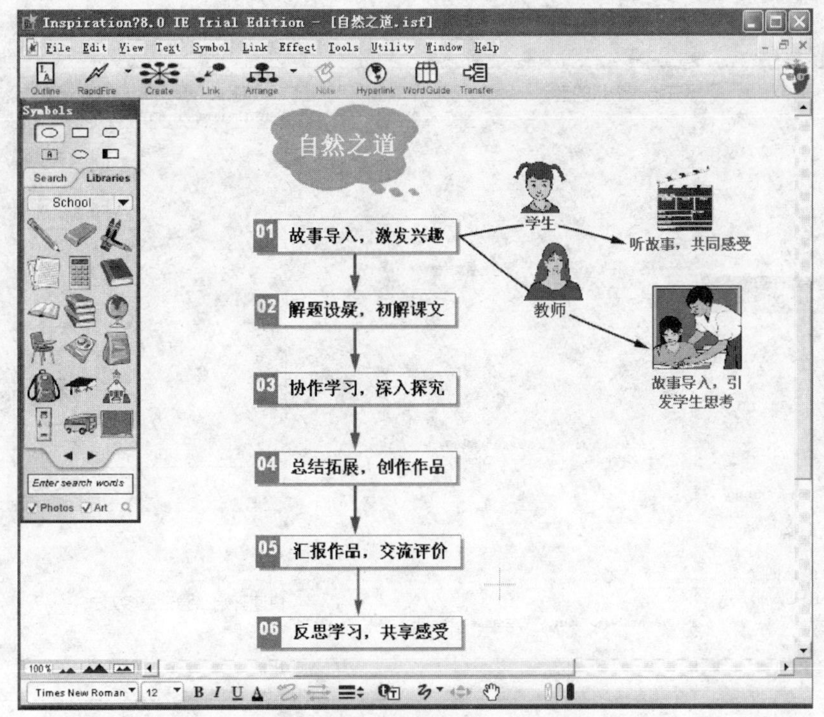


图 4-8 设计分支概念并建立概念之间的联系

命令，在弹出的对话框中选择导出的图片格式后就可以导出图片了。

## 第三节 思维导图工具的应用

思维导图，又称心智图，是表达发散性思维的有效的图形思维工具，它简单却又极其有效，是一种革命性的思维工具。思维导图由英国记忆之父托尼·巴赞发明。思维导图运用图文并茂的技巧，把各级主题的关系用相互隶属与相关的层级图表现出来，把主题关键词与图像、颜色等建立记忆链接。思维导图充分运用左右脑的机能，利用记忆、阅读、思维的规律，协助人们在科学与艺术、逻辑与想象之间平衡发展，从而开启了人类大脑的无限潜能。

常见的思维导图工具有 MindManager、XMind、FreeMind、MindMapper、iMindMap 等，下面我们就以 MindManager 为例介绍思维导图工具的应用。

### 一、MindManager 界面及功能特点

**1. MindManager 的界面构成**

MindManager 9 安装完毕后，启动 MindManager，进入 MindManager 工作界面，如图 4-9 所示。在该界面中可以新建一个空白页面，此时 MindManager 会使用默认的图标模板新建一个文件，也可以根据 MindManager 提供的各种模板建立我们需要的思维导图，Mindmanager 9 为用户提供了大量的模板，用户可以在这些模板的基础上进行修改，建立合适自己的思维导图。

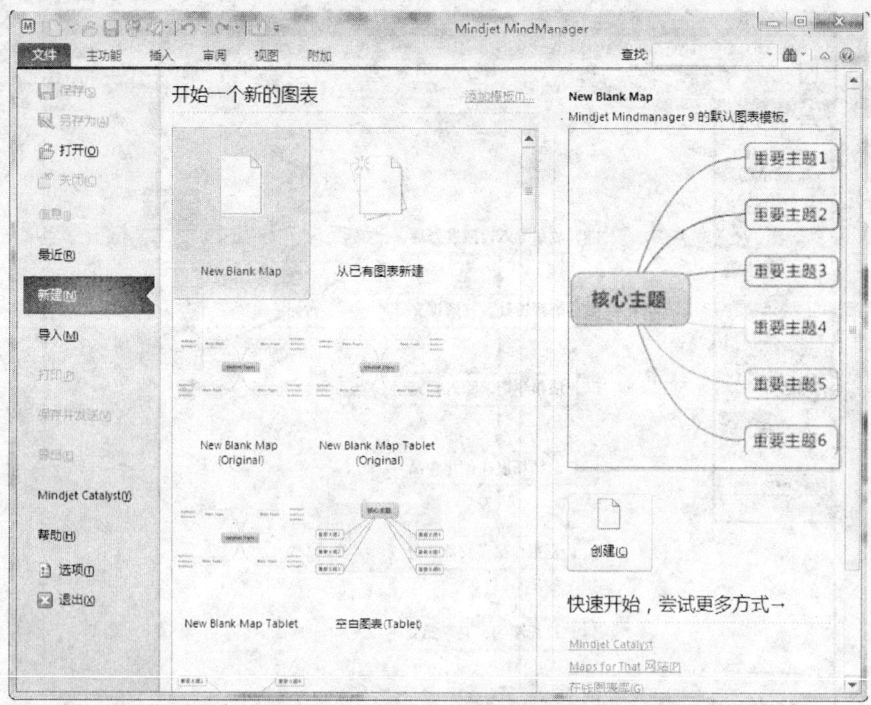


图 4-9　MindManager 工作界面

MindManager 的操作界面主要由标题栏、快速访问工具栏、菜单选项卡以及对应菜单选项卡下工具栏、绘制区及素材库等几部分组成，如图 4-10 所示。

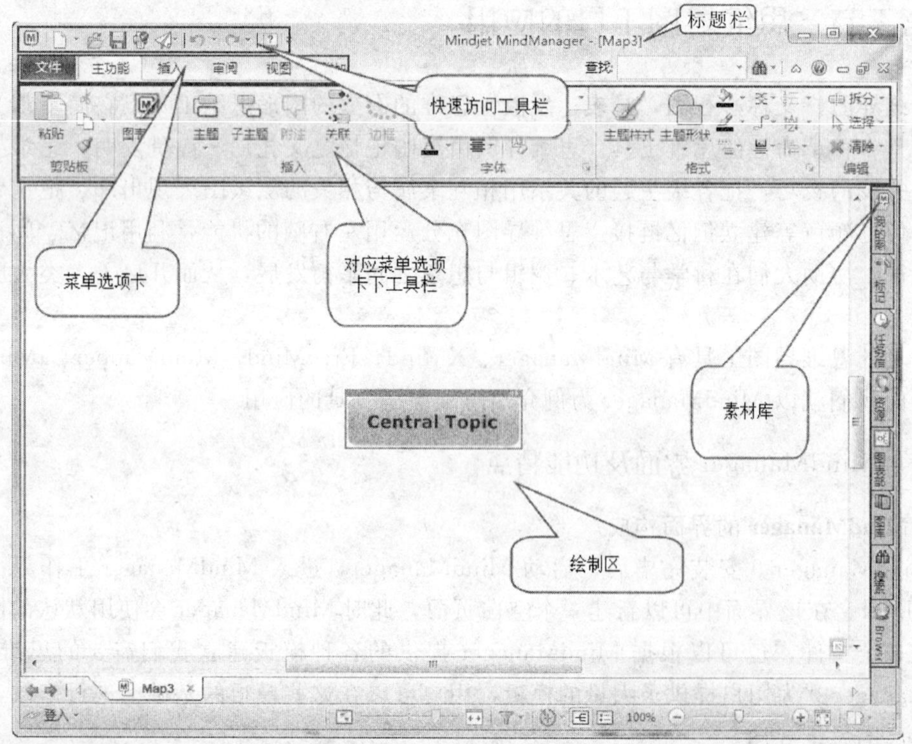


图 4-10　MindManager 的操作界面

**2. MindManager的功能特点**

MindManager软件具有以下几个基本特点：

(1)在MindManager中可以插入图片、Excel表格等，也可以加入多媒体超级链接。运用MindManager软件设计好的思维导图能够以Word、PowerPoint、PDF、html等多种格式输出。

(2)MindManager界面直观，操作简单，初学者容易上手。学习者只需在符号框中输入文字或者插入图片就形成一个节点，节点之间自动连接。插入同级节点只需按Enter键，增加下一级节点按Insert键即可，简单易行。

(3)MindManager为学习者提供了丰富的素材库，包括各种基本图形、数字、艺术、科学、文化、地理、食品、人物、技术以及娱乐等在内的多种彩色静态或动态图形符号。另外，用户也可以自己添加、创建和导入新的素材到素材库中。

(4)在MindManager中，各个节点都是模仿人脑模型的一种链接。鼠标移到节点时，单击右键可以创建节点的超链接、设定图标等。各个节点可以超链接到某一种不易被导入进来的媒体形式、程序或者互联网资源上。

## 二、MindManager在教学中的应用

MindManager是一款上手容易、功能强大的思维导图工具，它常被教师应用于现代教学活动中，通过清晰化教学设计思路，帮助学生更好地理解知识、锻炼思维。基于MindManager的学习过程很好地体现了建构主义学习理论的理念和灵活交互的特征，MindManager在教学应用中发挥着重要的作用，具体表现如下：

**1. 教师选择、呈现教学内容的工具**

通过MindManager可以帮助教师深入分析、选择教学内容，使教学内容更加全面，知识结构更加合理。教学内容的呈现与传递是教学过程中的关键环节，借助MindManager可以制作出结构清晰、形象生动、图文并茂的知识表征图形，可以协助教师在备课时清晰自己的构思，令讲授更具有组织性并容易记忆，从而使教学思路更加清晰。

**2. 促进知识结构化的工具**

MindManager可以用来分析知识的结构、促进知识的结构化，使学生更容易记住知识的关键、概念的联系与区别。在总结学习或者进行复习时，灵活使用MindManager可以帮助学习者巩固知识。

**3. 发散、创新思维能力培养的工具**

思维导图呈现的是一个思维过程，学习者可以借助MindManager思维导图来提高思维能力。经由MindManager思维导图的放射性思考方法，除了加速资料的累积量外，更将数据依据彼此间的关联性分层分类管理，使各种信息的储存、管理及应用更加系统化，从而提高大脑运作的效率。

**4. 促进学习者意义学习的工具**

MindManager能够促进学习者的意义学习，通过MindManager把学习内容从隐性知识显性化，以图的直观特征表征知识，使学习者看到知识、概念之间的关系，在新学习的知识与旧知识之间建立联系，通过同化和顺化过程实现认知结构的发展。

**5. 学习评价的工具**

MindManager思维导图可以检测出学习者的知识结构以及学习者对知识间相互关系的理解情况。学习者绘制的MindManager思维导图可以表达出他们正确的或错误的理解。教师可以通过MindManager思维导图了解学习者误解的概念，了解学习者思维活动的情况，进而分析影响教学效果的原因，及时对学习者的学习进行诊断。

## 三、案例观摩与体验

**1. 用于整合教学资源**

信息化时代的教学卷入了多样化的教学资源，如何将众多的资源形成一个有效的体系，有系统、有条理地呈现给学习者，是现代教师面临的一个极其关键的问题。大多数思维导图工具都是一个典型的资源组织工具，如MindManager，它支持图标的插入、超链接，在生动呈现知识点之间联系的同时，能将各类资源有效地归并到一起，它弥补了知识呈现零散化的缺陷，只需点击任一概念，即可呈现相应的内容，因此在现代的课堂教学中受到了广大教师的欢迎。

例如，在开展"环境问题与环境保护"专题教学工作前，为了让学生对环境问题有一个感性的认识，加强学生的环境保护意识，教师搜集了大量的文本介绍、图片、视频、课件等信息化教学资源。如何将名目繁多、形态丰富的资源整合到一起，是摆在教师面前的一个最为关键的问题。将资源归类、条理化，能够减轻学生的认知负担，在一定程度上消除学生对海量资源的畏怯感。教师首先将采集到的资源整理为环保事件、环保视频、专题课件、环保图库四大类，并将各类资源进行细分，然后通过MindManager中的"超级链接"功能将资源合理地进行整合，如图4-11所示。

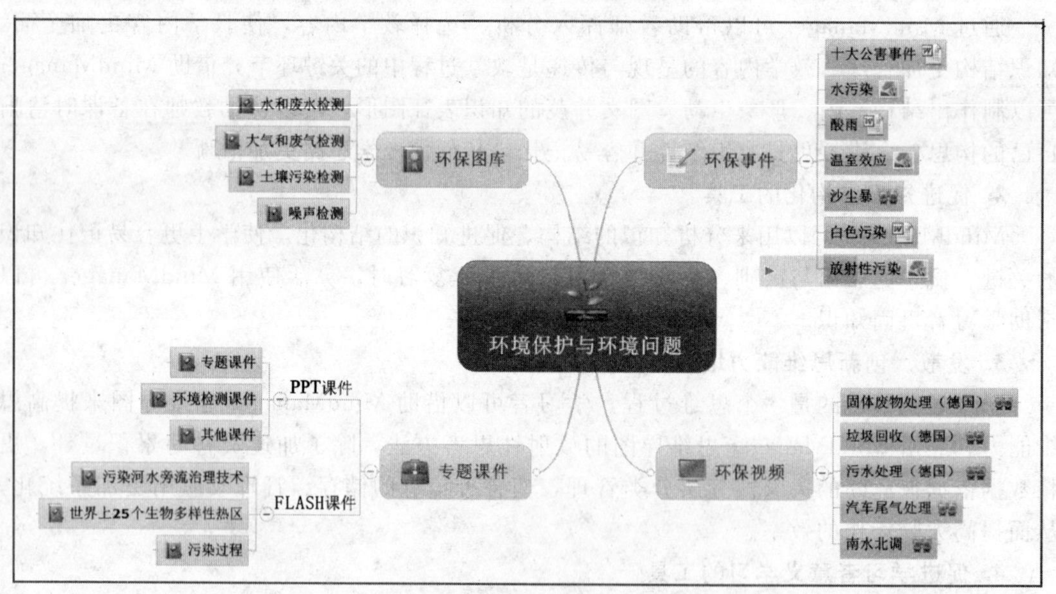


**图4-11 "环境问题与环境保护"主题资源整合**

**2. 用于制作教学流程图**

除了能整合教学资源以外，运用思维导图工具能将教学过程以形象的表达形式展现在学生面前。

初中科学《朦胧的灵魂之窗》一课的教学过程包括 6 个主要阶段：新课引入、概念形成、诠释关系、学习评价、总结反思、布置作业。借助 MindManager 表示出的具体教学流程如图 4-12 所示。

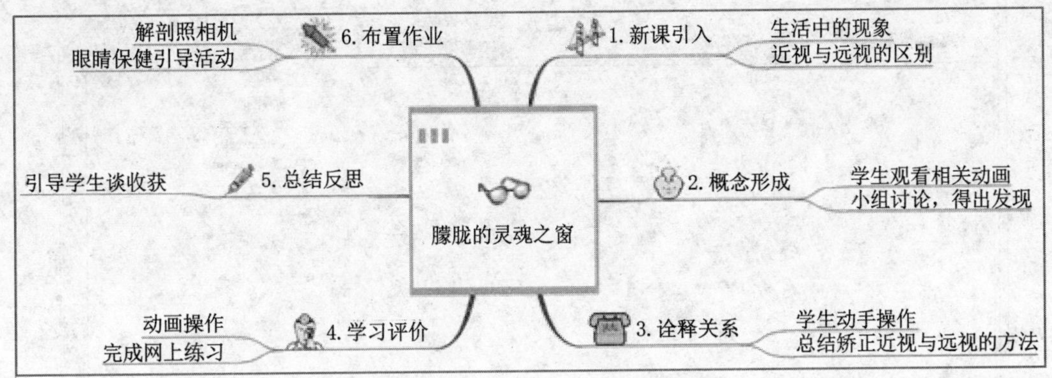


图 4-12　《朦胧的灵魂之窗》教学流程

## 四、MindManager 的具体操作

### 1. 思维导图的制作步骤

思维导图工具可以将教学的知识框架清晰地呈现出来，让学习者对即将要学习的内容有一个初步的直观认识。运用思维导图工具将有关的图片、文本、音频、视频、动画素材组织在一起，随点随现，减少课堂上到处查找资源的时间浪费，提高教学的效率。

运用 MindManager 工具制作思维导图，只需要简单的几步即可顺利完成：

(1)确定主题，将主题置于中心位置，整个思维导图将围绕中心主题展开；

(2)以主题为中心，向外扩张分支，并使用合适关键词来表示各分支的内容；

(3)为主题或某一分支节点添加注释或超级链接；

(4)对基本制作好的思维导图进行美化，如添加背景，注意颜色、文字等方面的搭配；

(5)以 Word、PowerPoint、网页等形式输出制作好思维导图文件。

### 2. 制作《火烧云》思维导图

在实际的课堂教学中，教师可以运用 MindManager 梳理、拓宽、整理教学内容，将教学过程清晰化、条理化。下面以《火烧云》思维导图的制作过程为例，让您进一步体验思维导图的制作方法。

《火烧云》是一篇描写傍晚景象的文章，作者以细致的观察、丰富的想象生动地描绘火烧云颜色、形状的变化，展现大自然奇妙的景观。运用 MindManager 制作《火烧云》思维导图课件应用于教学中，既简化了教学步骤，又能将精彩多样的资源形象地、有条理地呈现给学生。

步骤 1：前期准备。确定主题为《火烧云》，所有介绍或活动均围绕该主题开展。根据教学流程设定四个子节点，即火烧云简介、作者简介、课文讲解、思考练习。依照课文内容与教学需要，大量搜集资源，包括图片、文本、音频、视频等素材和相关的 PPT 课件。

步骤 2：启动 MindManager 软件，添加主题。运行 MindManager 软件，选择“New Blank Map”选项，单击“创建”按钮进入 MindManager 操作界面，选中 Central Topic ，输入“火

烧云”字样后按 Enter 键，即可在绘制区完成主题的输入，如图 4-13 所示。

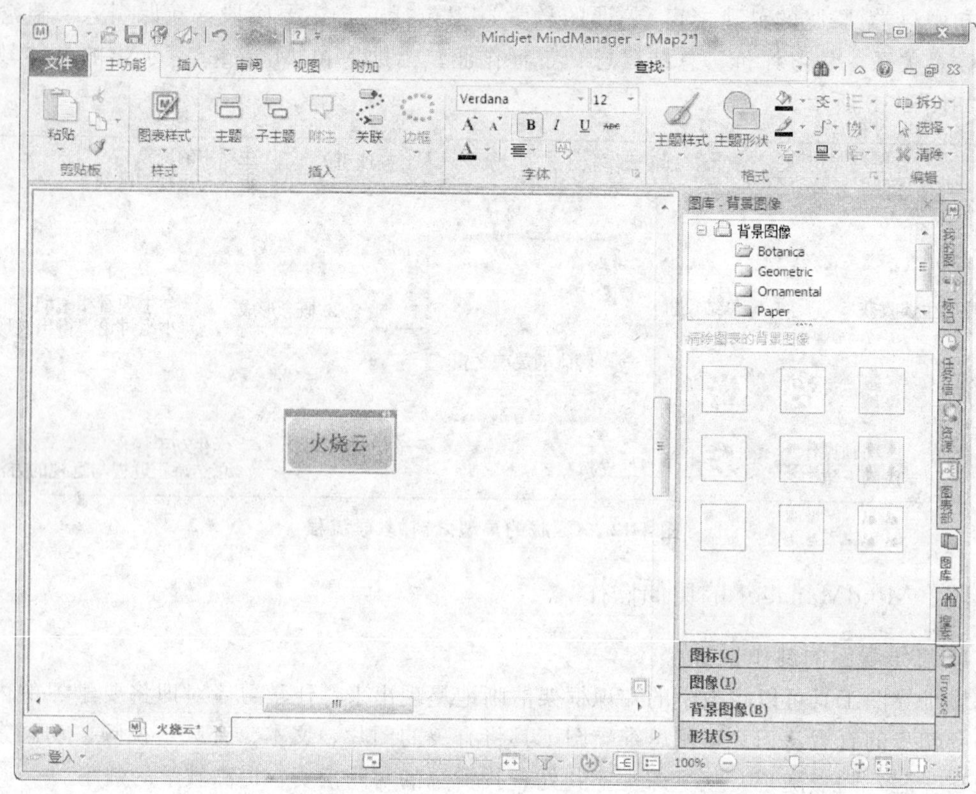


**图 4-13 输入主题名称**

步骤 3：以“火烧云”为中心向外扩张添加分支。按 Enter 键，添加一级节点，在“Topic”里输入“1. 火烧云简介”字样后按 Enter 键，确定输入。再次按 Enter 键，添加下一个一级节点，在“Topic”里输入“2. 作者简介”字样后，同样按 Enter 键确定输入。依此类推，直到添加了四个一级节点并分别把“1. 火烧云简介”、“2. 作者简介”、“3. 课文讲解”、“4. 思考练习”输入为止。最后，调整四个一级节点与主题节点的位置，建立初步的思维导图结构，如图 4-14 所示。

步骤 4：添加次级节点。选中 1.火烧云简介 ，按 Insert 键，增加第一个二级节点，在“Topic”里输入“火烧云现象”字样后按 Enter 键确定输入，再次按 Enter 键添加同级节点，在“Topic”里输入“视觉体验”字样，同理，按 Enter 键确定输入。依此类推，直到将所有的二级目录添加完毕，如图 4-15 所示。

步骤 5：为主题或某一分支节点添加注释或超级链接，右击 火烧云现象 ，在弹出的快捷菜单中选择“便签”选项，在窗口右侧的“主题便签”文本框中为主题添加说明，如图 4-16 所示。

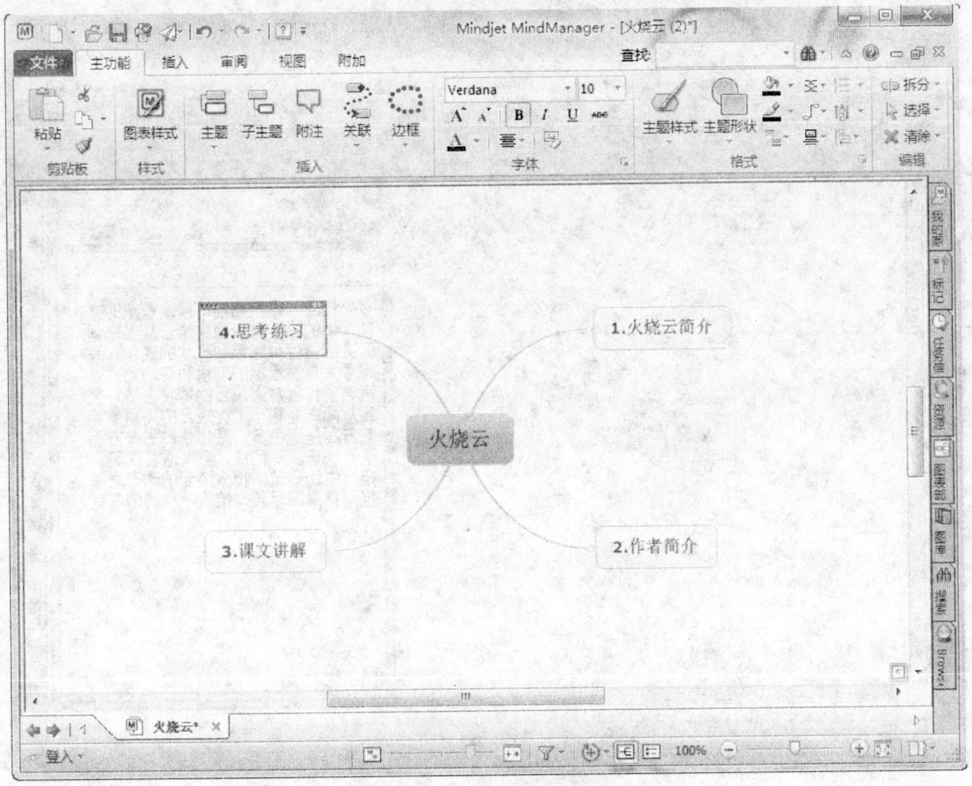

图 4-14　建立基本结构

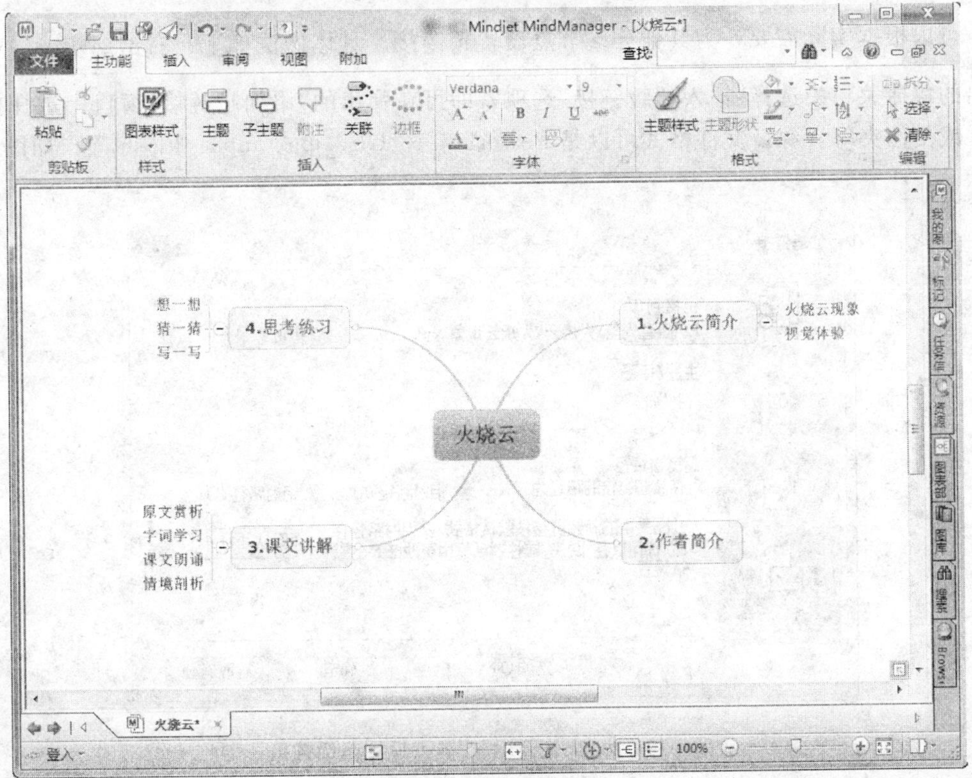

图 4-15　添加次级节点

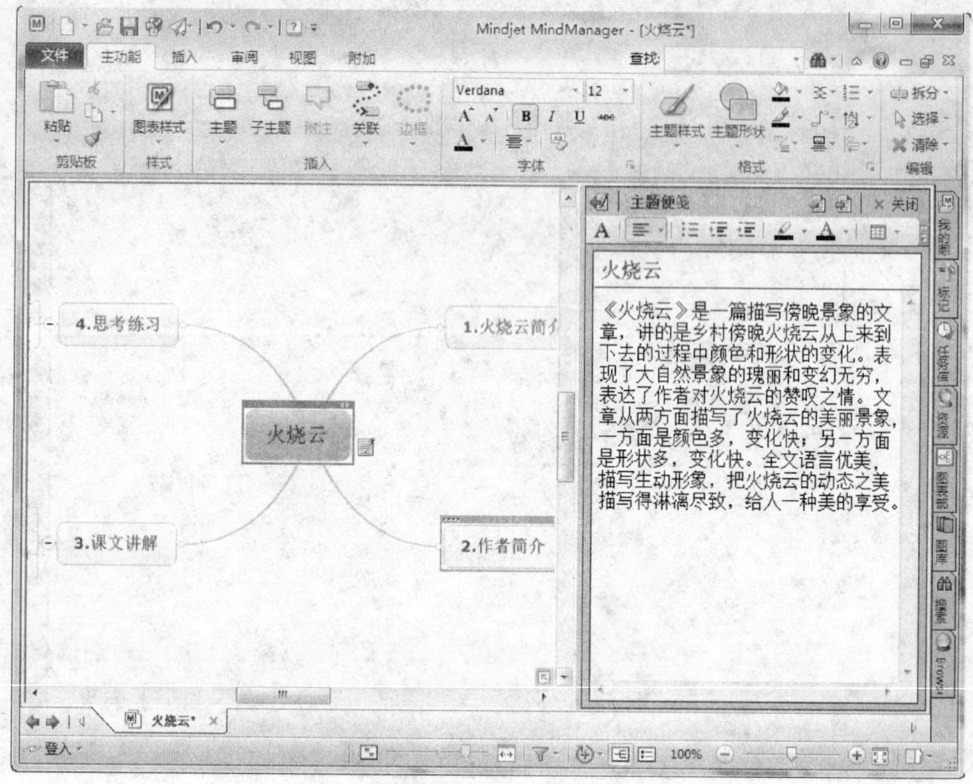


**图 4-16　为主题添加注释**

可以根据实际需要，为其他分支节点设置超链接。具体做法如下：右击 火烧云现象 ，在弹出的快捷菜单中选择“插入超级链接”选项，即可在弹出的“添加超链接”窗口中选择插入文件或文件夹等资源，文件格式可以是 PowerPoint、Gif、jpg、mp3、Flash 等，如图4-17所示。

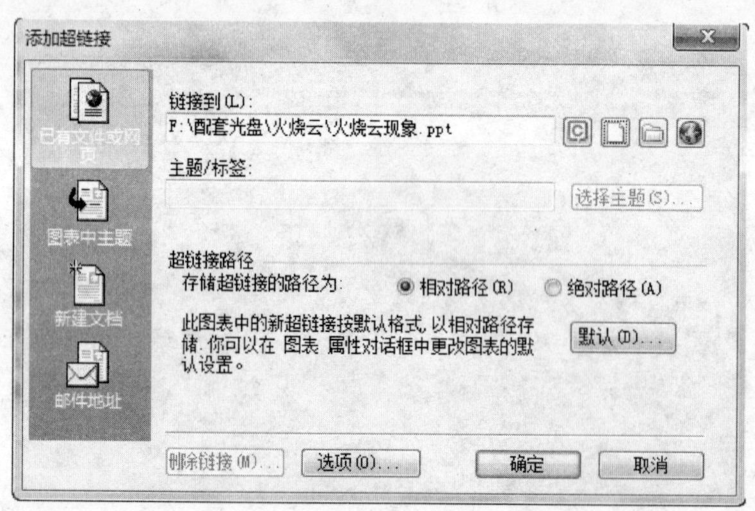


**图 4-17　为“火烧云现象”节点设置超级链接**

将前期准备阶段搜集到的资源恰当地整合到各节点上，初步完成《火烧云》思维导图的制作，如图 4-18 所示。

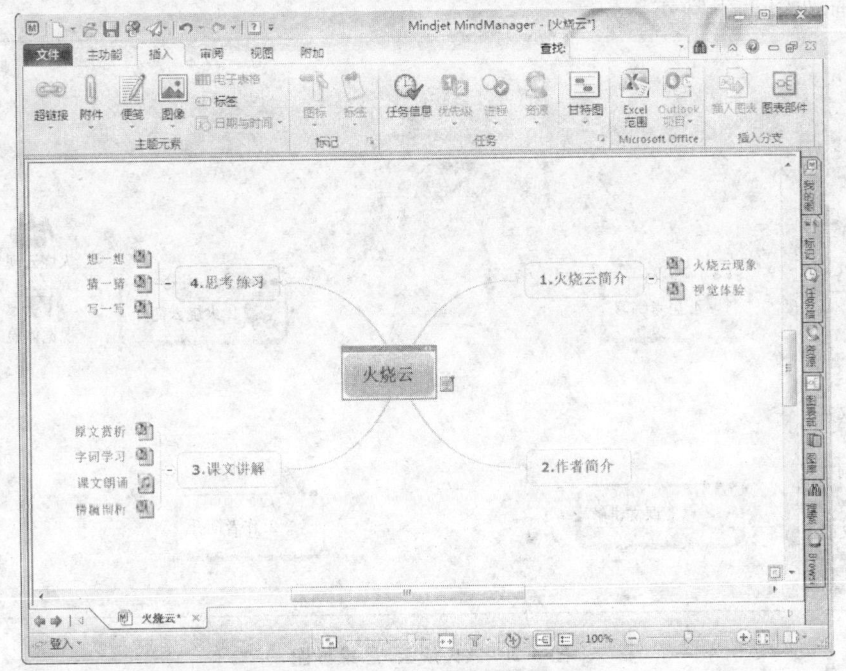


图 4-18　《火烧云》思维导图

步骤 6：美化思维导图。单击 MindManager 软件菜单选项卡中的“插入”选项，在下拉菜单中选择“图像”→“从图库”选项，可以从资源库中为初步绘制好的思维导图添加背景图像、形状、图标和图像，使思维导图更生动、形象，如图 4-19 所示。

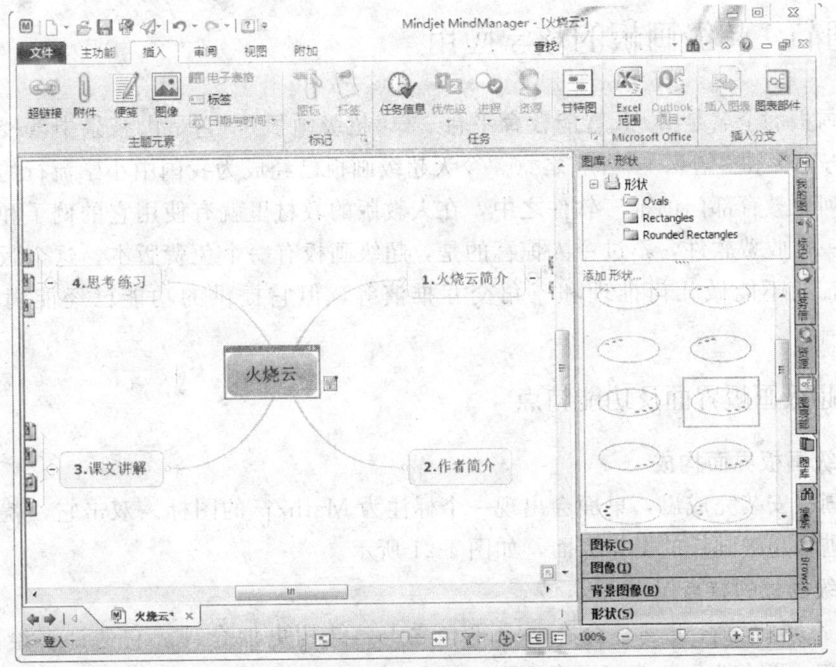


图 4-19　美化思维导图

另外，还可以改变思维导图中连线的颜色，右击任一节点，在弹出的快捷菜单中选择“格式主题”选项，还可以在“设计主题”窗口中调整图像与文本的位置。《火烧云》思维导图的最终作品如图 4-20 所示。

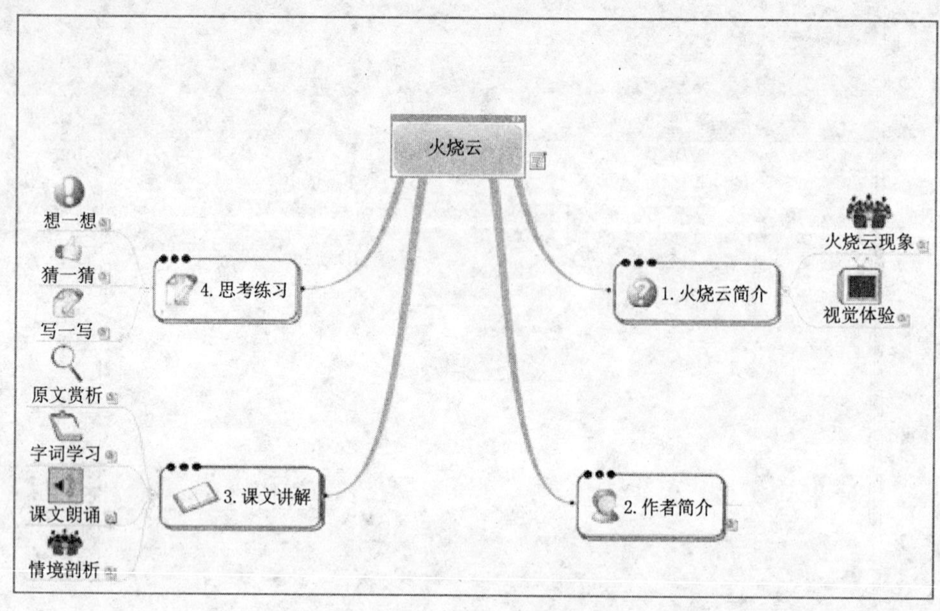


图 4-20 《火烧云》思维导图

步骤 7：导出文件。绘制好的思维导图可以直接作为教学之用，也可以以多种文件形式导出，如 . PPT、. jpg、. doc、. html 等。例如选择“文件→另存为”命令，选择所需图片的格式，例如 . jpg、. gif、. bmp 等，就可以保存为图片清晰地展现结构化知识。

## 第四节 超级画板的教学应用

超级画板的全名是 Z+Z 智能教育平台——《超级画板》，它是由张景中教授主持开发的，这里“Z+Z”是“知识+智能”之意。今天超级画板已经成为我国中小学流行的数学教学软件，被列入教育部门的推广软件之中，在人教版的教材里就有使用它的例子和习题。超级画板是一个收费软件，不过令人惊喜的是，超级画板有一个免费版本，这个版本限制了部分功能，如不能做几何推理和三角交互推演等，但它提供的功能已经能满足大多数需求。

### 一、超级画板界面及功能特点

**1. 超级画板界面构成**

超级画板安装完成后，桌面会出现一个标注为 MathZjz 的图标。双击它，就可以启动超级画板进入超级画板的工作界面，如图 4-21 所示。

**2. 超级画板的特点**

(1)把不同的学科工具整合在一个平台之上，结构更加合理。它的许多绘图步骤比 GSP 更便捷、更人性化、功能更多更强。

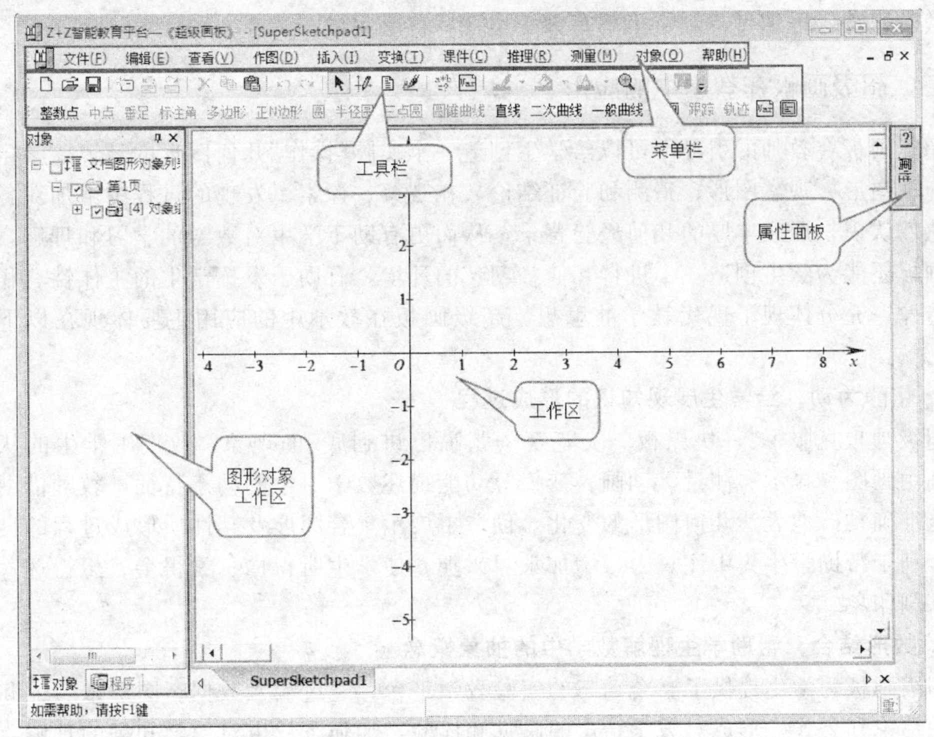


**图 4-21　超级画板工作界面**

(2)超级画板具有强大的作图功能，运动跟踪方式多样，图形变换控制容易。具有丰富的几何变换，如平移、反射、旋转、仿射变换以及点对点的旋转放缩等。

(3)动态测量计算便捷，可直接测量点的直接坐标、$x$ 坐标、$y$ 坐标和极坐标等，可直接测量直线的斜率、倾斜角、在坐标轴上的截距和各种方程，可直接测量圆锥曲线的方程、中心和离心率等。同时可直接对测量的结果进行各种运算。当图形发生变动时，测量数据和计算结果会相应改变，并保持步调一致。

(4)可编写符号运算程序。工作区提供了程序编写环境，提供了作图函数、常用标准数学函数、一般运算函数、系统函数，还有一些条件、循环和递归等流程控制函数等。其语法习惯与通用的高级编程语言类似，而且更容易理解和掌握。

(5)功能强大、操作简便，用户体验好。最常用的功能都在右键菜单中，易学易用，方便快捷。具有生成表格和统计表的功能，可以将测量的数据自动填表以及绘制统计图。选择操作对象是动态作图软件中最常用的一个功能，连续选择几个对象时，通常要同时按下一个控制键，这有时不太方便。超级画板设置了可由用户自己控制的“连选”和“重选”两个状态，按 Insert 键来切换。

(6)独创智能推理功能。在作图过程中，计算机会自动将所作图形的几何特征整理为图形条件记录在系统中，同时计算机还允许人工增添“附加条件”。计算机能根据这些图形条件和添加的附加条件进行推理，推理得到的大量几何信息，被自动整理成推理信息库。对于得到的任何一条结论，我们可以逐步展开查看其推理过程。根据展开的推理步骤，计算机还可生成或详或略的解答过程。除自动推理外，还可以引导计算机按照我们自己的思路进行推理。用户借助计算机进行推理时，只需给计算机提供方向性的指导，而将那些烦琐的数学运算、推理过程和文本书写都交给计算机去完成。

## 二、超级画板在教学中的应用

超级画板在教师的引导下可以给学生创造一个实际“操作”几何图形的环境，学生可以任意拖动图形、观察图形、猜测和验证结论，在观察、探索、发现的过程中增加对各种图形的感性认识，形成丰厚的几何经验背景，从而更有助于学生对数学的学习和理解，同时超级画板还能为学生创造一个进行几何“实验”的环境，有助于发挥学生的主体性、积极性和创造性，充分体现了现代教学的思想。超级画板在教学中的应用主要体现在以下几个方面：

**1. 化静为动，给学生展现知识的形成过程**

超级画板克服了“一块黑板一支笔，一张嘴巴讲到底”的现象，改变了学生的认知环境，利用画图、显示、测量、动画、变换等功能描述数学对象的动态特征，教师借助超级画板能准确动态地表达几何图形的变化，创造了展示集合图形及其性质形成过程的良好环境。有利于帮助学生集中注意力，增加学习兴趣，使学生听得懂、看得会、想得透，并且留下深刻印象。

**2. 数形结合，帮助学生理解数学中的抽象概念**

超级画板为学生提供了一个动态的实验教学平台，通过输入数据、图形来验证和发现数学的结论和公式，形成对数学结论的感觉和体验，加强了学生对数学知识的理解，增强了他们探究数学的兴趣。

**3. 为学生提供了动手实践的机会，给学生创造了研究数学的过程**

超级画板是一个动态讨论问题的工具，对发展学生的思维能力、开发智力、促进素质教育有着不可忽视的作用。教师可以借助超级画板让学生进行实际操作，让学生在实际操作中探讨问题，探求未知结论。

**4. 有利于培养学生的数学创新精神和创造力**

有了超级画板，学生能够探索和解决很多原来不容易理解的问题。超级画板有效地支持学生进行猜测和验证，支持学生拓展数学视野。现在学生被要求从事更高层次的一般化和抽象，虚拟操作可以让他们扩展其实际体验。超级画板能创造过去传统方式想做但做不到的事情，许多现象和过程可以用超级画板模拟出来，这些都有利于学生创新。

## 三、案例观摩与体验

**1. 借助超级画板形象地展示函数图像的形成**

超级画板的函数、变量尺等功能可以形象地展示函数的绘制过程。在用传统方法让学生经历列表、描点、连线画出函数 $y=\frac{3.5}{3.5-x}$ 在[－3，3]的图像之后，展示下面的课件，通过增加取点个数观察图像的形成过程，如图 4-22 所示。

这样作图，突破了课堂有限空间和时间的限制，使学生清晰地认识到“光滑”是折线的一种“极限”情况。由于计算机的精确作图，学生能根据函数图像曲线作细微观察，研究相关性质。

**2. 借助超级画板进行探究教学**

圆锥曲线有统一的第二定义，图形构造可以表述为：到定点的距离与到定直线的距离

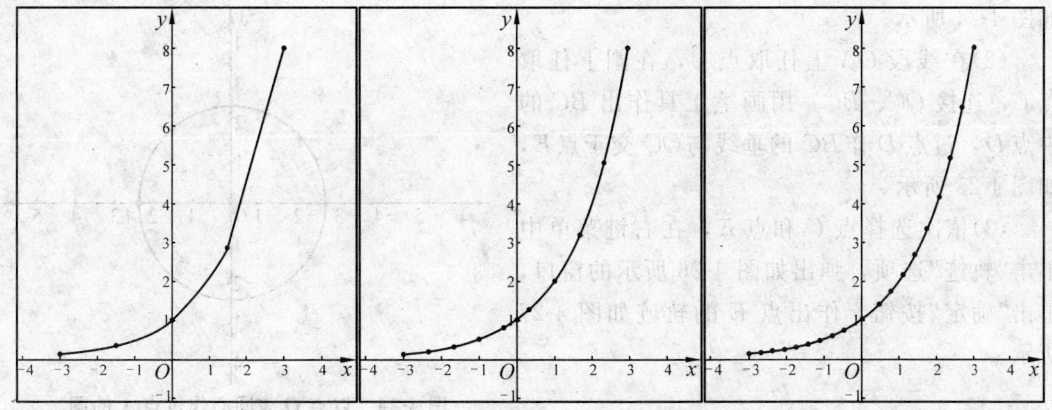

图 4-22　函数图像形成过程

之比等于定值的点的轨迹。一般方程表达式是：$Ax^2+Bxy+Cy^2+Dx+Ey+F=0$。而什么样的比值，A、B、C、D、E、F 之间有何条件才能构成相应的椭圆、双曲线、抛物线呢？则是同学们应当重点探究的内容。只有真正了解到圆锥曲线之间的变化关系，才能说是真正地掌握了该知识。通过超级画板，可以简单、直观地得到我们需要的信息。坐标系中的 A、B、C、D、E、F 点的纵坐标固定，我们可以通过拖动这些点改变它们的横坐标，从而改变曲线函数中 A、B、C、D、E、F 的取值，在改变这些变量的取值过程中学生可以直观地得到 A、B、C、D、E、F 与圆锥曲线之间的关系。图 4-23 为 A、B、C、D、E、F 取不同值时，$Ax^2+Bxy+Cy^2+Dx+Ey+F=0$ 的圆锥图像。

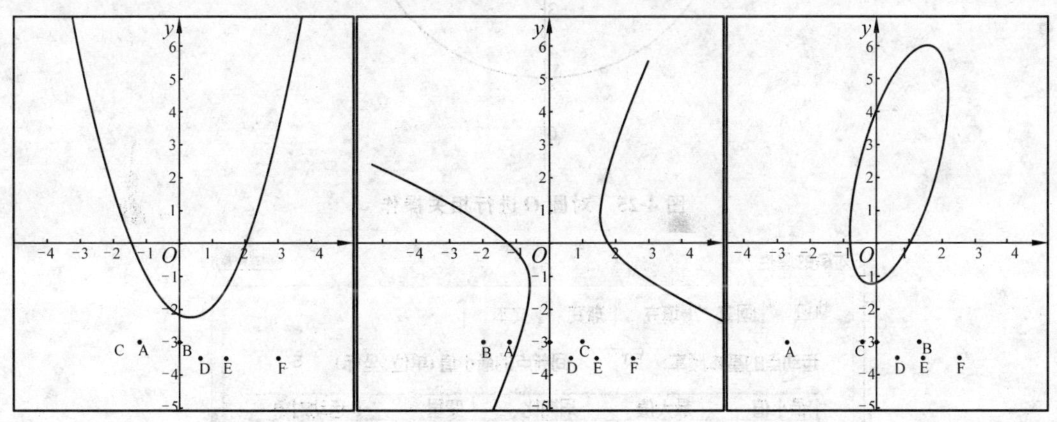

图 4-23　$Ax^2+Bxy+Cy^2+Dx+Ey+F=0$ 的圆锥图像

## 四、超级画板的操作简介

超级画板是一款强大的数学学习的软件，针对不同的内容需要借助超级画板的不同功能。下面我们简要地介绍超级画板一些功能操作，详细的操作可以参阅相关介绍超级画板的书籍(如张景中的《超级画板自由行》)。

**1. 超级画板的跟踪与轨迹功能的操作——以椭圆和双曲线的生成为例**

(1)在新建的文件中，单击工具栏上的画笔工具，以点 $O$ 为圆心作过点 $A$ 的圆，如图 4-24 所示。

（2）在线段 $OA$ 上任取点 $B$，在圆上任取点 $C$，连接 $OC$、$BC$。用画笔工具作出 $BC$ 的中点 $D$，过点 $D$ 作 $BC$ 的垂线与 $OC$ 交于点 $E$，如图 4-25 所示。

（3）依次选择点 $C$ 和点 $E$，在右键菜单中单击“轨迹”选项，弹出如图 4-26 所示的窗口，单击“确定”按钮，作出点 $E$ 的轨迹如图 4-27 所示。

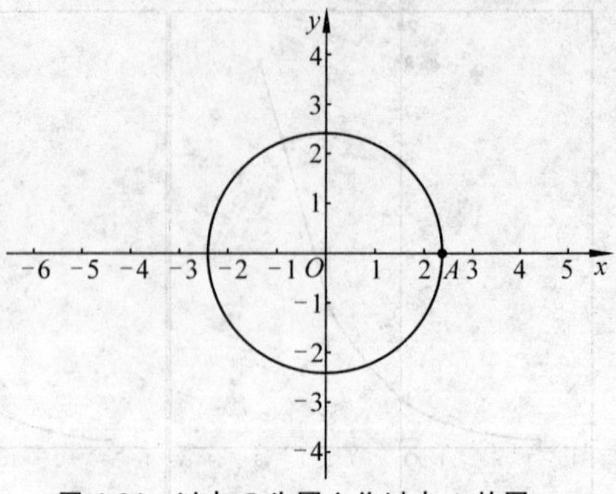

**图 4-24　以点 $O$ 为圆心作过点 $A$ 的圆**

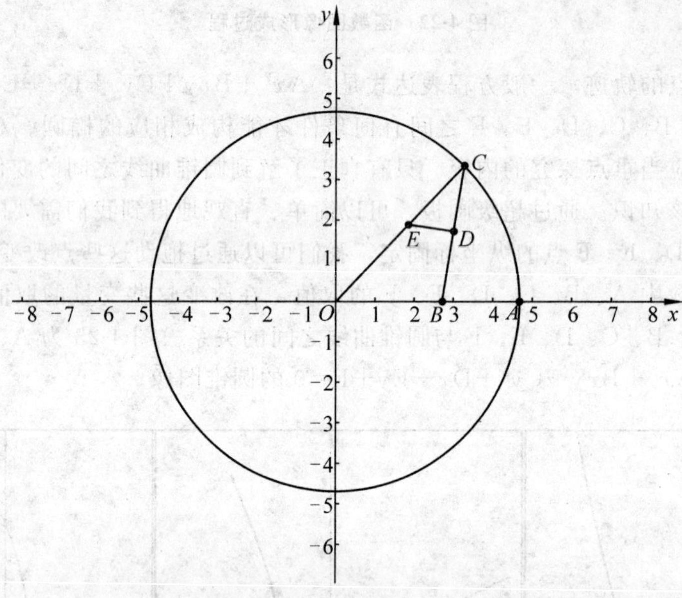

**图 4-25　对圆 $O$ 进行相关操作**

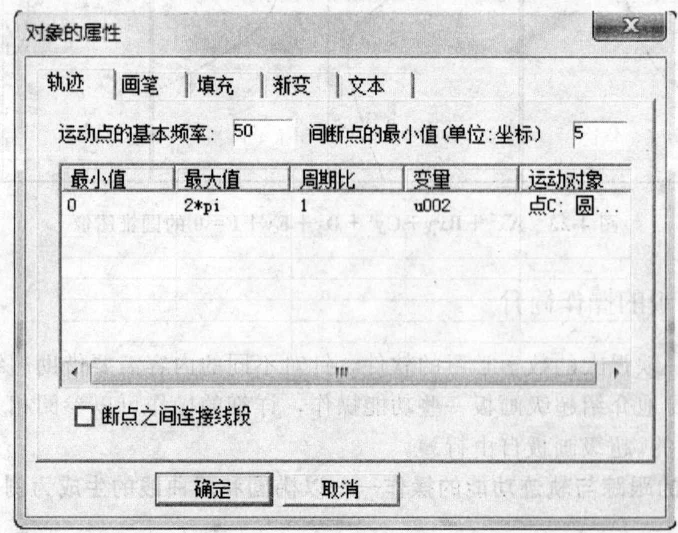


**图 4-26　“对象的属性”窗口**

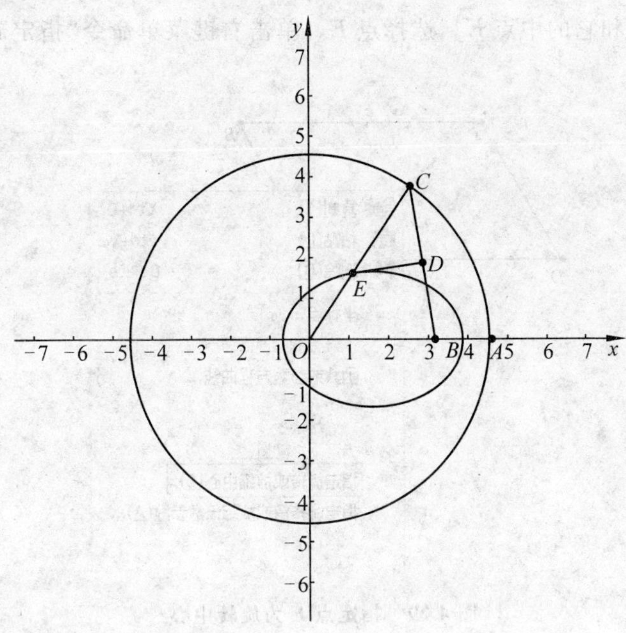


**图 4-27　通过"轨迹"功能作出点 $E$ 的轨迹**

(4)若将点 $B$ 移动到圆外，点 $E$ 的轨迹则成为了双曲线，如图 4-28 所示。

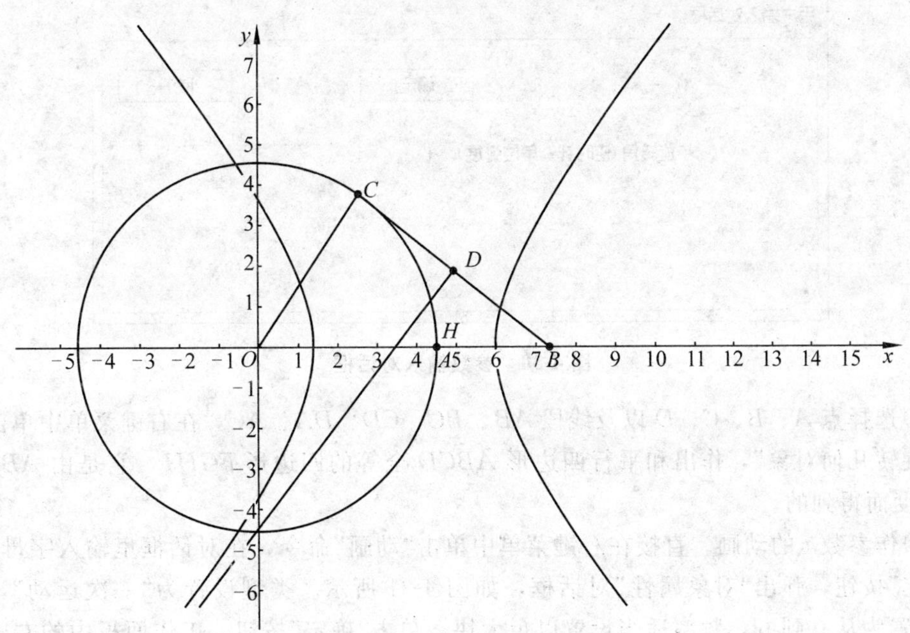


**图 4-28　点 $E$ 的双曲线轨迹**

**2. 超级画板实现平行四边形的中心对称性的演示**

(1)作平行四边形 $ABCD$。作平行四边形有两种方法：一种是直接用鼠标来画，看到提示"平行四边形"就松开；另一种是选择 3 个点后执行菜单命令"作图→常见多边形→平行四边形"。

(2)作线段 $AC$ 和它的中点 $E$。选择点 $E$，单击右键菜单命令“指定旋转或放缩中心”，如图 4-29 所示。

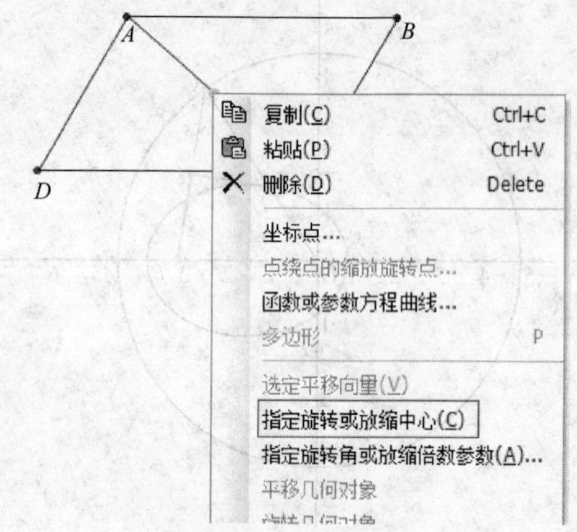


**图 4-29 指定点 $E$ 为旋转中心**

(3)指定旋转参数 t。在右键菜单中单击菜单命令“指定旋转角参数或放缩倍数参数”，弹出参数输入对话框，在对话框中输入字母 t，如图 4-30 所示。

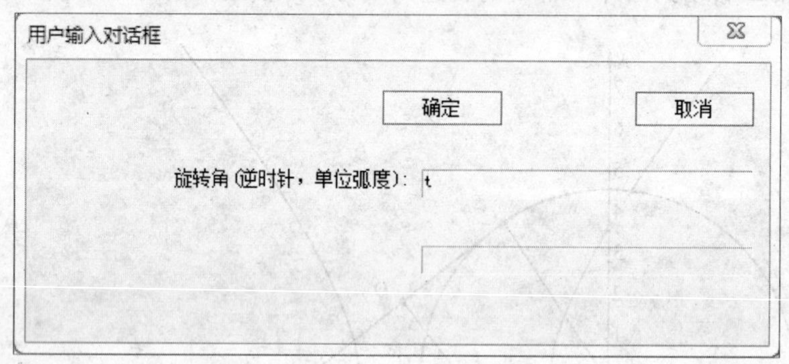


**图 4-30 参数输入对话框**

(4)选择点 $A$、$B$、$C$、$D$ 以及线段 $AB$、$BC$、$CD$、$DA$、$AC$，在右键菜单中单击菜单命令“旋转几何对象”，作出和平行四边形 $ABCD$ 全等的四边形 $FGHI$，它是由 $ABCD$ 旋转 $t$ 弧度而得到的。

(5)作参数 t 的动画。直接在右键菜单中单击“动画”命令，在对话框里输入字母 t，单击“确定”按钮，弹出“对象属性”对话框，如图 4-31 所示。类型设置为“一次运动”，参数范围设置为从 0 到 pi，频率适当设置以免太快，单击“确定”按钮，工作面板中的左上角出现动画控制按钮，如图 4-32 所示。

(6)再作参数 t 的一个动画，设置同上，但选中“逆向运动”选项，即在“逆向运动”的复选框打钩。

(7)选择点 $H$、$E$、$C$，执行菜单命令“测量→角的值”，将会出现一个文本框，框中显示出$\angle HEC$ 的当前角度值，如图 4-33 所示。

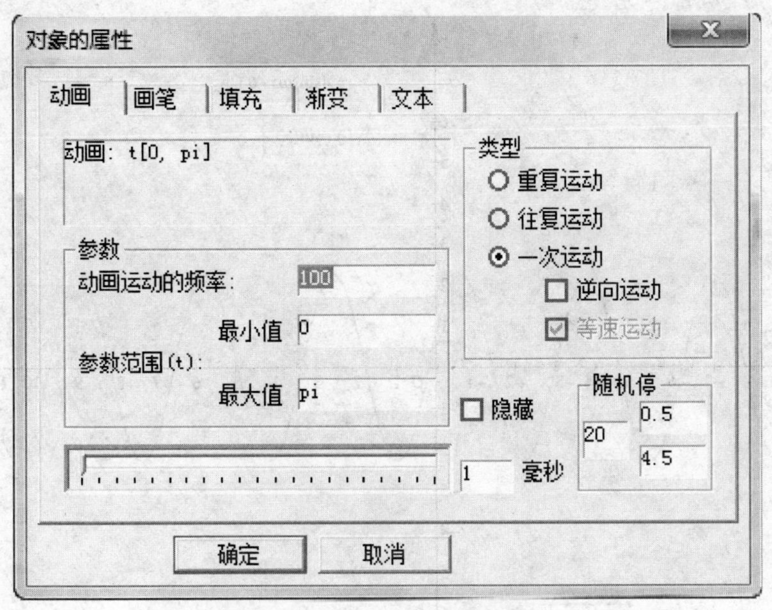


图 4-31　动画"对象的属性"对话框

图 4-32　动画控制按钮

$\angle HEC = 166.16°$

图 4-33　$\angle HEC$ 角度值显示框

将图形适当美化修饰。启动动画，可以观察到平行四边形旋转 180°后和自身重合的过程。

**3. 借助超级画板展示正弦波的振幅、频率和相角与图像之间的关系**

(1)在右键菜单里单击"函数或参数方程的曲线"命令，在开启的对话框里选中"$y=f(x)$"选项，在启动的输入栏里输入 $a*\sin(b*x+c)$，曲线的点数设置为 300，参数范围为$-15$ 到 15。

(2)作坐标点$(a, -6)$、$(b, -7.5)$、$(c, -9)$，顺次标注为 $A$、$\omega$ 和 $\theta$。自这三点分别向 $y$ 轴引垂线。

(3)再作出 $\sin(x)$的曲线作比较。

(4)选择测量菜单下的测量表达式，测量变量 $a$、$b$、$c$，在测量值显示框里将等号左边的变量名分别改为 $A$、$\omega$ 和 $\theta$，可以横向拖动 $A$、$\omega$ 和 $\theta$ 来改变它们的值，同时改变函数图像，如图 4-34 所示。

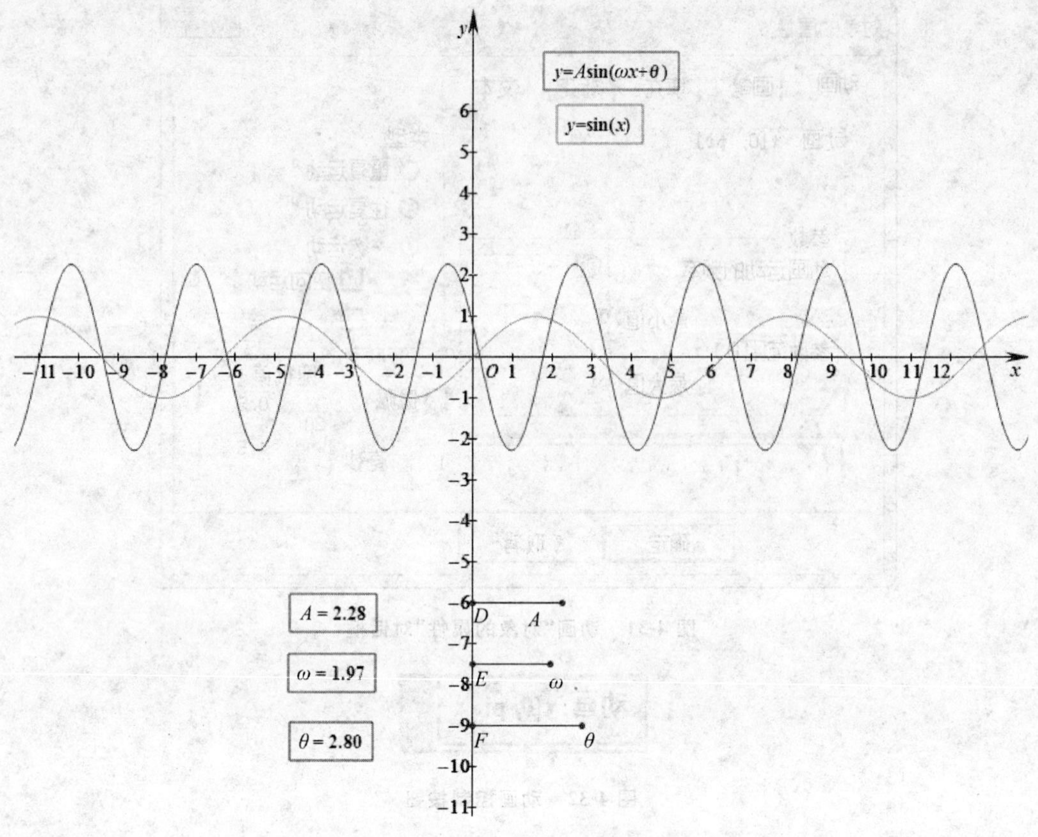


**图 4-34　正弦波的振幅、频率和相角与图像之间的关系**

# 第五节　课堂教学管理工具的应用

随着计算机的日益普及，现代化的课堂教学形式多种多样，比如多媒体辅助教学、远程教育，而学生也不再是一味地接受，通过恰当地使用多媒体教学，培养了学生的思维能力，由“要学生学”变成了“学生要学”。新的教学方式对课堂教学管理也提出了更高的要求，利用信息化的课堂教学管理工具能够帮助教师更好地完成教学任务，调控师生关系，创建和谐教学环境，通过工具的使用支持教师开展一系列教学行为从而有效地引导学生学习。

常用的课堂管理工具有红蜘蛛多媒体网络教室软件、联想传奇电子教室、NetSupport School 等，下面就以 NetSupport School 为例简单介绍其功能使用特点和教学应用。

## 一、NetSupport School 界面及功能特点

### 1. NetSupport School 界面

NetSupport School 主要按技术管理员、教师控制台、学生三种角色分为三种操作界面，图 4-35 为教师的管理界面，左侧包括了监视和控制的常用功能，上面工具条包含了课堂记录、轮询、文件传送、锁定和全部黑屏等快捷键，教师可以全部或指定学生机进行管理操作。

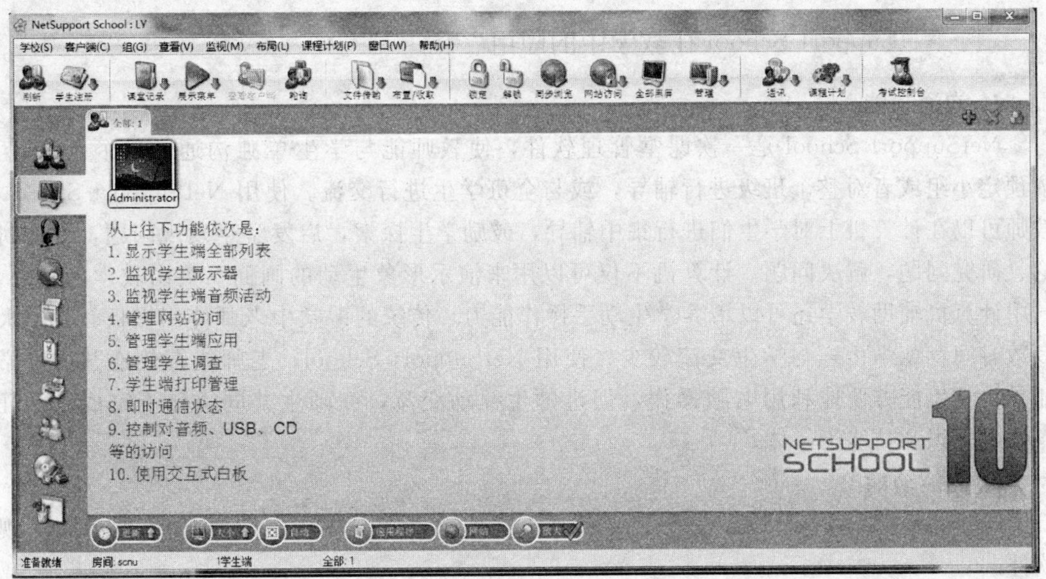


**图 4-35　教师操作管理界面**

**2. NetSupport School 功能特点**

NetSupport School 是一款优秀的课堂教学管理工具，让教师能够以个别方式、按预定小组或者对整个班级进行辅导、监视，并与学生们互动交流。

最新版本的 NetSupport School 将先进的课堂计算机监视、实时演示和加注工具同创新型客制化测验套件、互联网和应用程序控制、自动化课程教案、打印机管理、即时通信控制、内容监控、桌面安全及最新的音频监听等功能结合起来，可以完全应对和满足当今现代化课堂的挑战和要求。NetSupport School 不仅具备内容传达能力，而且能同时对所有学生用计算机进行监控及协同操作，确保在整个教学过程中始终让学生的注意力保持集中。

使用 NetSupport School，教师可以在计算机上对学生们进行集中辅导，从而提高课堂教学的效率；还可以监视应用程序和网络使用情况，保证学生们专心学习；通过在线帮助和即时通信请求来改善支持；以及通过课堂快速调查并立即显示结果，达到节省时间的效果。教师和培训员还可以记录学生工作站上的所有屏幕、键盘和鼠标活动，供以后查阅或向班组重放。

主要的特色功能如下表所示。

| ◇ 全方位课堂管理 | ◇ 课堂记录 | ◇ 即时通信监视 |
|---|---|---|
| ◇ 交互式课程设计 | ◇ 完全支持无线网络 | ◇ 键盘监视 |
| ◇ 打印机管理 | ◇ 互动式虚拟白板 | ◇ 应用程序监测和控制 |
| ◇ 实时指示工具 | ◇ 查看/控制学生屏幕 | ◇ 互联网监测和控制 |
| ◇ 功能强大的学生调查 | ◇ 教师专用控制台 | ◇ 实时音频监听 |
| ◇ 考试和测验模块 | ◇ 网络管理员专用控制 | ◇ 学生资源管理程序 |

## 二、NetSupport School 在教学中的应用

**1. 沟通功能**

NetSupport School 是一款课堂管理软件，使教师能与学生单独沟通，以个别方式、按预定小组或者对整个班级进行辅导，或与全班学生进行交流。使用 NetSupport School，教师可以在计算机上对学生们进行集中辅导，鼓励学生探索，启发学生发现问题，互相讨论、研究问题，解决问题。计算机不仅可以用来演示形象生动的画面，突出教学的重点，利用计算机辅助教学还可以培养学生动手操作能力。传统的课堂中老师使用黑板教学，大多数时间背朝学生，与学生交流较少；使用 NetSupport School，老师能有效地开展教学辅导，学生能方便地利用电脑操作，促进师生互动交流，在师生共同协作下完成教学任务，融知识和技能于一体。

**2. 监控功能**

NetSupport School 又是一个交互式远程管理软件，是一个最终的教室指示和监视软件。

在现代课堂教学中，教学活动的主体是学生，因此教师设计教学过程和每个教学环节都必须充分考虑学生的心理特点和需要。然而学生上课注意听讲时间短、开小差、浏览跟课堂无关网页等问题始终存在着。使用 NetSupport School，学校能促进其网络教学资源的使用效率，还可以监视应用程序和网络使用情况，保证学生们专心学习；它提供一系列功能，包括允许设计和发布定制的应用程序和 Web 控制模块测试，确保学生在他们的计算机上只使用被认可的应用程序、只访问被认可的网站等。

此外，教师和培训员还可以记录学生的所有屏幕、键盘和鼠标活动，供以后查阅或向班组重放。

**3. 测试和调查**

知识的掌握、技能的形成、智力的开发、能力的培养，以及良好的学风的养成，必须通过一定量的练习才能实现。所以，练习是学生学习过程中的重要环节。由于多媒体的引进，使得课堂教学的形式多种多样，教师可以布置一些动手操作或与生活实际紧密联系的作业题，通过课堂快速调查并立即显示结果，达到节省时间的效果。NetSupport School 系统附考试测验设计师功能(见图 4-36)，老师可自行设计电子试卷以便学生在计算机内作答，并且自动计分系统可即时统计学生分数。

**4. 即时通信功能**

通过在线帮助和即时通信请求来改善支持，也为教师提供了及时获得学生准确、真实的学习成效和学习态度及反馈信息的方法和途径(见图 4-37)。值得一提的是不仅仅应用在面对面的课堂教学中，NetSupport School 也支持远程教学，实现无论在何地、何时均可学习、交流的目的。

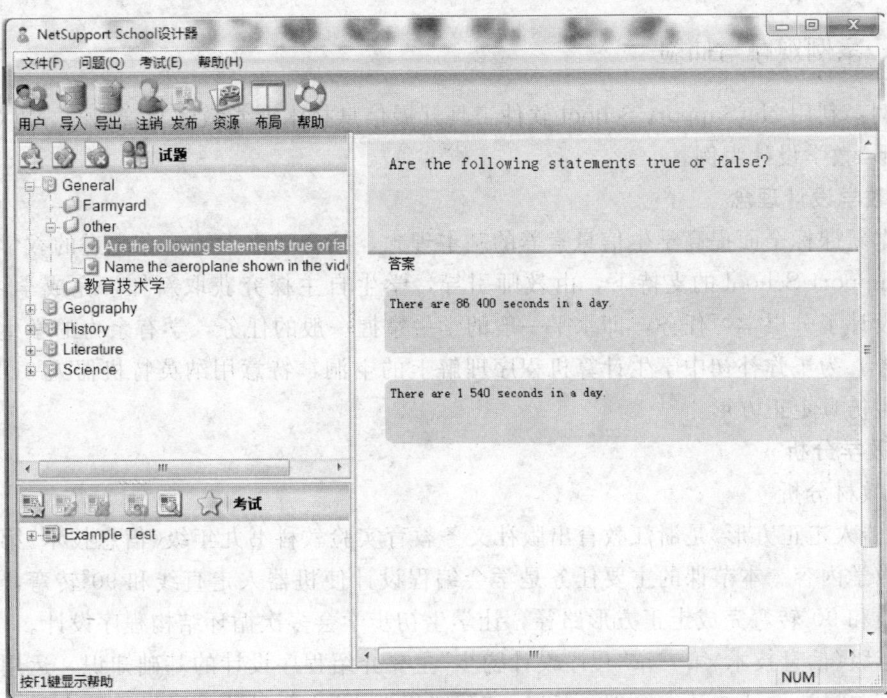


图 4-36　NetSupport School 考试测验设计师功能

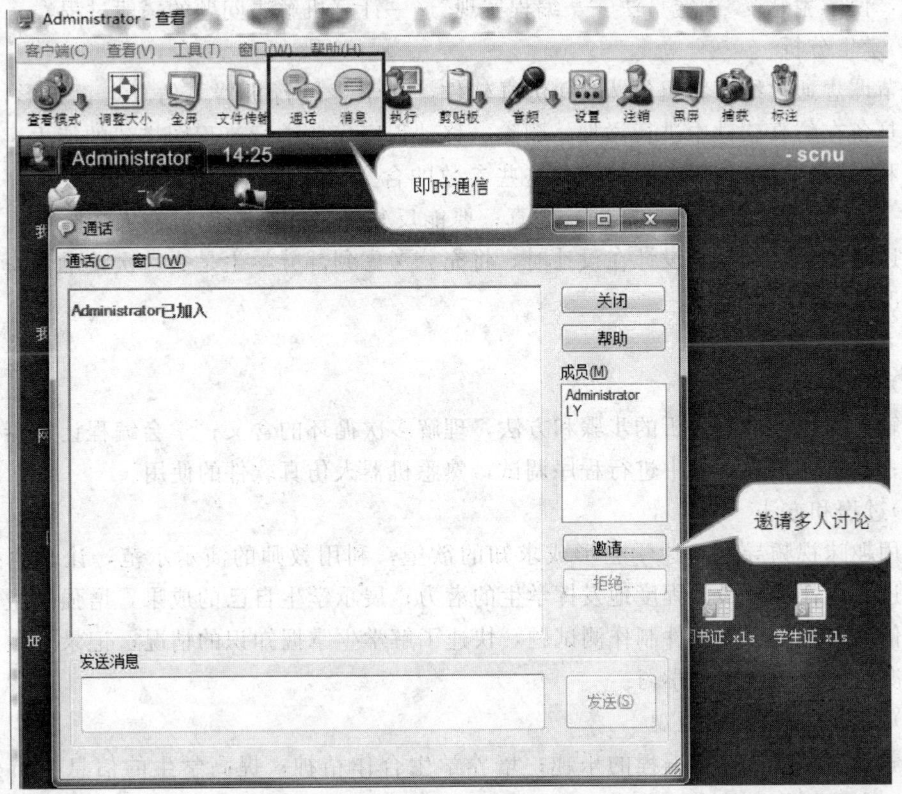


图 4-37　NetSupport School 即时通信功能

## 三、案例观摩与体验

案例：利用 NetSupport School 软件工具开展信息技术课堂教学与管理——以《机器人走正方形》教学设计为例。

**1. 教学设计理念**

依据新课标全面提高学生信息素养的基本理念，结合学生学情，在先进的教学软件工具 NetSupport School 的支持下，由教师引导，学生自主探究获取新知，完成学习目标。本节课设计了分层学习任务，即水平一般的学生掌握一般的任务，学有余力的学生完成更多的任务。为了弥补初中学生计算机程序理解上的空洞，特意用纳英特机器人 3D 仿真软件让学生仿真走正方形。

**2. 教学分析**

(1)教材分析

《机器人走正方形》是浙江教育出版社义务教育实验教科书九年级《信息技术》第二章第三节的教学内容。本节课的主要任务是学会编程设计使机器人走直线和 90°转弯，重复多次走直线和 90°转弯完成走正方形路径，让学生初步学会多次循环结构程序设计。

九年级《信息技术》第一章“程序设计初步”主要介绍程序设计的基础知识，运用流程图来学习有关算法设计的基本原理；第二章“智能机器人”主要目的是通过机器人的运动巩固和运用第一章所学内容，使枯燥的算法学习实例化，从而降低程序设计学习难度和激发学习兴趣，使学生感受“确定算法——编程实现”这一计算机解决问题的一般过程。

(2)学生分析

本节课想通过纳英特机器人 3D 仿真软件，让学生进行机器人仿真走正方形，因此，学生要具备在仿真软件中进行添加、删除、移动程序模块进行流程图搭建的能力；要能为“前进”和“转向”模块设置参数并明白这些参数的含义；要能将“仿真规则”、“程序”、“机器人”、“场地”等要素结合起来进行仿真；要能反复调试程序控制机器人的行为。如果这些操作还不熟练，本教学设计在设计时，将充分考虑到部分学生是头一次接触仿真软件的学习状况。

**3. 教学目标**

(1)知识和技能

了解具体任务算法分析的步骤和方法，理解多次循环的含义；学会编程让机器人前进和转弯；学会在仿真软件中进行程序调试，熟悉机器人仿真软件的使用。

(2)过程和方法

利用趣味视频导入，让学生形成求知的欲望；利用教师的演示示范，让学生接受新知；通过分层任务，最大程度地发挥学生的潜力；展示学生自己的成果，增强学生的自豪感和自信力；利用工具软件制作测试题，快速了解学生掌握知识的情况；记录学生完成任务的情况，激励学生主动学习。

(3)情感、态度和价值观

培养学生学习计算机编程的乐趣；培养学生合作精神；提高学生的信息分析处理能力。通过实际操作，体会机器人是怎样工作的。

**4. 教学重点与难点**

教学重点：分解出机器人走正方形的步骤；理解多次循环的含义。

教学难点：循环次数和循环体的确定；程序调试能力的培养。

**5. 教学准备——安装 NetSupport School，对学生计算机进行分组**

在保证多媒体网络教室无毒、网速优良的前提下，安装电子教室控制软件工具 NetSupport School(NSS，因本节课需要向学生广播 3D 仿真软件，经实践发现很多电子教室软件在广播 3D 视频上有欠缺，而 NSS 能胜任)。

NSS 支持多种形式的连接。例如：假定某校总共有 100 台计算机，可以将这 100 台计算机在 NSS 的教师端分成班组 A、班组 B、班组 C，即每个班组约 33 台计算机。用 NSS 的教师端程序上课时，可以自由选择是对班组 A 的计算机进行管理，还是对班组 B、班组 C 的计算机进行管理。另外，班组 A 中的这 33 台计算机，还可以分成多个小组，每一个小组可以指定组长，组长有广播、收发文件等权限，从而形成小组长管理组员的教学形式。

还可以为某个计算机房里的每一台学生机指定房间名，NSS 默认房间名为 Eval，教师端程序也设为选择 Eval 这个房间，则属于 Eval 里的所有学生将加入这台教师机。在教师机上设置好 NSS 的“计算机布局”(即软件上的图标与计算机房里的计算机实际位置相对应)。图 4-38 中从左到右 4 列图标对应计算机房里的 4 组计算机。

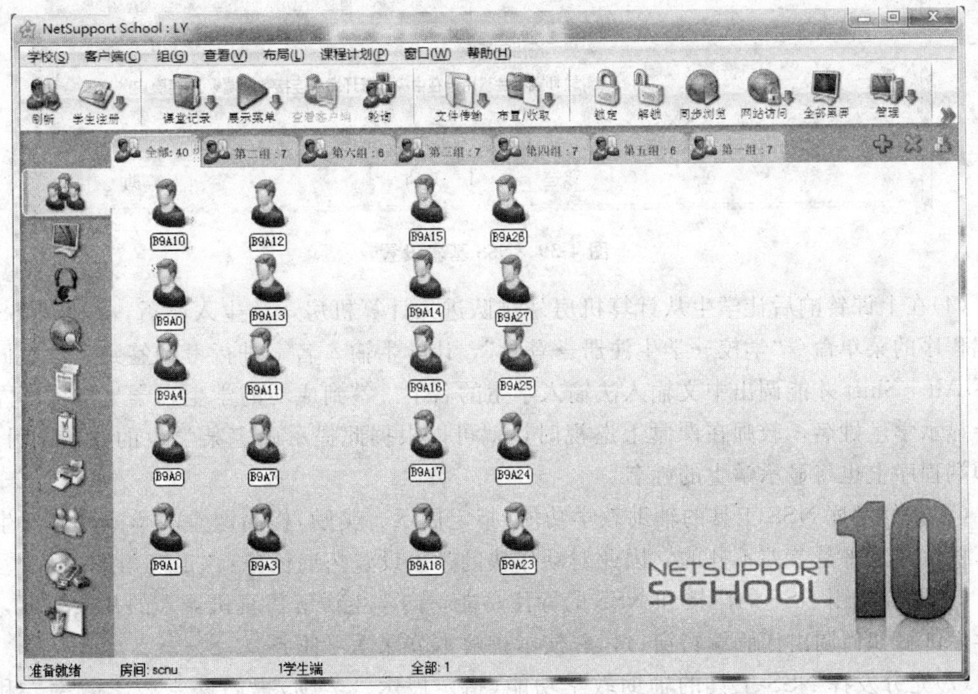


**图 4-38　机房计算机布局**

**6. 教学过程**

(1)用 NSS 的远程开机或重启功能开启所有学生计算机。

(2)用 NSS 的文件分发功能为所有学生分发素材(机器人玩魔方 . flv)。

(3)为了防止学生进入计算机房后第一件事便是下载 QQ 和游戏或使用 USB 和声音，需打开 NSS 教师端程序的菜单命令“学校→配置”进行设置，让学生机即使重新开机也会自动进入控制状态(图 4-39)。

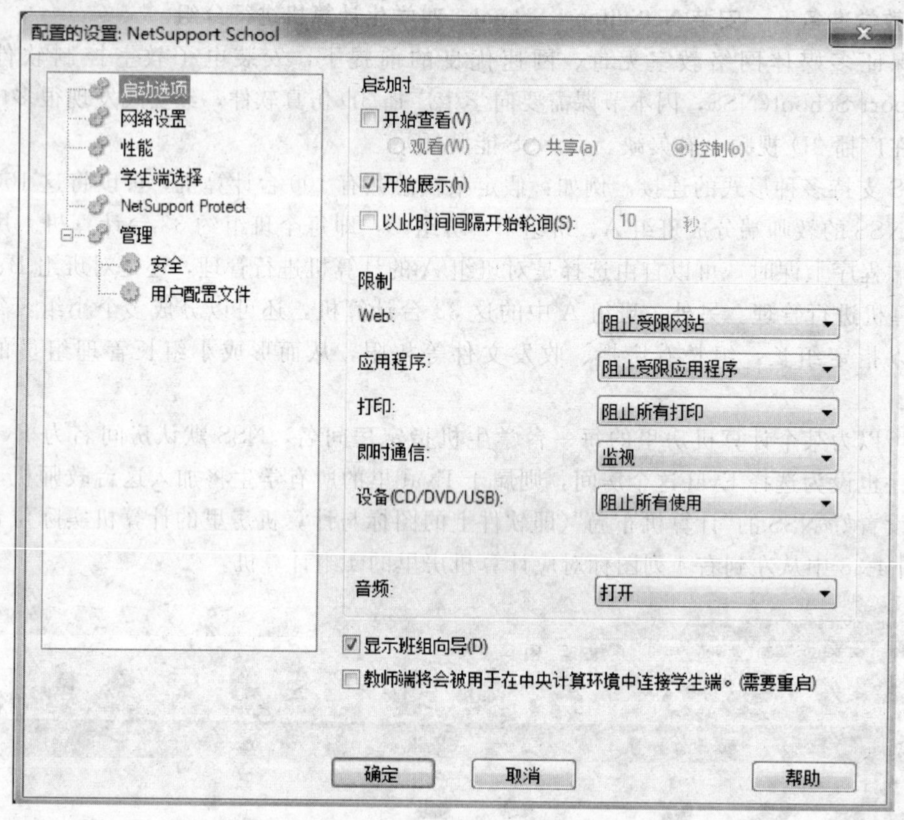


**图 4-39　NSS 基本设置**

(4)在上课铃响后让学生从计算机房外排队进入计算机房，学生入座后，打开 NSS 教师端程序的菜单命令“学校→学生注册→登录”，让学生输入名字进行考勤签到，学生同时按下 Alt＋Shift 才能调出中文输入法输入学生的名字。签到成功的学生，学生机屏幕左上角会显示学生姓名，教师在课堂上巡视时，就可以根据此提示确定某学生的姓名。另外，教师端程序上也将显示学生的姓名。

(5)充分发挥 NSS 工具的辅助教学功能(指定展示、奖励)提高课堂教学效率。学生的计算机学习水平是参差不齐的，因此对动作快的学生设置拓展任务：“走三角形。”

(6)充分使用 NSS 的广播和 NSS 的标注功能，向学生讲解仿真机器人的几个要素，并向学生讲解如何调出代码编辑窗口，并演示讲解本节课学习任务。

(7)充分发挥 NSS 工具的辅助教学功能(指定展示、奖励)提高课堂教学效率。利用 NSS 的“指定展示”功能将某个学生的操作展示到各学生，并要求该学生边操作边大声地讲解为什么要这么做。老师还可以用 NSS 辅助这位学生标注需要强调的地方。

(8)课堂考试。在课堂结束前的最后几分钟，用 NSS 开展一次课堂考试，并将考试结果打印输出。考试(测试)能有效地对学生学习的知识查漏补缺，是一种高效的教学手段，例如，讲授新课前开展测试，可以了解学生的知识水平；一个阶段学习完成后开展测试，可以了解学生本阶段掌握知识的情况；在上完一节课的最后几分钟，也可以开展测试，以了解本节课学习情况。传统的测试，一般需要批改试卷、分数统计，因而教师的工作量往往很大，采用 NSS 进行考试反馈效率高。

**7. 教学反思**

用 NSS 工具在计算机房里开展信息技术课堂教学，学生的名单首先被登记到教师机，从而教师、学生、某一台计算机三者建立了对应关系；计算机房里的应用程序如 QQ 和特定网站都被限定，USB 与声音设备也被禁用，即使少数学生重启计算机也将进入被控制状态，从而限制了游戏来源，减少了课堂干扰；利用 NSS 的程序和网页在线列表可以很快发现学生机器里出现了什么进程，了解学生是否认真操作；利用 NSS 的标注、广播功能对学习内容的重、难点进行了突破；利用 NSS 的测验功能开展了教学反馈。总之，类似于 NSS 的课堂管理工具是我们信息技术教学的好帮手，不过这些软件还需要朝更加符合教育规律的方向上发展，如学生主动展示、学生主动获取素材、学生主动提交作业。

## 问题与思考

1. 信息化教学工具的特点主要有哪些？
2. 信息化教学工具主要从哪些方面支持教学活动的开展？

## 综合实践

结合本堂课的教学实践，结合 Inspiration、MindManager 和超级画板设计课堂教学活动，有条件的可以结合使用 NetSupport School 的沟通、监视和测试功能支持课堂教学。

# 第五章
# 网络教学环境

计算机与网络是继造纸术和印刷术发明以来，人类又一个信息存储与传播的伟大创造，被称为第五次信息革命。计算机网络技术的出现给人类信息交流带来很大的方便。随着信息技术在教育教学中的应用不断深入，网络教学环境也应运而生，同时也得到越来越广的应用。本章首先介绍网络学习环境的基本概念、特点与基本功能，然后介绍了Moodle、LAMS和Web 2.0这三种网络教学环境，分别介绍了它们的安装与使用方法。

## 学习目标

1. 理解网络教学环境的概念、特征及功能
2. 了解Moodle教学环境的功能与特点
3. 掌握Moodle的安装与应用
4. 了解学习活动理论基础
5. 掌握LAMS的安装与应用
6. 了解Web 2.0的概念、特点与技术
7. 了解虚拟学习社区的功能与设计原则
8. 掌握Web 2.0教学工具的安装与应用

## 本章知识地图

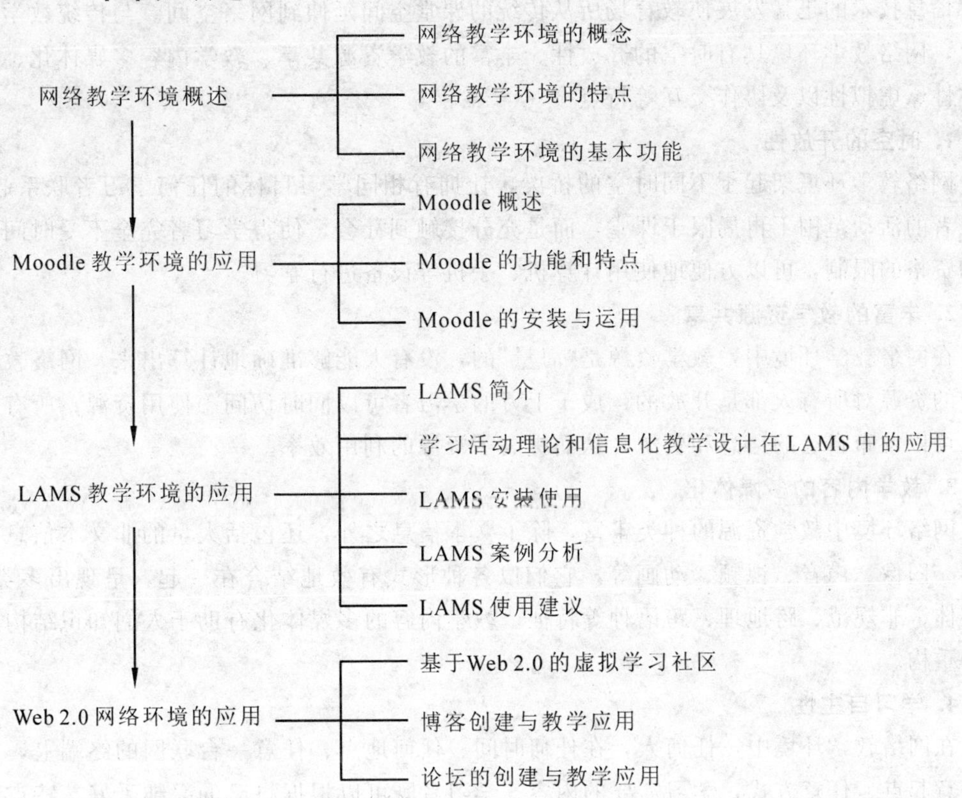


# 第一节　网络教学环境概述

## 一、网络教学环境的概念

《教育大辞典》将教学环境定义为：影响教学活动的各种外部条件。以计算机网络技术和多媒体技术为代表的信息技术的广泛应用为教育教学的改革提供了一个新视角，为其增添了生机和活力。计算机网络技术和多媒体技术将有助于为学习者构建一个资源共享、倡导自主、协作交流的教学环境。

在现代信息技术条件下，网络教学环境由网络教学资源和支撑系统组成。其中，网络教学资源是指支持网络教学活动的各种资源，包括课件、教学动画、视频、音频、试题库等。支持系统是指支持网络教学活动的基础平台，包括软件和硬件平台。软件平台指的是整合、管理各种教学资源所必需的系统软件、播放软件、网络教学平台、网络课程开发工具等。硬件平台指的是网络教学过程中所涉及的各种物质构成的系统，一般包括网络教室、计算机、服务器等。

## 二、网络教学环境的特点

信息技术的迅猛发展使教育场所从传统的课堂空间延伸到网络空间。与传统教学环境相比，网络教学环境具有时空的开放性、丰富的教学资源共享、教学内容多媒体化、学习自主性、虚拟性以及协作交互等特点。

### 1. 时空的开放性

网络教学环境架起了不同时空的桥梁，让拥有相同学习目标的任何学习者联系起来。学习者的活动范围不再局限于课堂，而是充分接触到社会，使得学习者完全不受时间、地域和资格的限制，可以方便地使用计算机、手机等设备进行学习。

### 2. 丰富的教学资源共享

在网络教学环境中，教学资源是“海量”的，没有人能够准确地计算出来。网络教学环境中的资源对所有人都是开放的：成千上万的学习者可以同时访问、使用资源；所有学习者也可以发布自己的信息和资源，从而提高了资源的利用效率。

### 3. 教学内容的多媒体化

网络环境中教学资源的种类丰富，除了文本信息之外，还包括大量的非文本信息，如图形、图像、声音、视频、动画等，它们以各种形式有效地结合在一起，呈现出多类型、多媒体、非规范、跨地理、跨语种等特征。教学内容的多媒体化有助于人们知识结构的更新和重构。

### 4. 学习自主性

在网络教学环境中，任何人，在任何时间、任何地点、任意一台联网的终端上，可以以任意起点、任意方式，学习需要的内容。学习者既可以根据自己的兴趣爱好、特点、条件等自定学习目标、自定步调、自选内容、自选课程，还可以自由地通过留言板、BBS 等方式提出、讨论、解决课程中的问题。

### 5. 虚拟性

虚拟性是网络教学环境的重要特点。利用虚拟现实技术可以使基于客观世界的仿真学习环境成为现实。例如：虚拟实验，教师和学习者摆脱复杂多变的物理条件的限制，排除实验可能遇到的危险和困难，置身在一个仿真的教学环境中获得了教学的全新的认知体验和行为实践。

### 6. 协作交互

网络教学环境能够为学生提供多渠道、多种方式的交互途径，学习者可以在学习过程中进行实时交流或非实时交流，也可以进行文字、语音或视听等不同方式的交流。在网络教学环境中，以计算机网络为媒介的通信可以作为功能强大的交互媒介，支持同步、异步交互。学习通过 E-mail、QQ、BBS、Blog 等多种网络通信媒介进行协作交流，促进知识建构和创新，形成“人—机(网络)”互动和“人—人”互动等多种学习交互方式和交流场景。

## 三、网络教学环境的基本功能

网络教学环境对于不同的角色有不同的需求和用途，因此，这里从学生、教师和管理员三个角度分析网络教学环境的基本功能。

**1. 对于学生而言**

网络教学环境的建立，让学生能够利用现代计算机技术与网络环境得到另一种学习的机会，从而产生不同于传统教学方式下的学习方式。对在校学生而言，在学校可以在计算机网络教室或一般教室学习传统的课程内容或集体接受在线教育；放学后，还可通过网络继续学习或预习。而对于学习效果不佳的学生，反复学习或许是一种不错的方式。因为在传统教学方式下，老师不太可能一再重复地教导相同的内容，而这却正是网络学习环境的特色。另外，它可提供一个双向互动的学习环境，让学习者在保有隐私的情况下，不断重复练习，以达到学习目标。对于非在校学习者而言，则完全可以通过网络教学环境学习相关的网络课程。他们既可以自主学习，也可以几个人协作探索学习。

在网络环境下，学生的学习摆脱了以往教学中以教师、教材、课堂为主要渠道接受知识的模式。学生可以随时调出网上极为丰富的信息而丝毫不受区域、时间等条件的限制，这是任何一种媒体和技术手段都无法比拟的。学生可以从联网的家庭、学校、图书馆、科研院所等及时得到最新最全的第一手资料，聆听世界一流教师的讲课，向最好的专家请教。

**2. 对于教师而言**

网络教学环境丰富了教师的教学，教师的角色也发生了巨大的转变，即教师由传统"单向传递"的知识权威，转变为师生双向互动的共同学习。这一点在网络课程中最能体现出来。教师扮演"学习经理"的角色，所要思考的不再仅仅是将书本中的内容传递给学生，而必须更进一步地策划如何培养学生"独立思考"与"解决问题"的能力。在教学上，运用网络学习辅助系统，教师可以重复利用预先设计完成的网络化多媒体互动教材，提供给学生一个自我学习的环境，将更多的时间运用在与学生的讨论当中。通过网上学习系统的辅助，使学生的学习过程变得更容易，对于学生的学习效果也有量化的记录可供查询。

**3. 对于管理者而言**

网络环境下管理者运用管理平台实现对学习者的远程管理，真正实现个性化管理。管理者、教师和学生共同来创建和丰富网络教学环境，为学习者提供一个良好的硬件支持平台。

随着信息技术的发展日益成熟，满足教学需要且符合教育教学特色的网络教学环境不断涌现，如虚拟学习社区、网络课程、虚拟教室、计算机微型世界及各类专题型学习网站等。目前，网络教学环境的设计应用研究越来越受关注，有效高质地应用网络教学环境会对信息化教学产生深远影响。本章主要介绍 Moodle、LAMS、Web 2.0 这 3 种网络教学环境的构建与应用。

## 第二节　Moodle 教学环境的应用

### 一、Moodle 概述

Moodle 是 Modular Object-Oriented Dynamic Learning Environment（模块化面向对象的动态学习环境）的缩写，它是由澳大利亚的 Martin Dougiamas 博士依据建构主义的教学思想，即教师和学生都是平等的主体，在教学活动中，他们共同思考、交流，相互协作，并根据自己已有的经验实现个人或群体知识建构而开发的学习管理系统。它是一个免费的开放源代码的软件，目前已在各国广泛应用。

Moodle 平台界面简单、精巧。使用者可以根据需要随时调整界面，增减内容。课程列表显示了服务器上每门课程的描述，包括是否允许访客使用，访问者可以对课程进行分类和搜索，按自己的需要学习课程。

Moodle 平台还具有兼容性和易用性。几乎可以在任何支持 PHP 的平台上安装，安装过程简单，只需要一个数据库。利用 Moodle，现今主要的媒体文件都可以进行传送，这极大地丰富了可以利用的资源。在对媒体资源进行编辑时，利用的是用所见即所得的编辑器，这使得使用者无须经过专业培训，就能掌握 Moodle 的基本操作与编辑。Moodle 注重全面的安全性，所有的表单都被检查，数据都被校验，cookie 是被加密的。用户注册时，通过电子邮件进行首次登录，且同一个邮件地址不能在同一门课程中进行重复注册。所有这些，使得 Moodle 的安全性得到了加强。

目前，Moodle 项目仍在不断地开发与完善中。

## 二、Moodle 的功能和特点

与其他许多著名的学习管理系统一样，Moodle 可以管理内容元件，但是更针对教育培训设计。另外，其加强了学习者的过程记录，让教师们能更深入地分析学生的学习历程。具体地讲，作为创设虚拟学习环境的软件包，Moodle 的主要功能包括系统管理功能和网络教学功能两方面：

### 1. 系统管理功能

(1)站点集成功能

平台集成了网站功能，用户可不必再单独建立网站，可直接通过平台创建教育、培训类型网站。网站可实现新闻公告、论坛、下载等常见功能，用户可以创建各种类型的栏目。已经有网站的用户也可以不使用平台提供的这些功能，而将平台作为纯粹的学习站点。

(2)易于使用的设计

平台最大程度降低了用户的使用难度，设计上采用了前台显示与后台管理合二为一的方法，教师能够随时编辑平台中的任何内容。平台内嵌了功能齐全的在线编辑器，用户创建内容，变换字体、排版，插入图片、表格，上传文件等均可实现所见即所得。

(3)动态模块化功能设计

平台各种功能均实现动态模块化管理，系统管理员可以灵活安装或卸载这些模块，对于平台中安装的各种功能，管理员也可以通过灵活控制实现是否赋予教师使用权限。教师在使用这些教学功能模块的时候可以任意指定其显示的位置，可以灵活地移动、关闭或修改。

(4)权限角色管理

平台支持系统管理员、课程管理员、教师、助教、学员等几种主要角色。系统管理员负责管理控制整个站点，负责对教师、课程管理员等角色进行授权。课程管理员负责平台课程体系的建设与规划。教师负责课程内容建设、开展在线教学，教师可以授权助教以及批准学生入学。助教负责协助教师进行在线教学。

(5)用户注册管理

平台支持多种用户注册、授权方式。既可以指定平台默认在线注册功能，也可以通过调用其他系统的用户数据实现注册与授权，平台留有网上支付等多种接口，用户可根据实际情况做二次开发。

(6)多种主题风格

平台支持风格与系统的分离，提供多种风格可供用户选择，并提供标准的风格开发规范，客户可依据自己喜好予以选择或开发。平台页面布局也可以依据客户喜好随意改变。

(7)支持多语言

平台支持多种语言环境，用户可以指定系统显示的语言，并可通过菜单实现动态切换。平台提供了多语言在线开发环境，通过在线翻译可以很容易创建一个新的语言版本。

(8)良好的开放性

开放源码平台最大的好处就是其开放性，用户可不必完全拘泥于平台的形式和结构，可完全根据自己的需求做二次开发。很多用户还将开发的成果发布出来共享，更增加了平台功能的多样性。

(9)完善的管理维护工具

平台拥有完善的管理维护工具，例如：平台日志工具可以查询分析平台的使用记录；备份工具可以按用户设定条件自动备份平台数据。

(10)其他新技术特征

平台还包括了一些新的技术特征，例如：通过电子邮件跟踪内容变化；通过 RSS 订阅论坛内容等。开放源码网络教育平台在不断完善中，一些有助于在线教育的新技术将逐步创新并融入其中。

**2. 网络教学功能**

(1)支持多种类型课程

平台支持自主式、引领式、讨论式等主流类型的网络课程。在不同领域中应用的网络课程类型也是不同的。例如，在企业组织机构中，大量用到的是自主学习的课程，而学校用于服务教学或远程教育则应选择引领式网络课程。

(2)灵活的课程管理

平台支持无限制的课程创建，任何时候课程管理员都可以创建、移动、下载、修改课程。课程可以设置为激活或隐藏状态。每门课程都可以设置灵活的权限，可以设定课程的等级、是否允许学员退课等。

(3)学习活动跟踪分析

平台对学习者的活动进行全面跟踪，教师可以查看任何学生的学习报告，包括学生访问课程的次数、时间以及场所，教师也可以查看某个教学模块的学生参与情况。报告可以以图表的形式动态生成，同时也支持下载，教师可通过 Excel 等其他工具对下载的数据进行深入分析。

(4)班级、小组功能

平台支持班级、小组功能，提供了方便易用的分组工具。小组支持公开和封闭属性，配合教学功能模块，教师可以组织小组为单位的教学活动。班级、小组功能能增强网络学习者的学习兴趣，增强学习者间的交流协作。

(5)课程资源管理

Moodle 支持显示任何电子文档、Word、PowerPoint、Flash、视频和音频等多媒体素材；可以上传文件并在服务器进行管理，或者使用 Web 表单动态建立文本或 HTML；可以连接到 Web 上的外部资源，也可以无缝地将其包含到课程界面里；还可以用链接将数据传递给外部的 Web 应用。教师可以方便地上传各种教学资源并对资源进行编辑整理。

(6)双评价方式

平台支持分数制与等级制两种评价方式，所有教学活动均可采用两种评价方式中的一种，教师可以根据实际情况灵活运用，可组合出多种评价策略。

(7)测试题库功能

平台包含了一个功能强大的在线测试系统，每门课程包含一个独立的题库功能。题库支持选择、判断、填空、完形填空、匹配等在线测试题型。教师可以随机、手工或随机手工组合出题，试卷支持试题打乱排序、答案打乱排序、限定考试时间等功能，系统支持多种成绩统计方式。平台还提供了强大的考试成绩分析功能。

(8)多种在线教学模块

平台支持的在线教学模块包括：讨论、笔记、聊天、词汇表、练习、调查、训练、专题等十余种。这些功能模块与网络上常见的类似功能有很大区别，所有模块都是针对网络教育进行了优化与改进，教师可以灵活运用这些模块开展教学。

(9)交流互动功能

Moodle 是一种基于 Web 2.0 的网络教学环境，充分体现了以学习者为中心的思想，全面围绕学习者展开活动。Moodle 提供 Blog、Wiki、RSS、聊天、论坛等功能模块。利用 Blog 实现课后反思记录，利用 Wiki 技术实现集体共同创作，利用聊天实现信息反馈。学习者不再仅仅是学习资源的消费者，同时也可以贡献、附加自己的价值。Moodle 很好地支持生生之间和师生之间的一对一、一对多、同步和异步等交流互动，促进知识的建构和创新。

## 三、Moodle 的安装与运用

### 1. PHP 运行环境的下载与安装

要架设一个学习管理系统网站，需要有服务器、学习管理系统以及内容。其中服务器包括计算机和在计算机上安装的 Web 服务器。学习管理系统则是安装在 Web 服务器上的软件，一般由学习管理系统生产商提供，如 Moodle。而内容则由学习管理系统使用者来完成添加。

Moodle 内容管理系统采用 php 脚本语言编写，所以，在安装 Moodle 之前，首先得架设一个能够运行 php 脚本语言的 Web 服务器。这里选择使用 PHPnow 软件，它能够自动配置运行 php 脚本的 Web 服务器。

我们可以在太平洋网站(http：//www. pconline. com. cn/download)、华军软件园(http://www. onlinedown. net/)、天空软件园(http：//www. skycn. com/)等网站搜索 phpnow 即可找到 PHPnow 软件的下载。本章使用的版本是 PHPnow-1. 5. 6。

把 PHPnow-1. 5. 6 解压到硬盘中，如 D 盘根目录下，如图 5-1 所示。然后双击"Setup. cmd"文件(根据版本的不同，有些双击的是"Init. cmd"文件)，开始安装。

PHPnow的安装目录中不能含有中文名。比如，你不能把 PHPnow 复制到桌面进行安装。

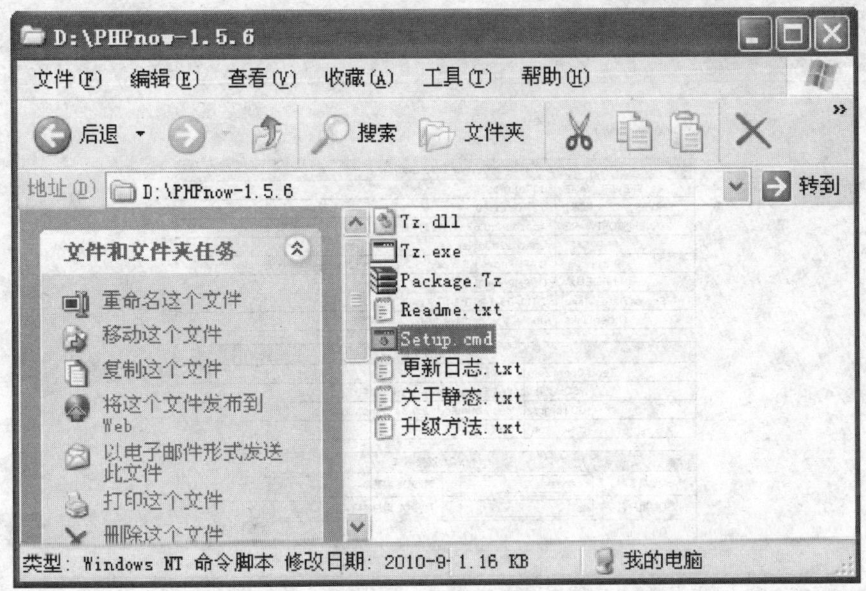


图 5-1　解压 PHPnow-1.5.6

在安装过程中，要求输入密码，如图 5-2 所示。在这里我们输入一个自己的密码，这个密码在以后的系统安装中经常使用到，所以一定要记住。

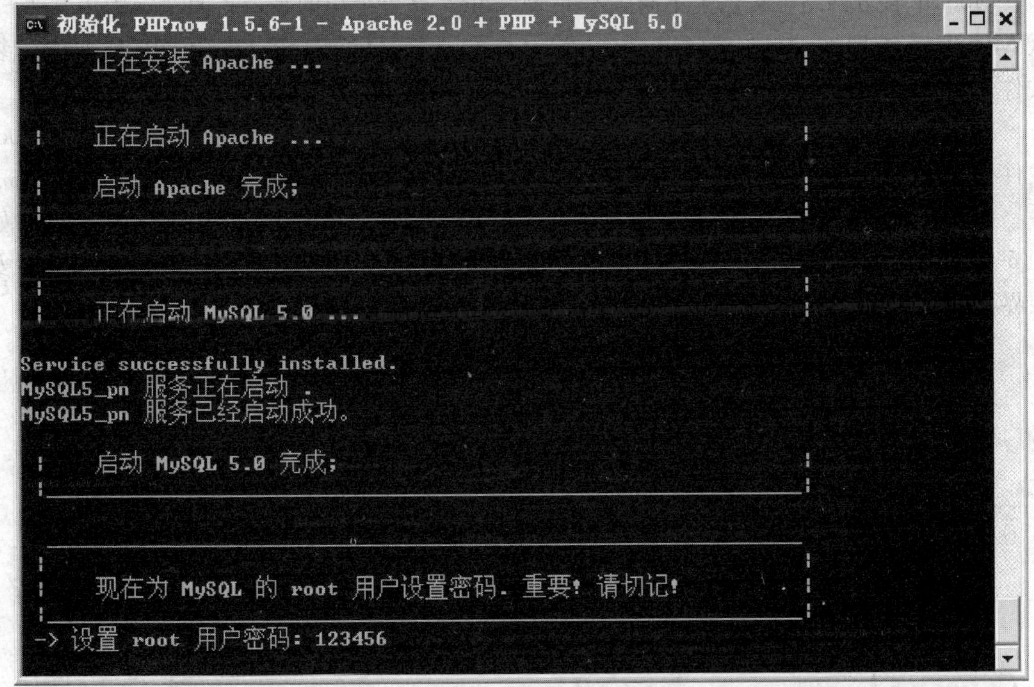


图 5-2　设置密码

如果安装成功，会自动打开 IE 浏览器，显示页面如图 5-3 所示。

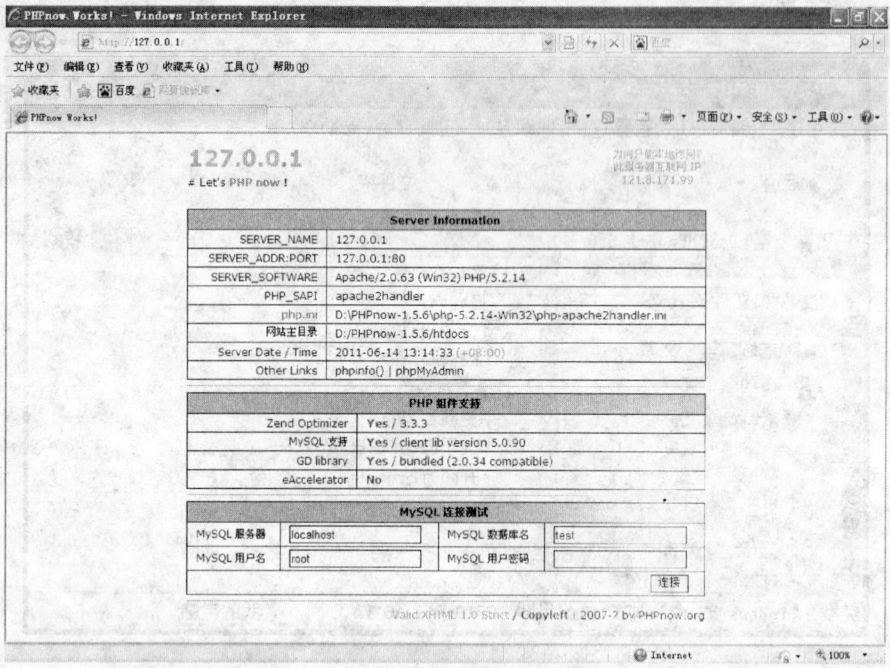


图 5-3 安装成功

**2. Moodle 的下载与安装**

Moodle 官方网站上提供了不同版本的 Moodle，这里采用的是最新的稳定版 1.9.1+。从 Moodle 官方网站(http://download.Moodle.org/)上找到 1.9.1+版 ZIP 格式的安装文件，把它下载到本地磁盘中。

解压 Moodle 1.9.1+，并把解压之后得到的 Moodle 文件夹复制到 PHPnow 的 htdocs 文件夹下。

打开 IE 浏览器，在地址栏上输入 http://127.0.0.1/Moodle/，这时，显示页面如图 5-4 所示。我们在 Language 下拉列表中选择 Chinese(zh_cn)，表示选择简体中文的安装界面，然后单击 Next 按钮。

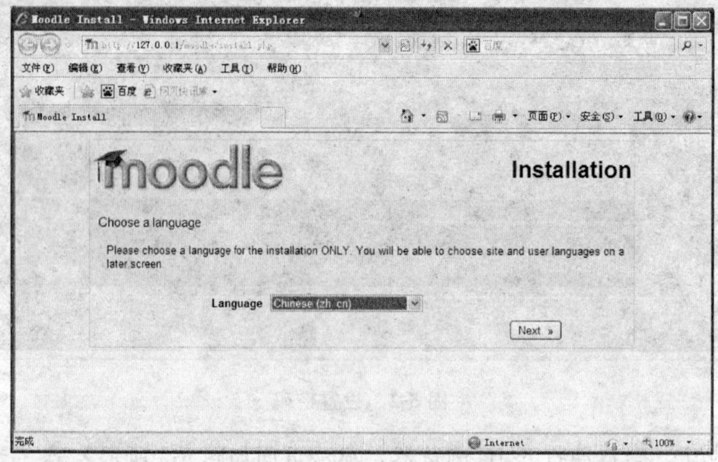


图 5-4 开始安装

这时，转到“检查 php 设置”页面。如果全部测试“通过”就单击“向后”按钮继续。

然后，转到“Moodle 安装位置”页面。这里，我们保持默认的值不变，单击“向后”按钮。

接着，转到“配置数据库”页面，如图 5-5 所示。在用户输入框中，我们输入 root，在密码输入框中，我们输入在安装 PHPnow 时输入的 Mysql 数据库密码，其他保持默认不变，然后单击“向后”按钮。

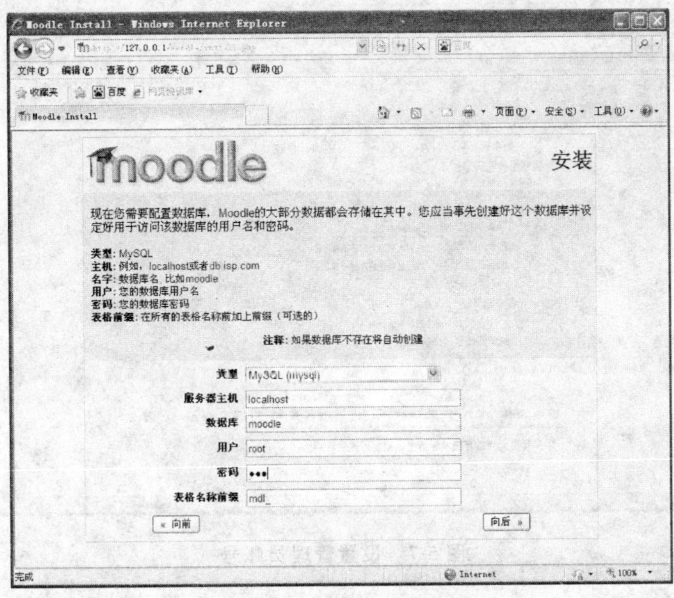

图 5-5　配置数据库

接着，转到“检查服务器”页面。如果一切正常，我们单击“向后”按钮，转到“下载语言包”页面，如图 5-6 所示。我们单击“下载‘Chinese(zh _ cn)’语言包”按钮，下载中文包。当然，也可以选择在安装结束之后再下载中文包。下载完成之后，单击“向后”按钮，即成功配置。在下一步出现的“GPL 许可证”页面选择“是”继续安装，显示“当前发布信息”页面，我们选中“无人值守操作”选项，然后单击“继续”按钮。

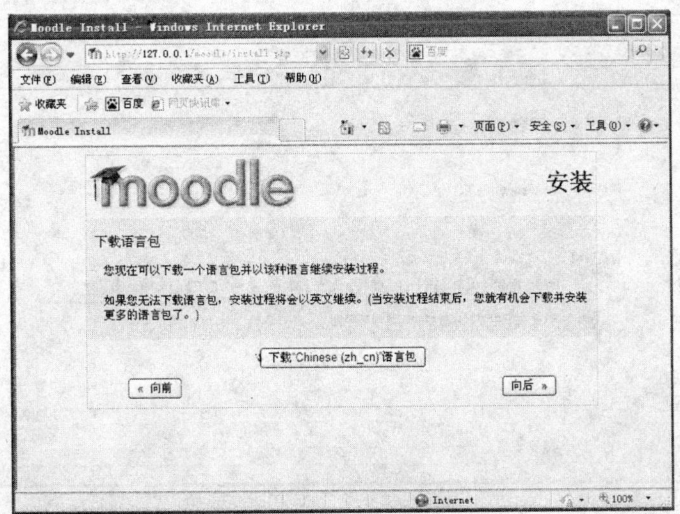

图 5-6　下载语言包

经过一段时间后，自动转到“设置管理员账号”页面，如图 5-7 所示。这里，我们在“新密码”中输入管理员的密码，在“名”、“姓”、“E-mail 地址”、“市/县”、“选择一个国家或地区”中输入管理员的相关信息，在“自述”中输入管理员的个人简介，其他保持默认不变。然后，单击“更新个人资料”按钮。

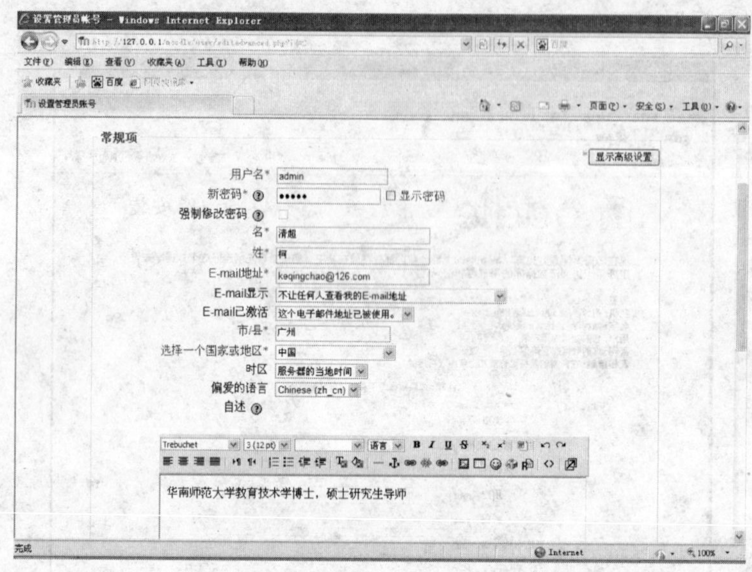


**图 5-7 设置管理员账号**

接着，转到“首页设置”页面。我们在“网站全名”中输入网站的名字，如“我的课程网站”，在“网站简称”中输入网站的简称，如“课程网站”，在“首页说明”中输入对网站的简单描述信息，其他保持默认不变。然后，单击“保存更改”按钮，如图 5-8 所示。

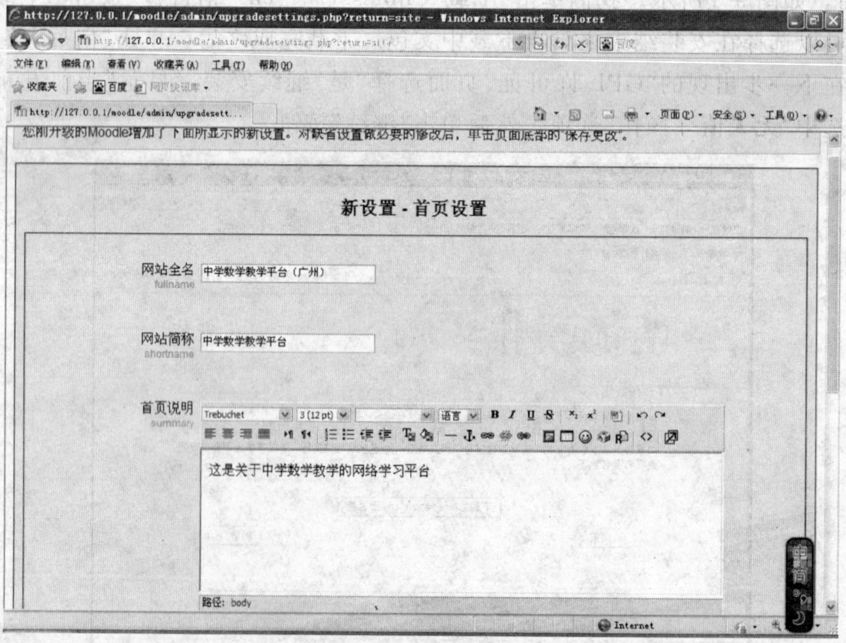

**图 5-8 首页设置**

最后，系统会自动以管理员的身份转到 Moodle 的管理页面，如图 5-9 所示。这样，Moodle 就安装好了。

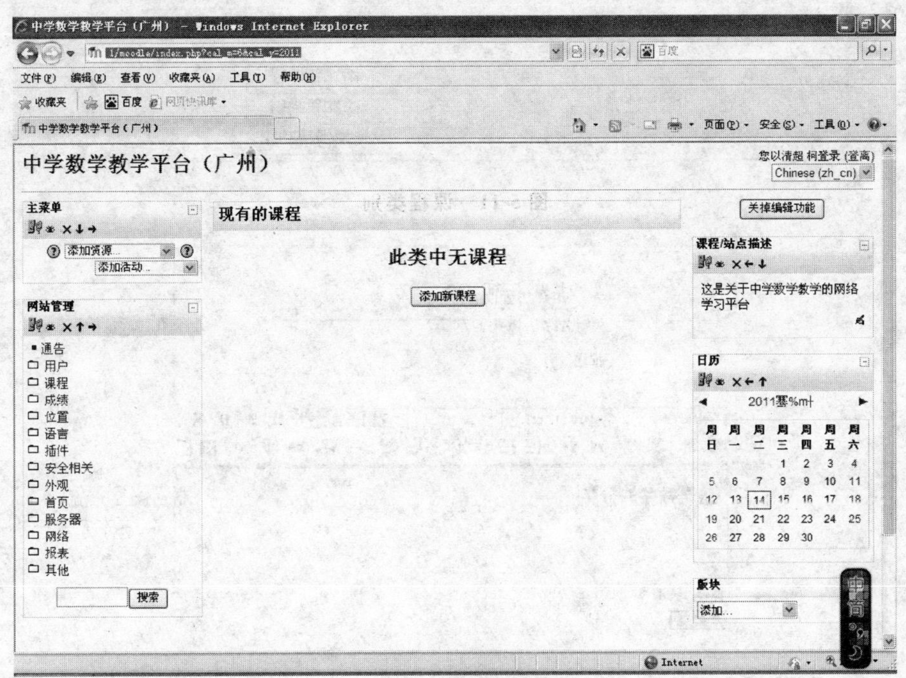


**图 5-9　管理页面**

### 3. 使用 Moodle 创建课程

(1)创建课程分类：使用课程分类功能，把不同的课程编排到不同的课程分类中，能够对课程进行合理的规划和整理。这样，既方便学习者浏览学习，同时也方便管理者进行管理。

依次单击左边导航条中的“课程→添加/修改课程”选项，如图 5-10 所示。

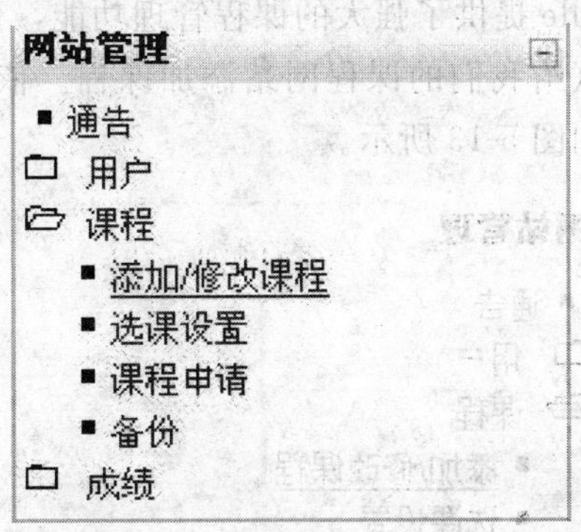


**图 5-10　“添加/修改课程”选项**

这时，转到“课程类别”页面。我们单击“添加新类别”按钮，进入添加新的类别，如图 5-11 所示。

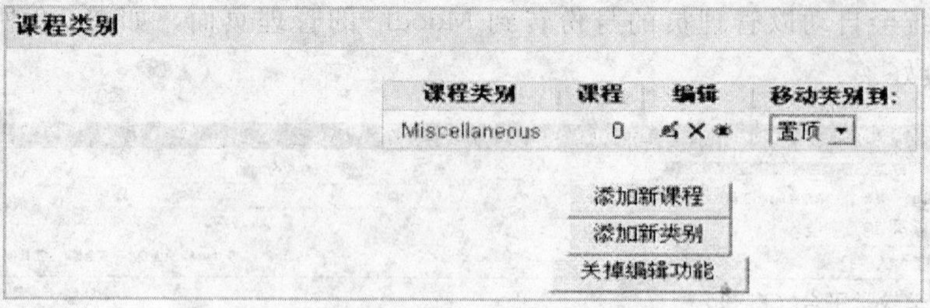

图 5-11　课程类别

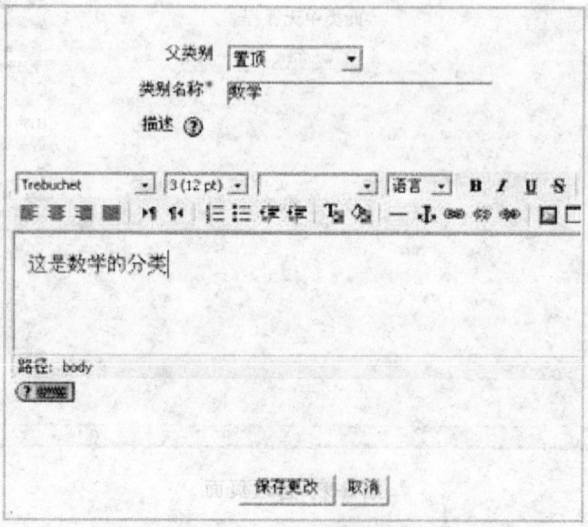

图 5-12　添加新类别

我们在“父类别”中选择父类别的名称，如果要添加的是顶级类别，我们选择“置顶”即可。在类别名称中输入新类别的名称，如“数学”。最后输入该类别的介绍信息，如图 5-12 所示。然后，单击“保存更改”按钮。这样，一个新的类别就创建好了。

(2)创建一门课程：Moodle 提供了强大的课程管理功能，可以方便地创建课程，并对课程进行编辑。下面，就尝试给我们的课程网站添加课程。依次单击左边导航条中的“课程→添加/修改课程”选项，如图 5-13 所示。

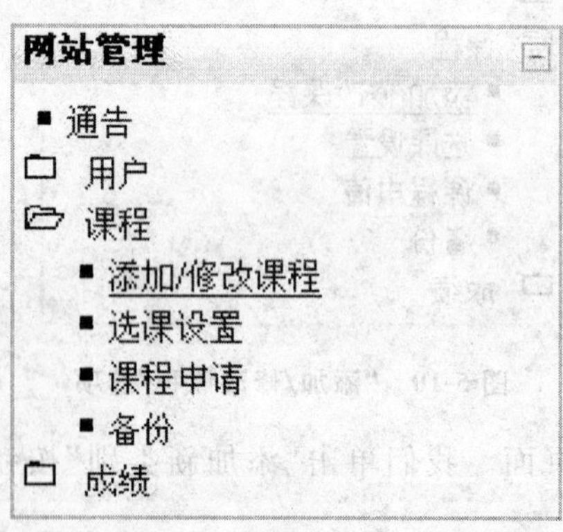


图 5-13　添加/修改课程

这时，转到“课程类别”页面，如图 5-14 所示。我们单击“添加新课程”按钮，进入添加新的课程。

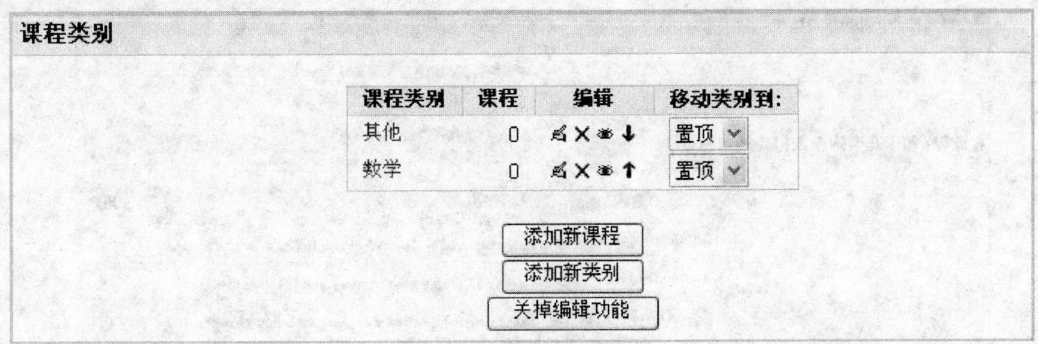


图 5-14　课程类别

我们在课程类别中选择课程的类别，如“数学”。在全名中输入课程的名字，如“笛卡儿坐标系入门”。在课程简称中输入课程的简称，如“笛卡儿坐标系”。在概要中输入课程的概要信息，如“这是笛卡儿坐标系入门的课程”。在课程页面显示格式中选择“主题格式”，其他保持默认不变，如图 5-15 所示。然后单击“保存更改”按钮。

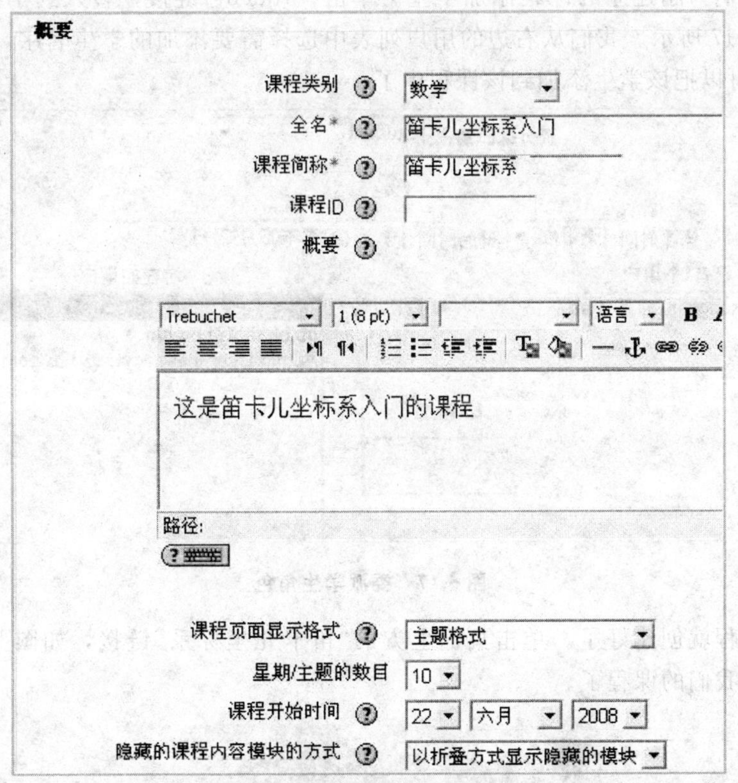


图 5-15　添加新课程

新课程在创建时，可以选择“主题方式”、“社区方式”、“星期方式”等不同的内容组织方式。如果是按一般的章节来组织内容，可以选择“主题方式”。这时，转到“委派角色”页面。在这里可以为添加的课程设置管理员、课程创建者、教师和学生等角色，如图 5-16 所示。

课程网站 ▶ 笛卡儿坐标系 ▶ 角色

本模块委派的角色 | 覆盖许可

在课程：笛卡儿坐标系入门委派角色

| 角色 | 描述 | 用户 |
| --- | --- | --- |
| Administrator | Administrators can usually do anything on the site, in all courses. | 0 |
| Course creator | Course creators can create new courses and teach in them. | 0 |
| Teacher | Teachers can do anything within a course, including changing the activities and grading students. | 0 |
| Non-editing teacher | Non-editing teachers can teach in courses and grade students, but may not alter activities. | 0 |
| Student | Students generally have fewer privileges within a course. | 0 |
| Guest | Guests have minimal privileges and usually can not enter text anywhere. | 0 |

图 5-16 委派角色

下面，我们为刚建立的课程添加学生。单击“Student”链接，转入到学生角色的委派页面，如图 5-17 所示。我们从右边的用户列表中选择需要添加的学生名字，然后单击“添加”按钮，就可以把该学生添加到该课程中了。

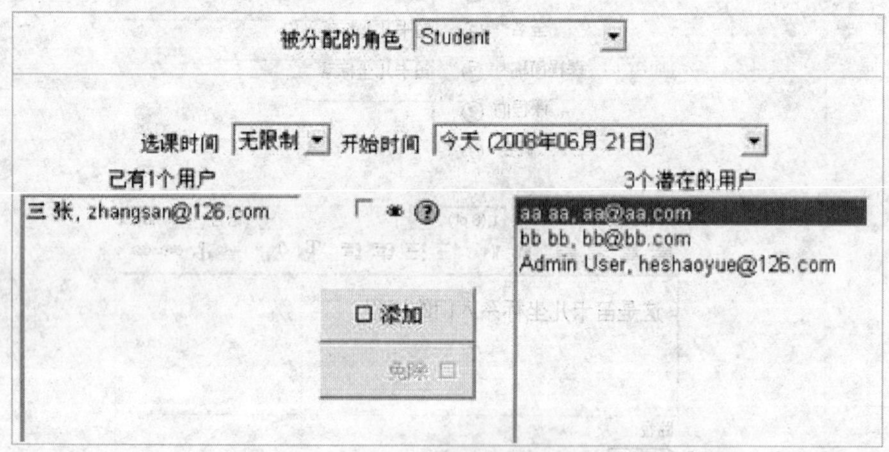


图 5-17 委派学生角色

这样，课程就创建好了。单击页面上方的“笛卡儿坐标系”链接，如图 5-18 所示，就可以进入编辑我们的课程了。

图 5-18 进入课程

至此，一门课程就简单地创建成功了。

(3)编辑一门课程：一门网络课程最重要的部分是教学资源和教学活动。在 Moodle 学习管理系统中，一般而言，资源是指缺乏交互性的、静态的文件，如文字、课件、Flash、PPT、视频、音频文件等。活动是指能与学生进行交互的，如论坛、聊天室、测试等。这里以课程《信息技术与课程整合》为例，讲解如何编辑一门课程。

给课程添加教学资源时，需要先打开课程的编辑状态。然后在某一单元中选中"添加资源"选项，即可为这一单元添加教学资源，如图 5-19 所示。

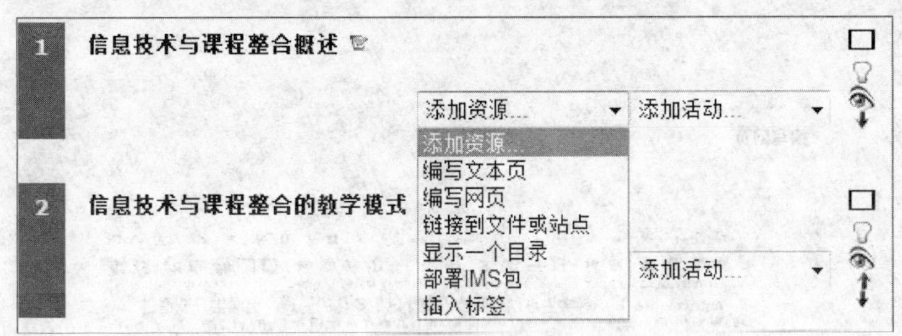


图 5-19 添加资源

Moodle 学习管理系统中，教学资源的类型有多种，我们常用的是"编写文本页"、"编写网页"、"链接到文件或站点"和"显示一个目录"。"编写文本页"和"编写网页"资源都是直接输入文本资源，它们唯一的不同在于"编写网页"资源具有更加友好的编辑界面；"链接到文件或站点"资源可以添加本地磁盘中的课件、Flash、视频、音频等文件或者网络链接地址。"显示一个目录"资源可以显示课程资源的一个目录信息。

文字是课程中最重要的内容，通过"编写文本页"或"编写网页"，教师可以给学生提供授课内容。需要注意的是，这里的"编写网页"跟我们常常理解的制作网页有所不同，它只是表示添加授课内容。

添加此类资源时，只需在添加资源下拉列表中选择"编写文本页"或"编写网页"选项，这时转跳到资源的编辑页面。我们在"名称"文本框中输入资源的名字，在"全文"文本框中输入资源的具体内容。其中，资源"名称"将显示在课程主页面的列表中，而"全文"则是学生单击了资源名称的链接之后，所看到的内容，如图 5-20 所示。

此外，我们还可以在窗口和通用模块设置中输入该资源的显示方式和显示状态等信息。如设置为单击资源名称链接之后，以新窗口打开。编辑好资源之后，点击"保存并返回课程"或"保存并预览"按钮，这样，一个教学资源就添加好了。

我们常常会把授课课件或者有利于学生理解的动画资源等放到网上去，供学生下载或者查看。这时，就可以使用 Moodle 的"链接到文件或站点"功能了。同样，在添加资源下拉列表中选择"链接到文件或站点"选项，这时转跳到资源的编辑页面，如图 5-21 所示。

我们在"名称"中输入资源的名称。在"来自"中，如果有资源的网络链接地址，则直接输入资源的链接地址，如 http：//www. baidu. com。如果资源是在本地磁盘或者在 Moodle 课程网站中，则单击"选择或上传一个文件"按钮，这时将弹出资源列表页面。资源列表页面将呈现已经上传到这门课程中的所有资源，如图 5-22 所示。

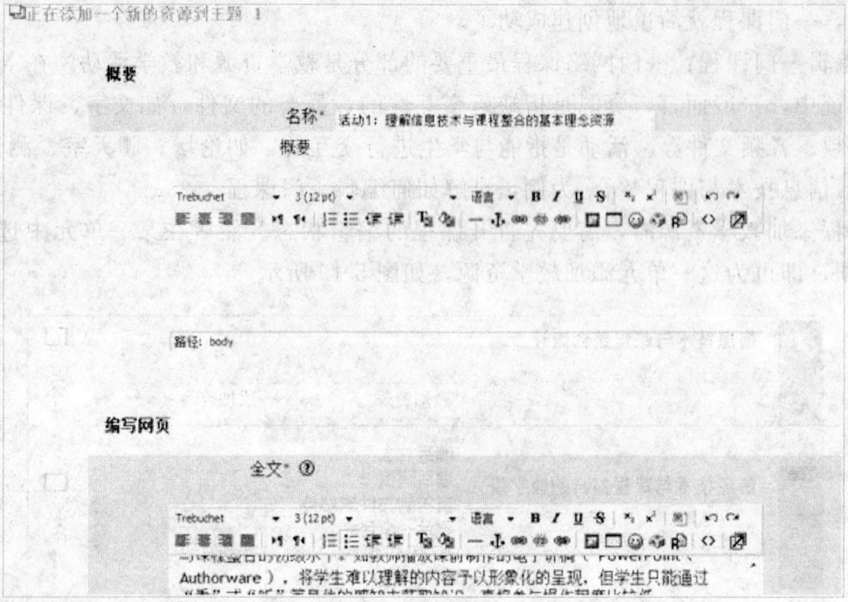

正在添加一个新的资源到主题 1
概要
名称* 活动1：理解信息技术与课程整合的基本理念资源
概要
路径: body
编写网页
全文*
Authorware ），将学生难以理解的内容予以形象化的呈现，但学生只能通过

图 5-20 编写网页资源

正在添加一个新的资源到主题 1
概要
名称* 授课PPT
概要
路径: body
链接到文件或站点
来自 http://
选择或上传一个文件
搜索网页...

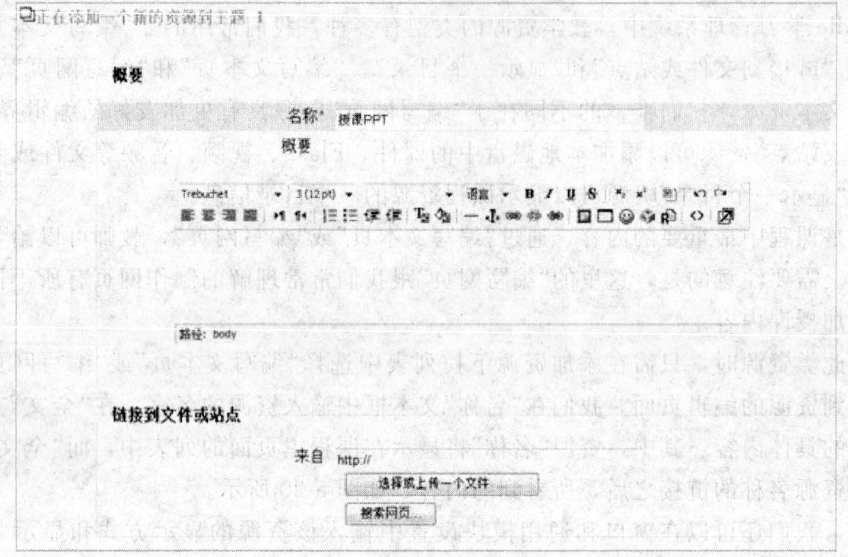

图 5-21 链接到文件或站点资源

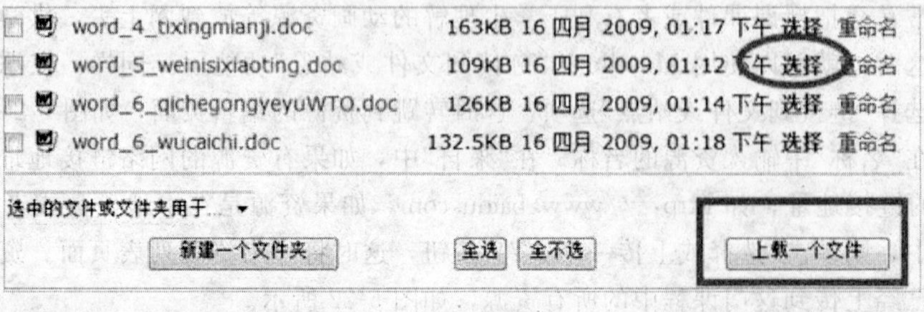

word_4_tixingmianji.doc 163KB 16 四月 2009, 01:17 下午 选择 重命名
word_5_weinisixiaoting.doc 109KB 16 四月 2009, 01:12 下午 选择 重命名
word_6_qichegongyeyuWTO.doc 126KB 16 四月 2009, 01:14 下午 选择 重命名
word_6_wucaichi.doc 132.5KB 16 四月 2009, 01:18 下午 选择 重命名
选中的文件或文件夹用于...
新建一个文件夹
全选
全不选
上载一个文件

图 5-22 所有资源列表

如果需要添加的资源已经在列表页面中，我们只需要在相应的资源右边单击“选择”链接即可，如图 5-22 所示。

如果需要添加的资源是在本地磁盘中，则单击“上载一个文件”按钮，将文件上传到课程网站中，如图 5-22 所示。这时，弹出一个上传文件的页面，如图 5-23 所示。我们单击 Browse 按钮，选择好上传的文件，然后再单击“上传这个文件”按钮。如果上传成功，系统会自动回到资源列表页面中。我们再按照上一步的操作，选择刚上传好的文件。这里需要注意的是，Moodle 在中文支持方面还不完善，上传的文件应避免使用中文名字。

选择好文件之后，系统将自动返回到“添加链接到文件或站点资源”页面(见图 5-21)。我们可以在“窗口”一项中设置资源的查看方式、可视化等属性。编辑好资源之后，单击“保存并返回课程”或“保存并预览”按钮，这样，链接资源就创建好了。

Moodle 最吸引人的地方是，它支持各种教学活动。教师可以很简单地把各种教学活动整合到网络课程中，如测试、讨论区、问卷调查、选择测试、专题讨论，等等。由于活动较多，这里不一一介绍，仅以常用的聊天室、论坛、作业和测试为例，说明教学活动的设计方法。

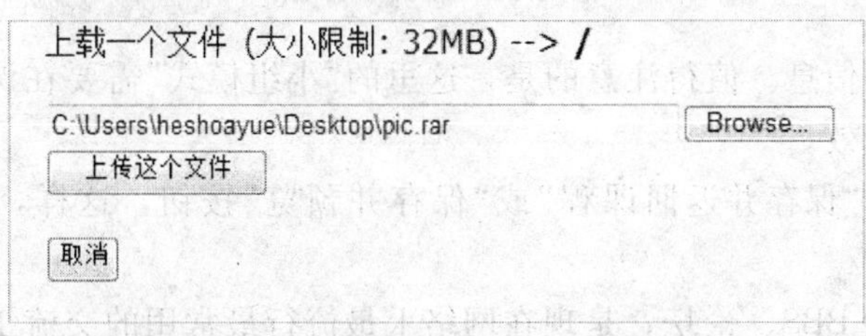


**图 5-23　上传文件**

聊天室是我们经常使用的，比如 QQ 聊天室。利用聊天室，可以进行实时的信息交流。

在课程管理系统中添加聊天室非常简单。只需要在添加活动下拉列表中选择“聊天”选项，如图 5-24 所示，这时跳转到聊天活动的编辑页面，如图 5-25 所示。

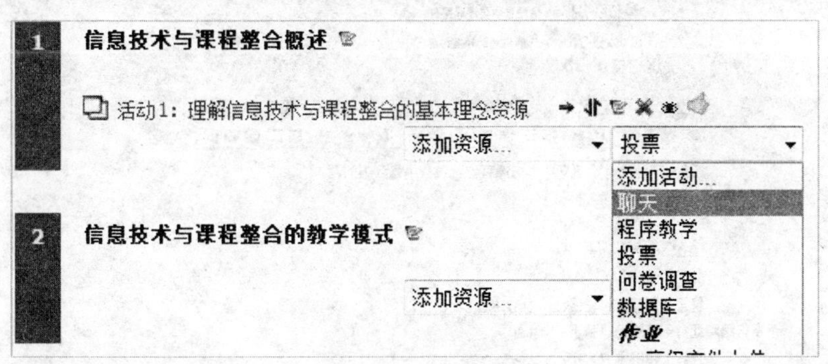


**图 5-24　添加聊天室**

在聊天室名称中输入聊天室的名称，如“大家来聊聊在信息技术使用过程中遇到的问题吧”。在简要描述中输入这个聊天室的描述信息，主要用于引导学生聊天的话语方向，如图 5-25 所示。此外，我们还可以设置聊天室启动的时间、聊天记录的保存、聊天记录

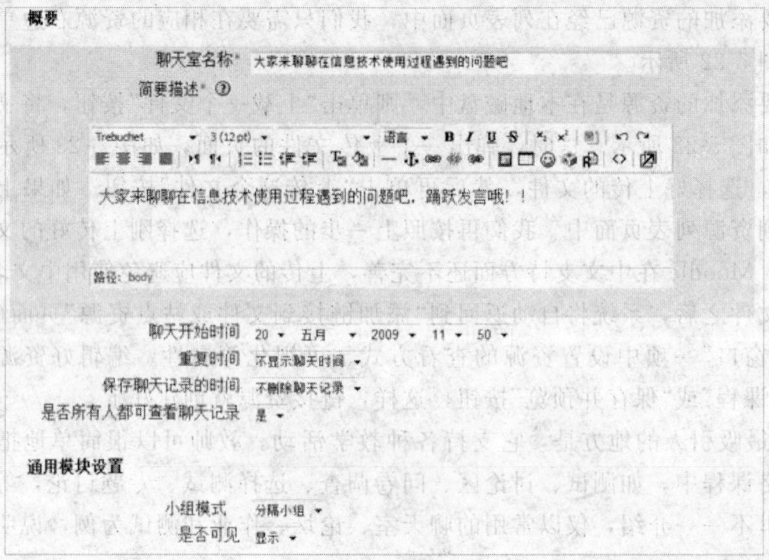

概要
聊天室名称*
大家来聊聊在信息技术使用过程遇到的问题吧
简要描述*
Trebuchet
3 (12 pt)
语言
大家来聊聊在信息技术使用过程遇到的问题吧，踊跃发言哦！！
路径: body
聊天开始时间
20
五月
2009
11
50
重复时间
不显示聊天时间
保存聊天记录的时间
不删除聊天记录
是否所有人都可查看聊天记录
是
通用模块设置
小组模式
分隔小组
是否可见
显示

图 5-25 聊天室设置

的查看和小组模式等信息。值得注意的是，这里的"小组模式"需要在课程添加了对学生分组之后，才能真正起效。

完成之后，单击"保存并返回课程"或"保存并预览"按钮，这样，一个聊天室就创建好了。

讨论区，也叫做 BBS、论坛，是现在网络上最流行最常用的交流工具。通过这种有效的工具，我们可以实现异地异步交流和分享信息。Moodle 学习管理系统也提供了基本的 BBS 功能，学习者可以针对某一专题，进行发帖提问，或对相关主题作出回应。

在 Moodle 中添加讨论区时，只需要在添加活动下拉列表中选择"讨论区"选项，这时跳转到讨论区活动的编辑页面，如图 5-26 所示。

概要
讨论区名称*
信息技术与课程整合
讨论区类型
一般用途的标准讨论区
讨论区简介*
Trebuchet
3 (12 pt)
语言
请大家一起讨论信息技术与课程整合过程中遇到的问题。
路径: body » p » span » font
是否强制订阅讨论区
是的，永远这样
是否跟踪此讨论区的阅读情况
开启
允许上传的附件大小
500KB
成绩
成绩汇总类型
平均法
成绩
100
仅该时间段内可以评分

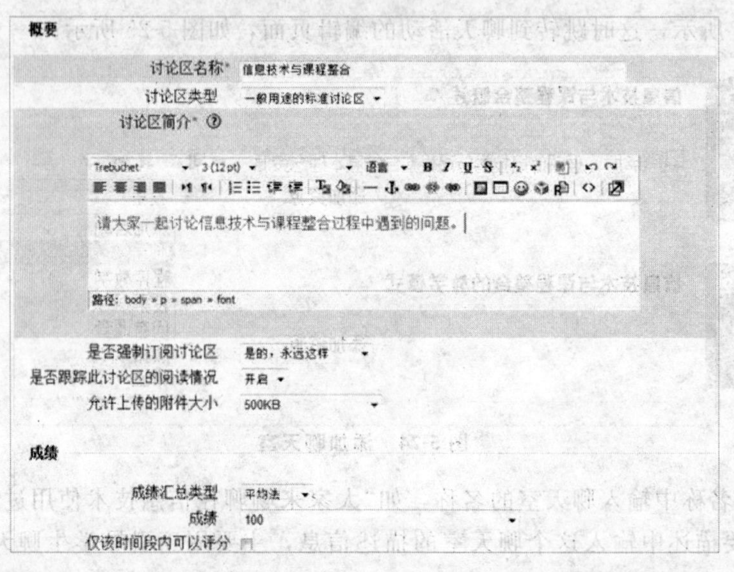

图 5-26 讨论区设置

在讨论区名称中，我们输入讨论区的名称，如“信息技术与课程整合”。在讨论区介绍中，输入讨论区的简介信息。其他可以保持默认不变。

这里需要注意的是，讨论区类型中，“一般用途的标准讨论区”类型跟我们常见的论坛功能类似，使用者可以随意发帖和回复。“单个简单话题”类型允许整个讨论区只有一个帖子。“每个人发表一个话题”类型允许每个使用者发表至多一个帖。“问题及解答讨论区”类型主要用于提问及解答类型的论坛。

“是否订阅讨论区”功能如果设置为“是”的话，则当讨论区有新帖或者回复时，会自动发送帖子的内容给参与了这门课程的使用者。此外，还可以设置讨论区是否允许上传附件、是否记录成绩等。其中成绩管理可以参考“管理课程”一节。

设置完毕，单击“保存并返回课程”或“保存并预览”按钮即可。

作业是课程管理系统最重要的考核方式之一，通过作业，可以快速考核学生对课程的掌握情况。课程管理系统提供了“高级文件上传”、“在线文本”、“上传单个文件”和“离线活动项目”四种类型的作业，如图 5-27 所示。其中，“高级文件上传”允许学生上传多个文件，“在线文本”只能允许学生在线填写作业，“上传单个文件”只允许学生上传一个文件，“离线活动项目”仅提供作业的信息，供学生去参加，并不提交到课程管理系统中来。

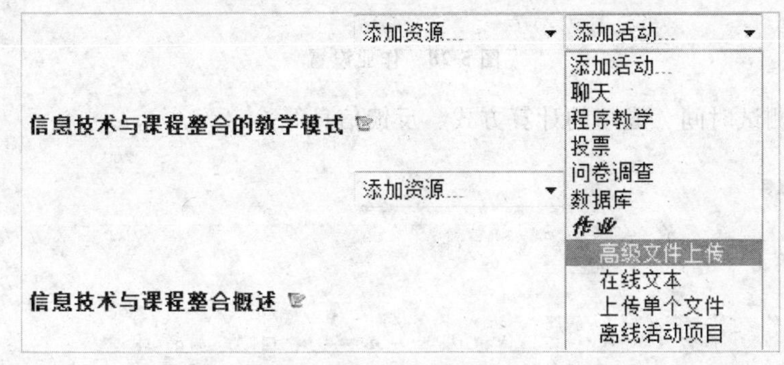


**图 5-27　添加作业**

添加作业活动时，只需要在“添加活动”下拉列表中选择相应的作业类型，如“上传单个文件”，这时跳转到作业活动的编辑页面，如图 5-28 所示。

在“作业名称”中，我们输入作业的标题。在“描述”中，我们输入作业的要求。在“成绩”中，我们输入此次作业的总分。在“开始时间”和“截止时间”中，输入作业的开始时间与完成时间。此外，还可以设置作业上传的属性，如是否可以重复提交、上传文件的大小限制等信息。

设置完毕，单击“保存并返回课程”或“保存并预览”按钮即可。

测试与作业一样，也是课程管理系统重要的考核方式。课程管理系统提供了多种类型的测试题，如选择题、填空题、判断题等。利用它，可以快速自动测试学生对课程的掌握情况，并给教师提供统计信息。

添加测试题时，首先要创建一份试卷，然后再往试卷中添加各种类型的试题。

添加试卷时，只需要在“添加活动”下拉列表中选择相应的作业类型，如“测验”，这时跳转到测验活动的编辑页面，如图 5-29 所示。在“名称”中，我们输入测验题的名称，如“第一单元测试题”。在“描述”中，输入测验题的描述信息。此外，还可以设置测验的其他

概要
作业名称* 创建教学流程图
描述* ⓘ
利用 Inspiration 或 MindManger 工具，创设一堂课的教学流程图，并在小组内进行分享交流，完善作品。
路径:
成绩 100
开始时间 16 四月 2009 13 05 禁用
截止时间 23 四月 2009 13 05 禁用
是否允许迟交 否
上传单个文件
是否允许重交 否
是否使用E-mail提醒教师 否
大小限制 1MB

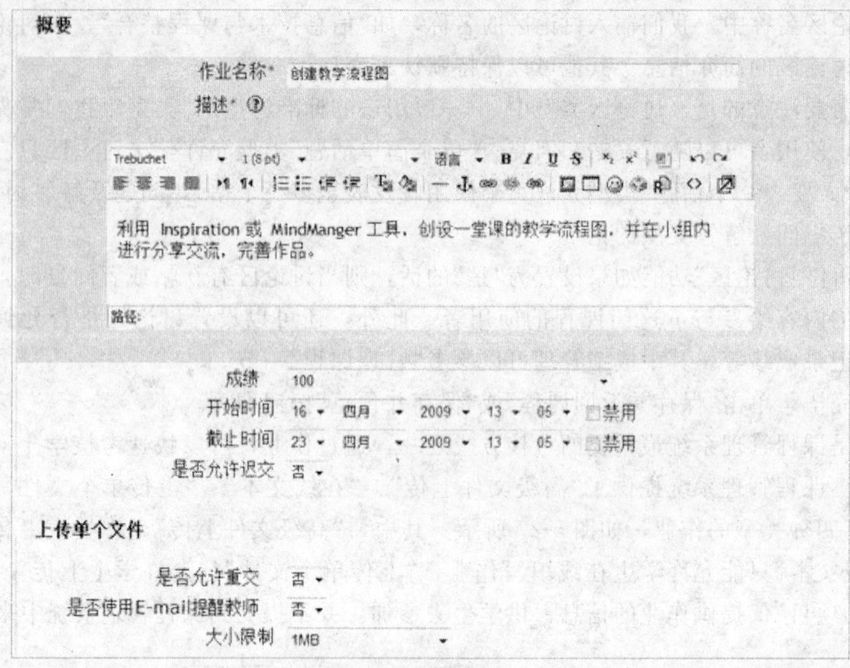

图 5-28 作业设置

相关信息，如测试时间、成绩的计算方式、反馈信息等。

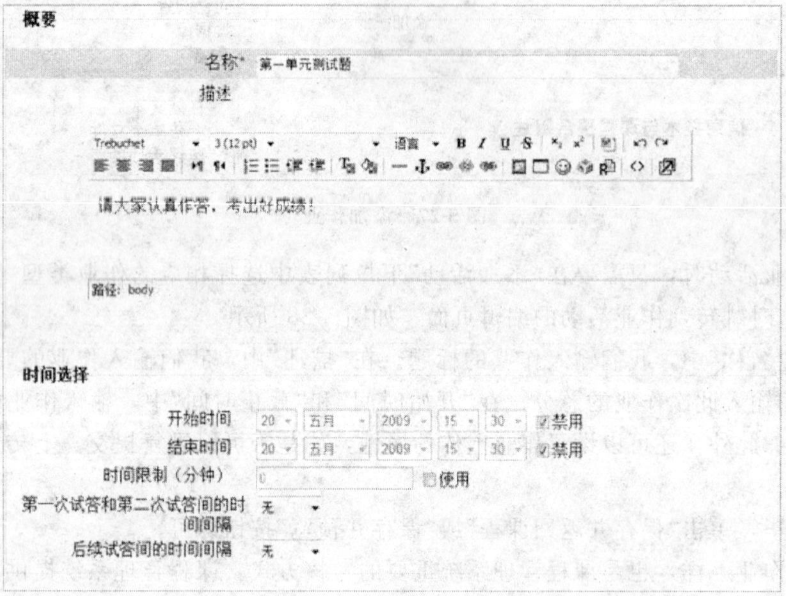

概要
名称* 第一单元测试题
描述
请大家认真作答，考出好成绩！
路径: body
时间选择
开始时间 20 五月 2009 15 30 禁用
结束时间 20 五月 2009 15 30 禁用
时间限制（分钟） 0 使用
第一次试答和第二次试答间的时间间隔 无
后续试答间的时间间隔 无

图 5-29 测验设置

设置完毕，单击“保存并预览”按钮，这样，试卷就创建好了。

现在还需要往试卷中添加各种类型的试题。我们在“新建试题”下拉列表中选择需要创建的试题的类型。由于试题类型众多，这里不进行一一详述，仅以常用的选择题为例进行说明。

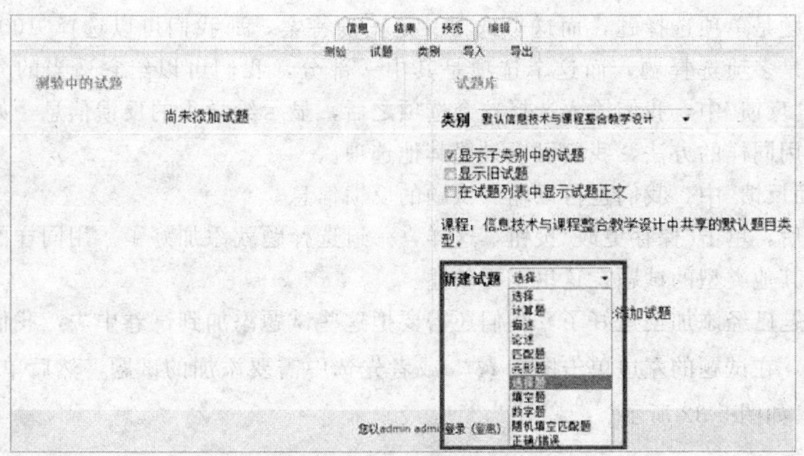


**图 5-30　新建试题**

添加选择题时，我们在“新建试题”下拉列表中选择“选择题”选项，如图 5-30 所示。这时，会自动跳转到添加选择题的页面，如图 5-31 所示。

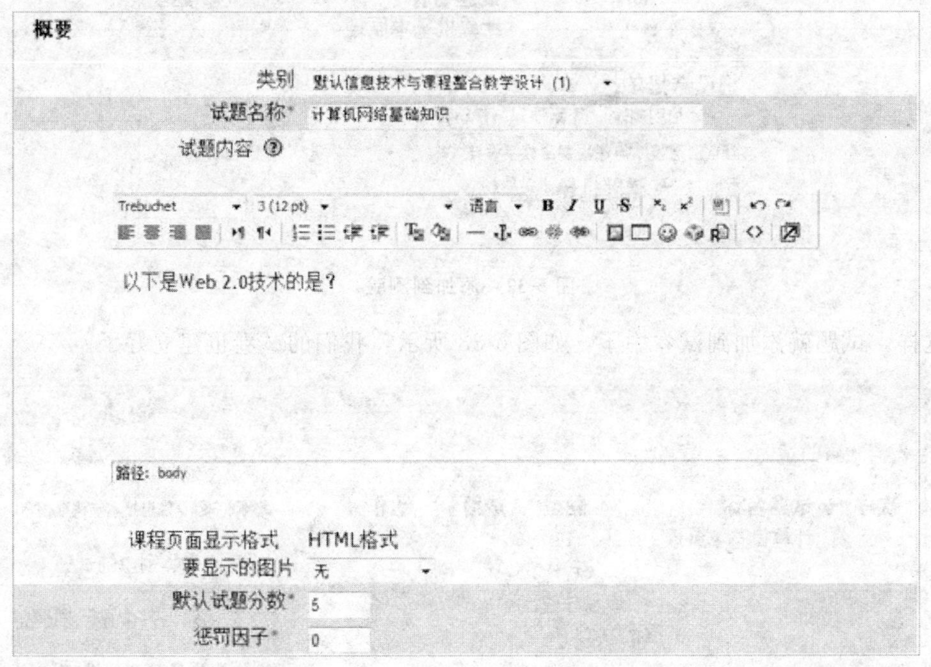


**图 5-31　编辑选择题**

在“试题名称”中，我们输入该选择题的名称，在“试题内容”中，我们输入该选择题的题干。这里需要注意的是：试题名称在最终生成的试卷中并不显示。在“默认试题分数”中，输入该选择题的分数，如“5”。在“惩罚因子”中，输入“0”。惩罚因子表示，当你做错这道题目时，系统会利用算式“惩罚因子×试题分数”，从你最终的总分中进行扣除。在“通用的反馈”中，输入做这道题目的提示信息。在“一个还是多个答案”中，选择题目的类型，如“多选”或“单选”题。

在选项 1 的“答案”中，输入该选择题的第一个选项。在成绩中选择适当的百分比，如果这道选择题是单项选择题，而这个选项又是正确答案，那我们可以选择“100%”；如果这道选择题是多项选择题，而这个选项是其中一部分，我们可以给它适当的分数，比如“50%”。在“反馈”中，我们输入选择这个选项之后，显示给学生的反馈信息，如“很棒啊，选对了!”。用同样的方法，我们可以设置其他选项。

在“全面反馈”中，我们也可以输入试题的反馈信息。

完成之后，单击“保存更改”按钮，这样，一道选择题就添加好了。用同样的方法，我们可以添加其他类型的试题，这里不再叙述。

现在试题已经添加创建好了，我们还需要把这些试题添加到试卷中去，我们回到试卷的编辑页面，在试题的左边单击图标«，或者先选中需要添加的试题，然后单击“添加到测验”按钮，如图 5-32 所示。

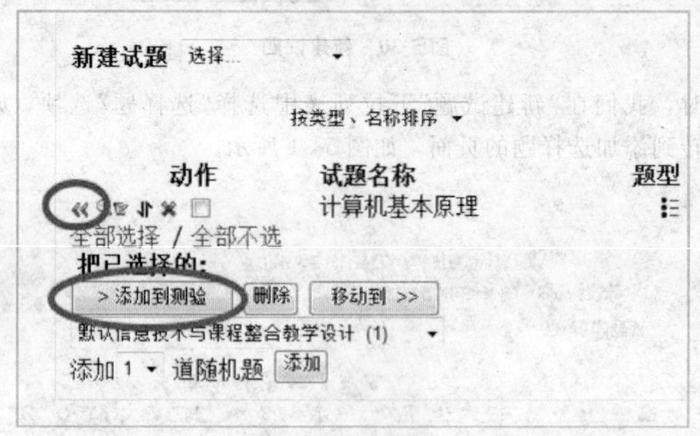


图 5-32 添加到测验

这样，试题就添加到试卷中了，如图 5-33 所示，我们的试卷也建立好了。

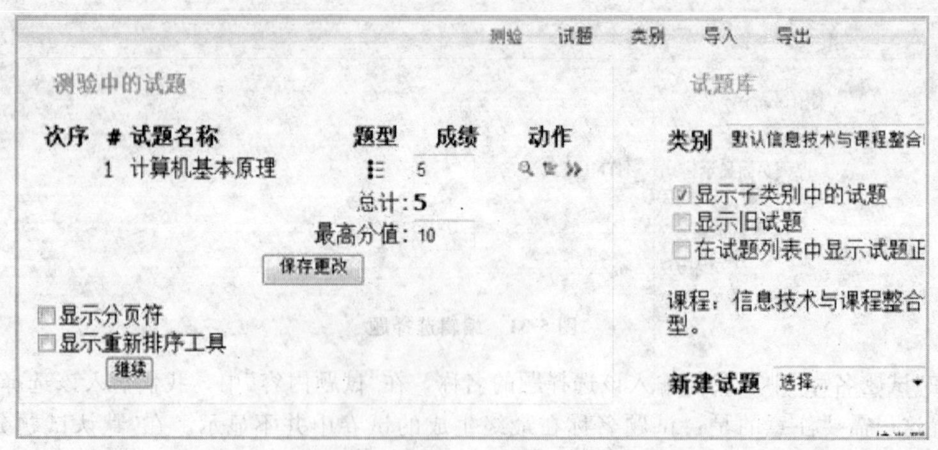


图 5-33 试卷生成

**4. Moodle 的发布**

在发布课程网站之前，首先要获取课程网站的 IP 地址。

在安装了 Moodle 课程的电脑上，依次执行“开始→设置→控制面板→网络连接→本地连接”命令，在弹出的“本地连接状态”对话框中找到本机的 IP 地址，比如这里的 IP 地址为 192.168.8.222。

获得课程网站的 IP 地址之后，我们还需要对 Moodle 课程网站进行配置，才能让局域网内的其他人访问到。配置 Moodle 课程网站时，用记事本打开 Moodle 安装文件夹下的 config.php文件，修改“＄CFG→wwwroot＝‘http：//127.0.0.1/Moodle’;”为“＄CFG→wwwroot ＝‘http：//192.168.8.222/Moodle’；”。这里的“192.168.8.222”为课程网站的 IP 地址。

现在，在局域网内的其他电脑上，使用 IE 浏览器，输入 http：//192.168.8.222/Moodle，就可以浏览到制作好的课程网站了。

**5. 课程管理与应用**

(1)管理课程资源

前面介绍了课程的申请创建与编辑，通过学习，我们已经知道如何做一门课程。然而，课程建立的目的是用来给学习者学习的，因此，课程的日常管理是更为重要、更为烦琐的事情。

管理课程资源的操作主要包括资源的移动、编辑、删除、隐藏等。这些操作都可以在资源所在的工具条中进行操作，如图 5-34 所示。

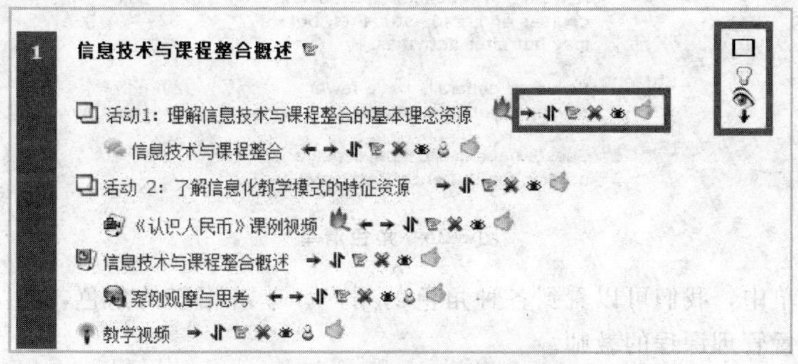


**图 5-34　管理课程资源的工具条**

• 移动资源

使用工具条中的向右移动图标→、向左移动图标←、向上移动图标↑、向下移动图标↓和上下移动图标⇅，可以快速实现资源位置的移动。使用资源移动图标，不仅可以变换资源的位置，而且还能够使课程变得更加有层次感，富有美感。

• 删除资源

使用工具条中的删除图标✖，可以快速把不需要的资源删除。

• 隐藏资源

使用工具条中的隐藏和显示图标👁，可以实现资源的隐藏与显示。

(2)管理课程参与者

• 查看师生名录

单击课程左侧导航中“人物”下的“师生名录”，转到课程参与者的信息清单页面了，如图 5-35 所示，我们可以查看到每个课程参与者的详细信息。

• 设置教师、助教等角色

单击课程左侧导航中“管理”下的“分配角色”，转到角色清单页面，如图 5-36 所示。

名：所有 A B C D E F G H I J K L M N O P Q R S T U V W X Y Z
姓：所有 A B C D E F G H I J K L M N O P Q R S T U V W X Y Z

| 用户图片 | 名 / 姓 | 市/县 | 国家和地区 | 最近登录 ↑ | 选择 |
|---|---|---|---|---|---|
| | yueyue yueyue | | | 7 天 15 小时 | |
| | bbs bbs | | | 7 天 15 小时 | |
| | newguest newguest | | | 9 天 5 小时 | |
| | hhh hhh | guangzhou | 不丹 | 30 天 19 小时 | |

全选 全不选 对选中的用户

图 5-35 课程参与者清单

| 角色 | 描述 | 用户 | |
|---|---|---|---|
| Administrator | Administrators can usually do anything on the site, in all courses. | 0 | |
| Course creator | Course creators can create new courses and teach in them. | 0 | |
| Teacher | Teachers can do anything within a course, including changing the activities and grading students. | 1 | yueyue yueyue |
| Non-editing teacher | Non-editing teachers can teach in courses and grade students, but may not alter activities. | 1 | bbs bbs |
| Student | Students generally have fewer privileges within a course. | 2 | hhh hhh<br>newguest newguest |
| Guest | Guests have minimal privileges and usually can not enter text anywhere. | 0 | |

图 5-36 角色清单

在角色清单中，我们可以看到各种角色的用户。单击相应的角色，如“Teacher”，我们来给课程设置管理课程的教师。

在教师角色分配页面，如图 5-37 所示。我们先选中需要授权的用户，如“yueyue yueyue”，然后单击“添加”按钮，这样，“yueyue yueyue”这个用户就成为这门课程的教师了。

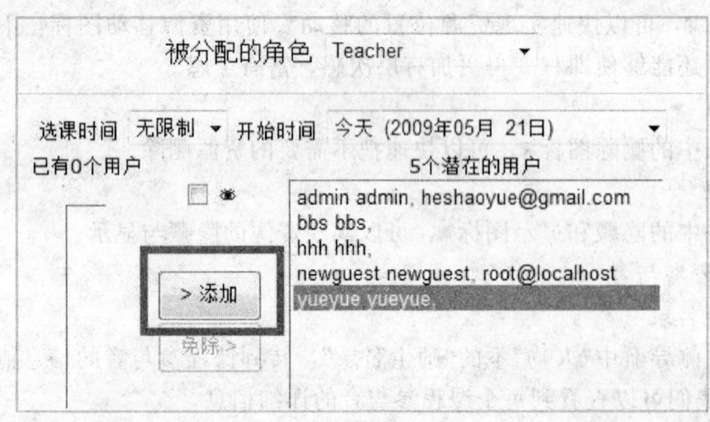


图 5-37 设置教师角色

用同样的方法，我们可以给课程的其他参与者赋予不同的角色。

• 创建小组

在实际教学过程中，我们常对学生进行分组，进行组内互助学习、组间相互竞争。课程管理系统也可以这样，通过对学生进行分组，实现组内互相学习交流的效果。

对学习者进行分组时，只需单击课程左侧导航的“组”链接，立即跳转到分组列表页面，如图 5-38 所示。课程开始还没有任何小组，所以，我们需要单击“创建组”按钮，创建新的小组。

组:
组成员
编辑组设置
添加/删除用户
删除已选组
创建组
自动创建小组

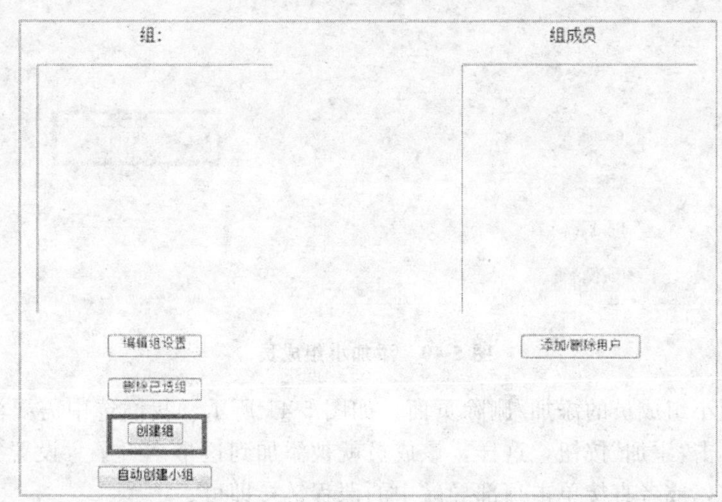

图 5-38　分组列表

这时，转到创建小组的页面。我们输入小组的名字，如“天下无敌”，及组的描述信息、图片等，如图 5-39 所示。然后单击“保存更改”按钮，这样小组就创建好了。

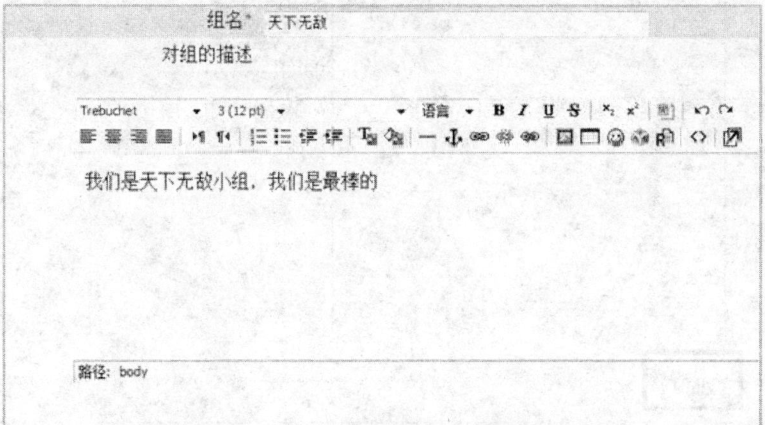

组名* 天下无敌
对组的描述
Trebuchet
3 (12 pt)
语言
我们是天下无敌小组，我们是最棒的
路径: body
注册码
显示密码
隐藏图片 否
新图片 (大小限制: 32MB)
Browse...
保存更改
取消

图 5-39　创建小组

最后，我们还要给创建的小组指定小组成员。我们选中创建的小组“天下无敌”，然后单击“添加/删除用户”按钮，如图 5-40 所示。

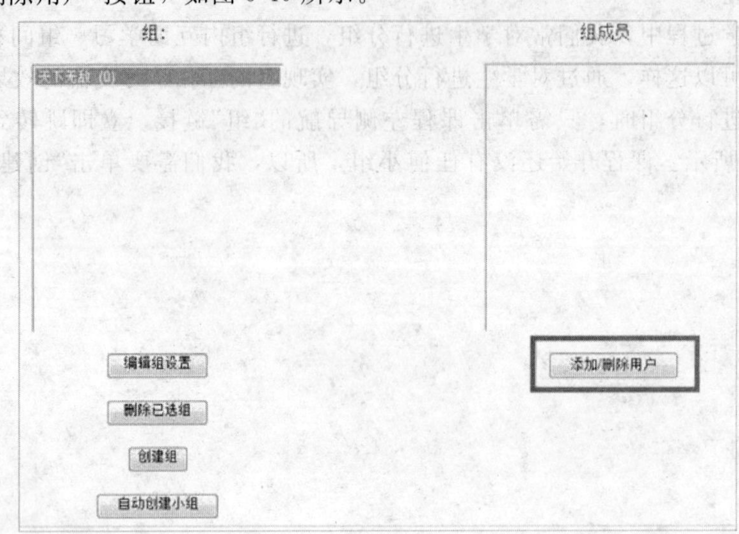


图 5-40　添加小组成员

这时，转到小组成员的添加/删除页面，如图 5-41 所示。我们选中需要添加到该小组的成员，然后单击“添加”按钮，这样，该成员就被添加到这个小组了。设置完成之后，单击“返回组”按钮，或者直接单击顶部导航中的课程链接即可。

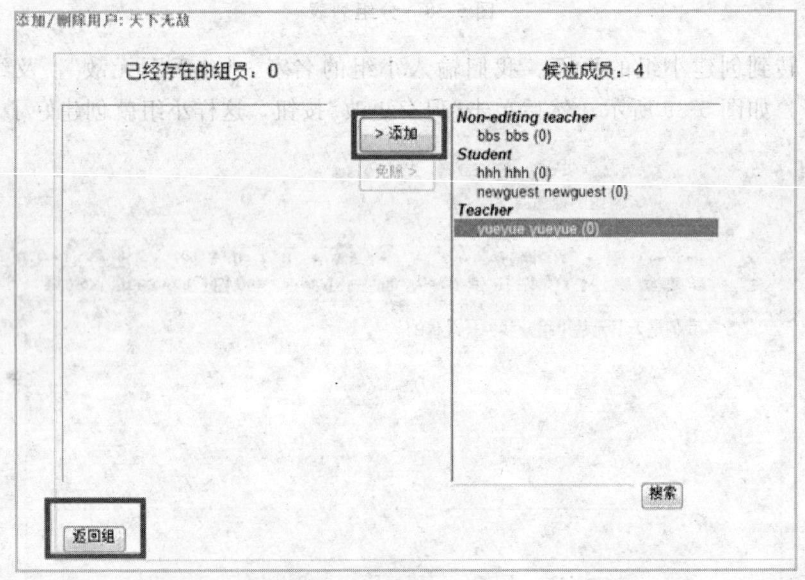


图 5-41　添加/删除成员

(3)管理课程评价系统

评价系统是课程管理系统重要的部分，现在主要采用成绩作为课程最主要的评价方式。给学习者设定成绩时，只需要单击课程左侧导航的“成绩”链接，立即转跳到成绩列表页面。默认情况下，成绩列表页面只能查看到学习者的成绩。如果我们需要设定或修改学习者成绩时，需要先“打开编辑功能”。然后再给学生输入成绩，如图 5-42 所示。

完成之后，单击“更改”按钮即可。

| | 信息技术与课程整... | | | | |
|---|---|---|---|---|---|
| 名 / 姓 | 编写教学设计方案 | 创建教学流程图 | 信息技术与课程整合 | 第一单元测试题 | 课程总数 |
| 控制 | | | | | |
| hhh hhh | 90.00 | 75.00 | | | 82.50 |
| newguest newguest | | | | | |
| 总平均数 | 90.00 | 75.00 | - | - | 82.50 |

更改

图 5-42　更改成绩

当然，你还可以到具体的活动中，如某一作业中，先查看学生提交的作业，然后再给他们打分。这里就不再一一叙述。

此外，我们还可以利用课程左侧导航中“管理”下的“报表”功能，来查看学习者的具体学习情况。

(4)实现课程的可重用性

课程管理系统提供了强大的功能，允许教师对做好的课程进行备份，以及从其他课程管理系统中导入课程的功能。需要备份、还原或者导入时，只需要单击左侧导航相应的链接，然后一步步进行操作即可，如图 5-43 所示。这部分操作比较简单，不再一一叙述。这里需要注意的是，为了课程的安全，我们需要经常性地对课程进行备份，以便出现异常时还能够进行还原。

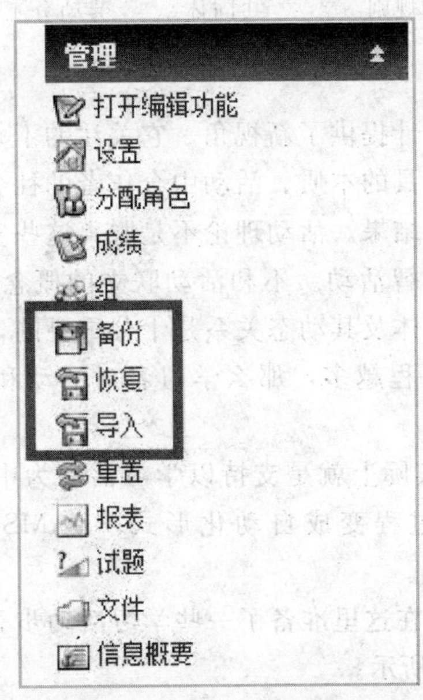


图 5-43　课程的可重用性

# 第三节 LAMS 教学环境的应用

## 一、LAMS 简介

LAMS 的全称是 Learning Activity Management System，即学习活动管理系统。由澳大利亚悉尼 MacQuarie 大学 James Dalziel 领导的项目组开发，该系统主要用于为学习者设计学习活动序列。LAMS 以信息化手段呈现动态化的教学过程，实现了教学活动设计的可共享和可重用；以学习者为主，引导学生通过学习活动的实施，掌握相关知识和技能；强调学习过程中的师生互动，使学习全过程可视化。

## 二、学习活动理论和信息化教学设计在 LAMS 中的应用

活动理论中分析的基本单位是活动。活动系统包含有三个核心成分(主体、客体和共同体)和三个次要成分(工具、规则和劳动分工)。次要成分又构成了核心成分之间的联系，它们之间的关系如图 5-44 所示。

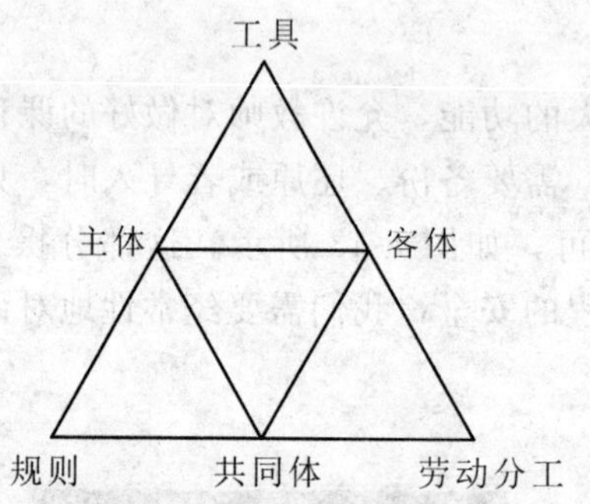


**图 5-44 活动系统图**

活动理论为信息化教学设计提供了新视角。它关注的不是知识状态，而是人们参与的活动、他们在活动中使用的工具的本质、活动中合作者的社会关系和情境化的关系、活动的目的和意图以及活动客体和结果。活动理论不是脱离这些实体来分析知识状态，而是把意识作为遍布于这些实体的心智活动。不和活动联立的概念、法则和理论是没有意义的。设计教学时，清晰描述这些实体及其动态关系是十分重要的，因为情境脉络越丰富，在这一情境脉络中有意识的思想过程越多，那么学习者对活动和思考过程所能建构的意义就越多。

基于 LAMS 的教学设计实际上就是支持以学习活动为中心的教学设计。LAMS 能够生成学习活动环境，使实施过程变成自动化形式；LAMS 能够控制学习活动的实施；LAMS 能够描述各种教学模式。

为了教师使用的方便我们在这里准备了一些学习活动步骤、活动目标、活动支架，以及活动实施的建议，如表 5-1 所示。

**表 5-1　实施建议**

| 学习理论 | 互动步骤(序列) | 活动目标 | 互动方式 | 活动支架设计 | 活动实施建议 |
| --- | --- | --- | --- | --- | --- |
| 基于问题的学习 | 1. 提出问题<br>2. 学习者细化问题<br>3. 学习者寻找相关信息<br>4. 学习者分析和评价相关信息<br>5. 学习者使用信息解决问题<br>6. 学习者提交解决方案 | 在学习者接触新概念时提供相关的探究问题，帮助学习者明确学习的目标，创设适量的学习压力，培养学习者的问题解决意识 | 个人或小组 | 待解决的问题、提供解决问题需要的资料 | 在设置问题情境的时候需要考虑学习者的入门技能，并且要给学习者提供解决问题所需的一切学习支架。LAMS 工具：问题与回答、聊天、共享资源、论坛、记事本 |
| 基于案例的学习 | 1. 提出关键词，概念和问题<br>2. 学习者表达他们对关键概念的理解<br>3. 提供案例<br>4. 学习者使用上面的关键概念分析案例<br>5. 学习者展示他们对关键概念的理解 | 通过案例来说明问题，以案例阐释理论，以案例制约行动 | 个人或小组 | 可以提供正例，还可以提供反例，也可以二者同时提供 | 案例不应过于复杂；<br>案例最好与学习者的专业领域相关，这样学习者能容易地读懂案例中隐含的要点；案例需要有时效性，不要采用过时的案例。LAMS 工具：公告板、论坛与书记、共享资源 |
| 基于任务探究 | 1. 创设情境，提出任务<br>2. 组织分工<br>3. 收集资源信息<br>4. 整理分析信息<br>5. 创建解决方案<br>6. 评价与展示作品 | 以任务为驱动，帮助学习者掌握各类实践性和操作性较强的知识和技能 | 小组 | 创设任务的情境、要探究的任务、提供所需要相关资源、评价量规 | LAMS 工具：公告板、讨论和书记、共享资源和论坛 |
| 操作与练习 | 1. 展示方法或技能<br>2. 学习者练习<br>3. 测试练习成果<br>4. 展示下一个方法或技能 | 通过课堂中的操作与练习，可以将抽象的知识可操作化，有利于学习之后的实际应用，并可以获得及时反馈 | 个人 | 提供练习的内容材料、练习的任务、练习时可参照的样章，以及测试或比赛的相关材料、展示分享记录表 | 练习活动最好与现实的任务相结合。LAMS 工具：公告板、多项选择 |
| 示范模仿 | 1. 学习者观察活动<br>2. 讨论和反思 | 通过举例、过程演示等方式，为抽象概念提供示范 | 全班 | 提供示范的材料 | 示范可以是正例，也可以是反例。LAMS 工具：公告板、论坛和书记、笔记本 |

## 三、LAMS安装使用

由于LAMS采用的是Java编程，因此广泛地适用于Windows、Linux、Mac OS X、Solaris等各类操作系统。下面将以Windows操作系统为例，对其安装与配置进行详细说明。在安装LAMS前，需预先完成J2SDK、MySQL、Openfire的安装配置。

**1. J2SDK 的安装**

由Java编写的LAMS，需要完整的Java开发环境支持。同时，它对Java的版本也有要求，需要1.5及以上版本。我们可以从SUN公司的网站(http：//java. sun. com)下载获得所需版本，执行J2SDK的安装程序，按默认设置进行安装。

安装完成J2SDK后，需对其环境变量进行配置。假定J2SDK安装路径为C：\ j2sdkl. 5. 0，则应该执行“我的电脑→属性→高级→环境变量→系统变量”命令，在其中添加如下环境变量：

(1)JAVA _ HOME=C：\ j2sdkl. 5. 0。

(2) classpath =% JAVA _ HOME% \ lib \ dt. jar;% JAVA _ HOME% \ Iib \ tools. iar。

(3)Path=%JAVA _ HOME% \ bin;%JAVA _ HOME% \ jre \ bin。

配置完成后，在开始菜单中打开运行，输入cmd进入命令行模式，输入java-version。此时如果检测到所安装Java的版本号则说明安装成功。

**2. 数据库服务器 MySQL 的安装**

MySQL的安装文件可以直接到网站(http：//www. mysql. com)下载。下载解压后，直接运行setup. exe即可。安装完成后的MySQL，默认用户名为root，密码为空。

假定其安装路径为C：\ MySQL，用户可在开始菜单中打开运行，输入cmd进入命令行模式，输入cd C：\ MySQL \ bin，按Enter键，将目录切换为cd C：\ MySQL \ bin。在C：\ MySQL \ bin>命令提示符下输入mysqld-nt-install命令，再次按Enter键。如果出现“Service successfully installed”的提示，则表示已成功地将MySQL安装成一项Windows服务。

启动MySQL服务的方法有以下三种：

(1)重启计算机时自动启动。

(2)在服务窗口中选取MySQL服务名称，单击启动按钮。

(3)在命令行模式下输入net start mysql指令。

**3. 即时消息传输软件 Openfire 的安装**

开源IM服务器Openfire(前身为Wildfire)，由Jive Software主导开发，是一款完全利用java实现、基于XMPP协议和Web的即时消息传输软件。LAMS主要利用它来控制聊天室。

用户可在官方网站(http：//www. igniterealtime. org/downloads/index. jsp # openfire)中下载获得安装程序，按默认设置进行安装即可。

安装完成Openfire后，用户需要通过输入http：//127. 0. 0. 1：9090对其聊天服务器进行配置。配置主要包括语言选择、服务器设置、数据库设置和管理员账户四个部分。

语言选择中可以选择简体中文；服务器设置中各项均保持默认即可；数据库设置中选

择“嵌入的数据库”；在管理员用户中可以为 Openfire 聊天服务器设置一个管理员账户，用于登录 Openfire 的管理控制台(默认管理员账户和密码均为 admin)。

需要注意的是，配置结束后最好不要直接单击“launch admin”进入管理控制平台，而是需要“stop”后再“start”，否则易造成登录失败。另外，Openfire 需要 jre1.6 的运行环境，否则会在配合 LAMS 共同使用的过程中出现错误。

**4. LAMS 程序包的安装**

用户可以在 LAMS 的官方网站(http://www.lamsfoundation.org)下载获得所需版本。建议安装功能更全的 2.3 版本。双击运行后，安装程序会自动检查是否已经安装了 MySQL 和 Openfire，并收集相关程序信息，建立对应的连接，以形成一个完整的系统。在 LAMS 的安装过程中主要有以下几个步骤：

(1)MySQL 的设置。LAMS 会自动检测到 MySQL 的位置，因此不需要手动设置其安装路径，只需要在超级用户密码设置处输入安装 MySQL 数据库时所设置的密码即可(没有设置的此处留空)。LAMS 会在 MySQL 数据库中创建一个属于自己的数据库，用来存放会话信息，并为新创建的数据库创建使用账号和密码。

(2)J2SDK 的设置。LAMS 会自动检测到 J2SDK 的位置，因此也不需要手动设置其安装路径。用户只需要创建学习内容存储目录即可。LAMS 允许将学习内容存储目录设置到其他的盘符。

(3)服务器的配置。在实际教学应用中，为保证其他用户的顺利访问，LAMS 服务器的主域名应该设置为服务器的 IP 地址。

(4)端口号。应保持 LAMS 服务器默认的运行端口 8080。

(5)语言设置。LAMS 支持包括汉语在内的 23 种语言，从下拉列表中选择简体中文即可。

(6)管理员设置。该用户为登录 LAMS 系统的初始管理员用户，具有最高的权限，首次登录 LAMS 时必须使用该账户。

至此，LAMS 平台的构建基本完成。用户可输入 http://servername:portnumber/lams/访问 LAMS；如 IP 地址为 172.18.17.70，则输入 http://172.18.17.70:8080/lams/进行访问；如果是本机，可使用 localhost 或 127.0.0.1 代替 IP 地址。

## 四、LAMS 案例分析

下面是上海市某中学 LAMS 平台设计网络研究性学习活动，内容为高一信息技术课程中计算机安全。活动设计内容如表 5-2 所示。

**表 5-2　《计算机病毒》活动设计**

| 研究环节 | 活动类型 | 学习活动内容设计 | 选用的 LAMS 活动工具 |
| --- | --- | --- | --- |
| 情境导入 | 目标提示 | 同学们，本节课我们将在网络环境下学习《计算机病毒》一课，要求大家了解信息安全的内涵、计算机病毒的概念与特性，……这将是一次非常有意义的学习体验，好，下面就让我们展开这次不同寻常的学习之旅吧！ | 公告板 |

续表

| 研究环节 | 活动类型 | 学习活动内容设计 | 选用的LAMS活动工具 |
|---|---|---|---|
| 情境导入 | 任务呈现 | 假如你所在的小组被选为学校信息安全宣传员，针对信息安全以及计算机病毒方面的知识给其他同学做一个具体的讲解和汇报。汇报时老师希望你们至少从以下几个问题准备汇报资料…… | 公告板<br>笔记本 |
| | 问题表征 | 在当代信息社会里，计算机的应用已经深入到各个角落…… | 公告板 |
| | 先决知识考查 | 你对计算机病毒的了解情况是怎样的？请选择一个或多个你认为正确的答案作答…… | 调查 |
| 课题准备 | 概况说明 | 了解计算机病毒，我们先从一段动画开始。<br>Flash动画：病毒的自由 | 公告板<br>（添加播放动画功能） |
| | 基础知识讲授 | 计算机病毒是一种人为编制的程序或指令集合…… | 公告板<br>记事本 |
| | 资源提供 | 下面提供给同学们一些资源，包括网络链接地址及Word文档，请大家认真查阅资料。并在阅读资料的过程中把你认为重要的内容利用笔记本工具记录下来…… | 资源共享<br>笔记本 |
| 研究实施 | 思想交流 | 下面同学们将分为四个小组，通过小组合作来完成计算机安全宣传员的活动任务…… | 公告板<br>分组工具<br>聊天与书记 |
| | 资料收集整理 | 研究问题当然离不开查找资料。而资料收集当然离不开百度和谷歌，要想搜到准确的信息当然离不开准确的关键词，那么大家分头行动吧！<br>Internet中的信息检索…… | 资源共享<br>笔记本 |
| | 作品设计 | 研究结束，请大家讲自己的内容做成PPT的形式，在小组讨论区中贴出，并由小组长负责将大家的内容汇总，制成总的PPT | 论坛工具 |
| 总结反思 | 作品提交 | 请每个小组将PPT作品上传 | 作品提交 |
| | 作品评价 | 各小组PPT作品如下，请同学们对各组作品做出评价，可以指出不足，也可以说明优点，可以自评也可以他评 | 资源与论坛的混合工具 |

活动设计完成后根据活动设计表的LAMS活动工具，在LAMS平台的设计模块中具体实现，本课程的LAMS活动设计流程总图如图5-45所示。

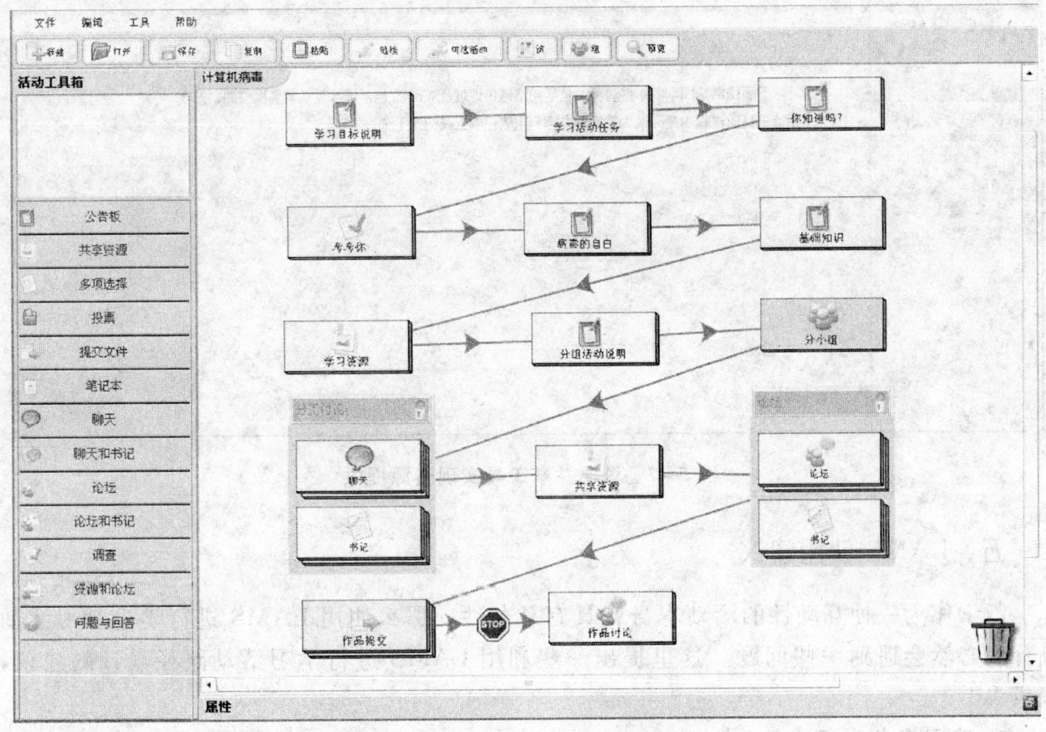


图 5-45 《计算机病毒》LAMS 活动设计总图

LAMS 也可以出色地完成具体活动内容的呈现和支持，例如：用公告板活动工具实现学习目标的呈现，如图 5-46 所示。

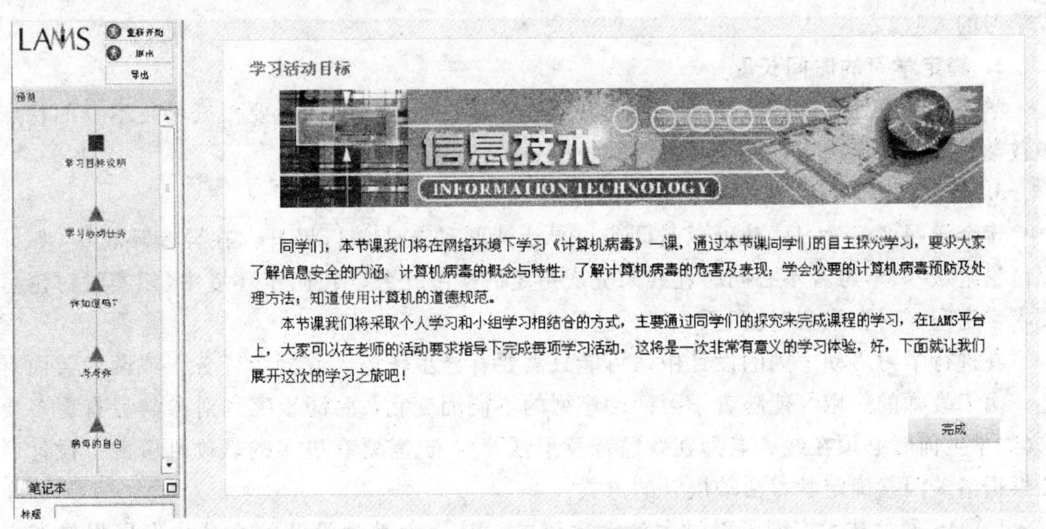


图 5-46 公告板介绍课程目标

用资源共享工具实现多种类型资源的提供，如图 5-47 所示。

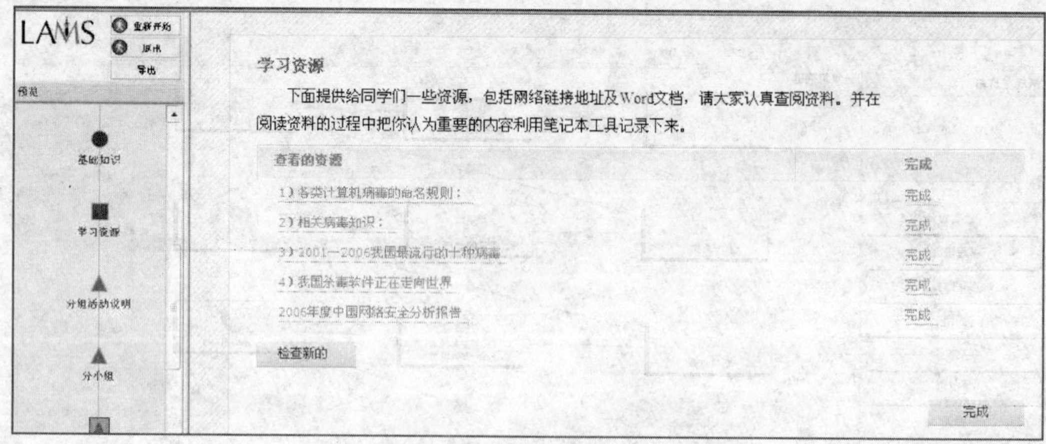


图 5-47 资源共享工具实现资源提供

## 五、LAMS 使用建议

教学作为一种互动性的活动本身就具有复杂性，那么使用 LAMS 进行学生学习活动设计时必然会遇到一些问题。这里提出一些利用 LAMS 进行学习活动路径设计的建议，以供参考。

**1. 确定参与学习人数**

在线学习的过程一般涉及多个参与人，可能是老师与一个或多个学习者之间的互动，也可能是多个学习者或一组学习者之间的交互。多学习者之间的协同活动中有许多种可能的结构，设计者要考虑到这些情况。设计者要根据教学材料、课程内容等因素决定参与在线学习的人数。

**2. 确定学习的时间长度**

学习活动序列可能持续数天、数周甚至于数月。因此，设计者要根据科目本身的特点和教学材料等因素决定在线学习的时间长度。

**3. 确定同步、异步或同异步并行的方式**

多个学习者的学习活动可以是同步、异步或两种方式并行展开。在异步环境中(如异步讨论论坛)，学习者不必同时在线来完成指定的学习任务；在同步环境中(如实时讨论)，要求学生间同时在线实时交互。

在进行学习活动序列的设计中，可能只需要有异步任务，或同步任务，或两者兼而有之。由于教师的作用可能随着学习活动序列的不同而变化，而同步序列对参与者有更多要求(如学生何时必须在线、老师在线监督及干预等)，也需要有更多的软硬件资源。设计者要根据诸多因素确定学习活动展开的方式。

LAMS 通过技术实现了对学习活动序列的设计，为教学设计的个性化发展提供了方向。LAMS 为教师提供了可行性在线学习活动序列的设计框架，从而真正满足教师在网络教学中实现个性化教学的目标。因此，LAMS 将成为网络教学平台的一个发展趋势。

# 第四节　Web 2.0 网络环境的应用

## 一、基于 Web 2.0 的虚拟学习社区

**1. Web 2.0 的概念**

Web 2.0 的概念，最早出现在 2002 年 Dermot McCormack 的《Web 2.0》一书中，后来由 Tim O'Reilly 于 2004 年 10 月在 O'Reilly 公司和 MediaLive 国际公司之间的头脑风暴会议上正式提出。Web 2.0 的产生不是偶然的，而是互联网发展的必然结果。

关于什么是 Web 2.0，目前尚没有统一的定义，互联网协会对 Web 2.0 的定义是：Web 2.0 是互联网的一次理念和思想体系的升级换代，由原来自上而下的由少数资源控制者集中控制主导的互联网体系转变为自下而上的由广大用户集体智慧和力量主导的互联网体系，Web 2.0 内在的动力来源是个体积极地参与到新的互联网体系中来。互动百科则认为，Web 2.0 是以 Flickr、Craigslist、Linkedin、Tribes、Ryze、Friendster 等网站为代表，以 Blog、Tag、SNS、RSS、Wiki 等应用为核心，依据六度分隔、xml、Ajax 等新理论和技术实现的新一代互联网模式，是信息技术发展引发网络革命所带来的面向未来、以人为本的创新 2.0 模式在互联网领域的典型体现。

Web 2.0 重视利用大众的力量和智慧，关注的是内容和服务，而不是商业模式，强调参与者不仅仅是少数重要用户，而是渗透到全体用户，包括大量的普通用户，较为注重长尾效应。在 Web 2.0 时代，互联网将能更好地成为用户参与、交流、贡献的平台。

**2. Web 2.0 特点**

对于 Web 2.0，Tangos 认为关键在于四个重要的特性：可重用的微内容、以用户为中心、社会性、用户参与的架构。Web 1.0 与 Web 2.0 作为 Web 发展的阶段，其核心理念却大大不同。如 Web 1.0 谈门户，Web 2.0 谈个人化；Web 1.0 谈内容，Web 2.0 谈应用；Web 1.0 谈密闭、大而全，Web 2.0 谈开放、联合；Web 1.0 是网站中心化，Web 2.0 是个人中心化；Web 1.0 是一对一的显性知识与显性知识的交流，Web 2.0 是社会性网络中的显性知识与隐性知识的分享、管理和积累。

因此，在 Web 1.0 里，互联网是"阅读式互联网"，而 Web 2.0 是"可写、可读互联网"。这种"可读写"的网络表现在用户是一种双通道的交流模式，即网页与用户之间的互动关系由传统的"推送"模式演变成双向交流的模式。而对于 Web 服务的开发者来说，Web 2.0 带来的是服务的亲和力、可操作性、用户体验以及可用性。因此，Web 2.0 更接近 Internet 的本质，即分享、自由、平等和开放。另外，Web 2.0 所推崇的"真实化"理念又使它具备越来越高的可信度，通过 Web 2.0，用户可以建立和现实生活类似的社会交往，使得网络和现实生活开始真正地交融，更加直接、明晰和可控。

**3. Web 2.0 的典型技术**

Web 2.0 的理念体系还在不断发展完善中，并且会越来越清晰。目前，Web 2.0 的已成型应用元素包括博客、RSS、Web Service、开放式 API、Wiki、Tag、Bookmark、SNS、Ajax 等，如图 5-48 所示。

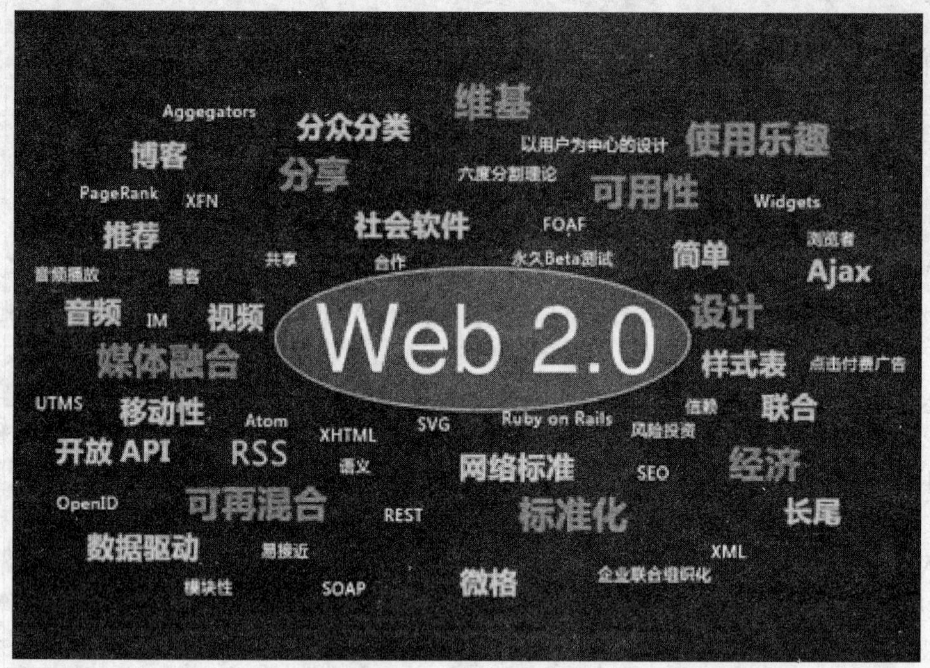


图 5-48 Web 2.0 应用元素

(1)Ajax

使用 Ajax 技术可以使 Web 中的界面与应用分离。服务端只注重数据的逻辑处理而不必关注 Web 界面的呈现，数据呈现的工作将交给 Ajax 引擎来做，从而使得每一位学习者都可以在虚拟学习社区中定制个性化的学习平台，学习者使用 Ajax 搭建的虚拟学习社区几乎所有的操作都会很快响应，避免了页面重载的等待，方便快捷。

(2)RSS

RSS 是一种用于 Web 站点之间内容共享的数据交换规范，也叫聚合内容。RSS 的目的在于给 Web 上不同端点间提供一种内容交换的机制，RSS 技术标准本身就是为这种内容交换而定义的一套规范。在虚拟学习社区中提供 RSS 阅读器服务，社区学习者可以订阅自己感兴趣的其他学习站点或社区内其他学习者个人站点的最新文章标题和内容摘要。如果学习者对某个内容感兴趣，可以通过摘要中提供的链接阅读全文，有利于降低社区学习者在阅读无关信息上的时间浪费。

(3)Tag

Tag 是一种灵活、有趣的分类方法，是“分类”与“关键词”的集合体。使用 Tag 最大的好处是学习者不必拘泥于已有的分类方法。可以按照自己的思维方式对虚拟学习社区中的知识资源进行分类管理，并且学习者可以为同一个资源贴上好几个 Tag，方便将知识资源从不同的角度进行分类。当学习者在虚拟学习社区中积累了一定数量的 Tag 之后，可以通过对这些 Tag 进行分析，总结出自己最感兴趣的领域和自己对知识的分类准则。同时，Tag 的使用也使得知识资源之间的相关性和学习者之间的交互性大大增强。在虚拟学习社区内借助 Tag 标注，通过查找与自己使用相同的 Tag，可以帮助用户找到与自己具有共同兴趣的人，进行非正式的交流学习。

(4)网摘

通俗地讲，网摘就是一个在线的 IE 收藏夹，用户可以收藏每一个正在阅读的网页、网站，将它们保存下来以备日后检索。网摘改变了过去人们使用 HTML 网页、纯文字和保存链接等方法保存互联网上信息的习惯，使得用户在收藏链接的同时，还可以编写链接内容摘要，并且能够对保存的链接进行分类。网摘的优势在于，用户所收藏的页面都保存在网络服务器上，而不是某个特定的计算机上，因此，用户永远也不用担心因为重装系统而导致收藏夹的丢失，而且还能随时随地地通过连入互联网的机器访问自己的网摘。网摘充分体现了 Web 2.0 的分享特点，每个用户都可以很容易地将自己的网摘与朋友分享。

**4. Web 2.0 与虚拟学习社区的契合点**

传统的基于 Web 1.0 的虚拟学习社区存在着种种不足，比如网站以引导为主，不以用户为中心，不重视用户参与的重要性，用户的贡献值几乎为零，等等。Web 2.0 的到来，代表互联网发展到了一个新的阶段，它不是一种具体的网站架构、运行模式，更多的是强调一种人人参与、人人创造价值的理念，追求的是用户的参与度与体验度，最大化共享个人知识，形成具有很强认同感的社区。Web 2.0 的主服务和应用能够充分体现人的主体性，尊重人的个性，能够为用户的主动参与和贡献提供有利的支持。

因此，在虚拟学习社区中有机地整合 Web 2.0 的各种服务，改变基于 Web 1.0 技术的虚拟学习社区的结构功能模块和用户参与方式，有利于解决过去虚拟学习社区只重协作学习但不能为学习者提供个性化学习服务的问题，Web 2.0 更为丰富的协作学习方式使学习者的学习兴趣大大提升，同时能够更好地促进学习社区的形成，加强社区学习者的社群认同感，使学习资源的交流与分享更加高效，能够使每个学习者的能量得到最大的发挥，使整体智慧不断地增加，改变以往学习者只能被动地与机器交互，缺乏人与人之间的互动，学习者主体性不强的缺点。

**5. 虚拟学习社区的功能**

一般来说，一个能够满足学习者学习需求的虚拟学习社区应具有以下功能：

(1)注册与登录：学习者经过简单的注册，成为具有网站规定会员权限的虚拟学习社区成员。

(2)学习者独立的个人空间：学习者注册以后，应拥有自己的个人空间。学习者可以自由记录自己的学习心得、学习过程、思想片段，可以方便地与其他学习者交流，能够看到在社区中具有相同学习、研究兴趣的伙伴，并能够进行交流学习，自由结合成学习共同体，进行更深入的讨论、学习、交流。

(3)搜索：学习者在有某种学习需求或某方面兴趣的时候，能够随时找到社区内的相关资源或具有该方面知识兴趣的学习者进行交流学习，或者自由结合成学习共同体，进行更深入的学习交流。

(4)学习共同体的生长空间：为学习共同体小组提供多种群组空间进行群组内的互动交流，如博客群、Wiki、小组 BBS 等，使学习者能够充分地交流互动，形成群组知识。

(5)知识获取与推送：学习者可以借助于 RSS 订阅功能，自动获取自己感兴趣的知识、群组消息等。另外，系统也可以根据学习者的兴趣，定时向学习者推送相关的知识。

(6)知识存储：将社区内学习者交流的知识沉淀下来，积累起来，供更多的学习者学习使用，比如精华推荐、置顶、标签云等手段可以使优质资源突出显示，有利于知识的检索。

**6. 虚拟学习社区的结构**

虚拟学习社区中的系统角色主要包括：学习者、核心领袖(由具有某方面专业知识的优秀学习者担当)、设计者、管理员和技术人员。

(1)学习者：利用虚拟学习社区与具有共同兴趣的学习者进行非正式的交流和学习。

(2)核心领袖：由学习共同体内做出突出贡献的、具有较扎实专业知识的优秀学习者担当，引领该学习共同体的思想观念、活动开展、成长方向等。

(3)设计者：按照某种设计理念和学习理论，设计虚拟学习社区的总体结构，并在实际运营过程中，不断添加新的功能，扩展和完善虚拟学习社区。

(4)管理员：管理学习者的注册信息，并维护社区的正常运营。可以由具有相关兴趣的学习者来担当。

(5)技术支持人员：按照设计者的理念，进行系统实现，并在实际运营过程中为学习者和管理员提供实时的技术支持与帮助。设计者和技术支持人员是虚拟学习社区的间接参与人员，但对社区的顺利运行至关重要。

对于虚拟学习社区的结构组成，进行相关研究的学者主要关注三个层面：技术、学习内容和社会交流。如 Carabarjal、Lapointe 和 Gunawardena 描述的虚拟学习社区的三个维度：技术维度、学习任务维度和社会交往维度。技术提供了会话的空间和工具；学习任务是指与课程学习有关的学习材料、资源和活动等；社会交往指的是参与者需要通过经常性的联系来维持一定程度的相互关心和理解，从而形成对整个群体的归属感和社会情感纽带。社会交往使社区成员获得学习的满足感，有助于群体的形成和保持，因而对学员的学习结果有积极的促进作用。

Tu 和 Corry 则提出了一个三角形理论模型，即虚拟学习社区由教学、社会交往和技术三个主要维度组成。一个理想的虚拟学习社区在设计过程中应充分考虑这三个维度的均衡发展，对不同方面的倚重会导致不同的学习社区类型，如形成教师主导的、技术主导的或社会交往主导的学习社区。此外，根据不同时期的不同情况，学习社区可能侧重于发展不同的维度。如某社区在开始时侧重于社会交往和技术方面，教学任务在随后的活动中结合进来。Tu 和 Corry 所提出的三角形理论模型，其独特之处在于它不仅解释了各类社区的形成，也指出在不同的学习阶段、学习社区可能呈现出不同的特点。

**7. 虚拟学习社区的设计原则**

虚拟学习社区中的学习方式是学习者的自主学习。根据对学习者个性因素的研究，我们认为学习者的有恒性个性因素可能影响学习质量。有恒性因素分值高的学习者具有从一而终的个性特征，这类学习者将表现得比较适应远程教育的学习方式；而有恒性低的学习者由于在远程教育中不能坚持较长时间的网上主动学习而影响了学习质量。因此，虚拟学习社区的设计必须针对学习者的个性特征，通过兴趣吸引、学习进度监测与及时的学习质量评价等方式来督促学习，保证教学质量。

学习方式主要有两种：一种是传统学习方式，另一种是基于网络的协作化学习方式。因此，虚拟学习社区的设计应考虑设计多种学习方式，适应具有不同个性因素的学习者。

创造能力高的学习者对事物敏感性高，容易对事物发生兴趣，也更喜欢从新渠道获取更多的知识。创造能力低的学习者则可能因个性原因上网时间相对较少，导致网上学习时数的不足，影响学习质量。因此，在进行虚拟学习社区设计时应考虑设计一个学习资源中心，为学习者提供简单易用的资料上传和下载的功能，以保证教学和学习质量。

通过研究学习者的个性心理因素，例如：学习态度、学习方式、学习评价需求与上网时间相关性，我们认为网络学习社区的设计应遵循以下几个原则。

(1)管理原则

考虑到学习者个性因素，社区应具备完善的管理制度，并应以多种学习活动来促进社区的管理和成员的交流。

(2)自治原则

考虑到学习者的创造性和在新环境中的成长能力，社区应实行学习者自治制度，以促进发展并完善学习者的自主学习方式；社区应具有学习资料中心、虚拟图书馆及信息检索工具等，以方便学习者搜寻有关学习资料。

(3)评估原则

考虑到学习者的有恒性因素，社区应提供完善的学习评价及学习监测系统，以保证学习者的学习进度与质量。

(4)多样性原则

考虑到个性因素，社区应提供多种学习方式，如个别化学习方式和协作化学习方式相结合，以提高学习者的学习质量。

## 二、博客创建与教学应用

博客也叫 Blog，近几年来发展迅速，正日益成为一种主流的网络交流方式。博客作为一种网络学习工具，以其交流、反思、个性化等特性受到了广大师生的喜爱，已被广泛地运用到教学中。如教师教学博客的开通、学生学习博客的兴起、班级博客的创建等。现在流行的博客种类繁多，不同的博客也有不同的使用群体。目前，国内优秀的中文博客网有：新浪博客、搜狐博客、中国博客网、腾讯博客、博客中国、网易博客等。

博客在教育中的应用潜力非常大，老师在教学的过程中、学生在学习过程中都可能会遇到收集、分析、共享资料的情况。博客就可以在这种情况下为师生之间提供一个交流与共享的平台。通过博客学生可以记录学习过程、展示学习成果、整合相关资源、通过超链接建立交流社区。教师可以及时引导、参与讨论、评价鼓励，学生之间可以进行自由交流。

博客社区的功能在教学上可以体现在以下七个方面：

(1)学生学习记录的电子档案。常用于学生对于教学的反馈、家长对学校教育的协作、学生的社会实践活动情况的汇报、研究性学习的学习资源收集整理，学生社团的兴趣爱好活动合作等。

(2)课堂教学的辅助管理。教师可把教学的纲要、学习方法指导、作业发布到 Blog 上，对学生的作业进行评价以及提供学习资源链接的在线门户。

(3)协作学习。教师提供一个任务或话题，让学生共同参与。学生获取话题或任务后，自己查阅资料，把自己的想法观点张贴出来，以和他人交流，同时要阅读别人的 Blog，并积极反思和修正自己的观点。

(4)家校沟通平台。这种方式让学校内部的成员之间，学校内部成员和外部成员之间，个人(教师、学生、家长)与学校之间可以进行更好的沟通、进行相互之间的协作。

(5)学校知识管理。博客聚集了各种零碎的知识，使教师和学生的隐性知识得以自然地转移到博客中。

(6)教师职业训练。作为教师职业培训的数字档案和学习记录，通过该种博客日志，既可以使教师相互之间进行协作和交流，也可以对教师进行远程的培训。

(7)教育叙事研究。以 Blog 形式进行教育叙事研究，能脉络清晰地展示教师对教育实践的观察和反思过程。一方面为教学研究积累丰富的原始素材和案例，更为重要的是有力地促进了教师本人的专业发展。

**1. WordPress 系统的安装**

WordPress 是一种使用 PHP 语言开发的博客平台。用户可以在支持 PHP 和 MySQL 数据库的服务器上架设自己的网志。也可以把 WordPress 当做一个内容管理系统(CMS)来使用。WordPress 是一个免费的开源项目，在 GNU 通用公共许可证下授权发布。

其安装步骤如下：

(1)安装 PHPnow1.4.5(安装过程见"视频操作示范")，并把 WordPress 安装文件夹复制到 PHPnow 安装目录的 htdocs 文件夹里，如图 5-49 所示。

**图 5-49 复制 WordPress 安装文件夹**

(2)输入 http://127.0.0.1/phpMyAdmin/，在你的主机上为 WordPress 建立一个数据库，名为 blog，如图 5-50 所示。

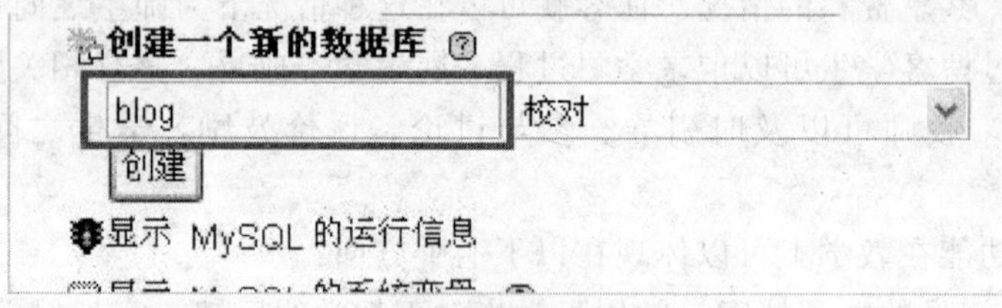


**图 5-50 创建数据库**

(3)在 IE 浏览器中输入 http://localhost/wordpress，出现界面如图 5-51 所示。单击"创建安装配置文件"按钮，开始安装，填入数据库相关信息，如图 5-52 所示。

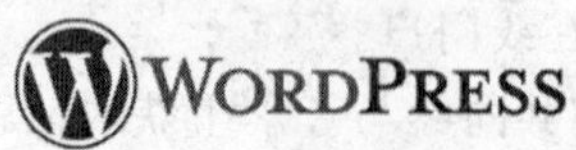


**图 5-51 开始安装界面**

WORDPRESS

您需要填写以下一些数据库连接信息，如果您不确定如何填写，请联系您的主机提供商。

| 数据库名 | blog | 填写您将要安装 WordPress 数据库的名字。 |
| --- | --- | --- |
| 用户名 | root | 填写该数据库的用户名。 |
| 密码 | 123456 | 填写该用户的密码。 |
| 数据库主机名 | localhost | 绝大多数的情况下，您不需要修改本项。 |
| 数据库表前缀 | wp_ | 如果您想在同一个数据库里安装多个 WordPress 实例，请修改本项。 |

Submit

图 5-52　设置数据库信息

(4)在“Blog 标题”和“电子邮箱”框里输入信息，如图 5- 53 所示。单击安装 WordPress 直至安装完毕。

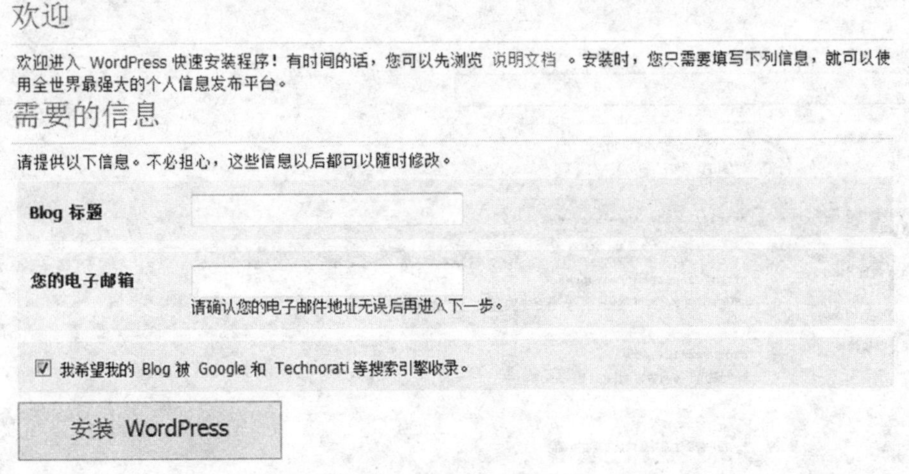


图 5-53　WordPress 安装成功页面

**2. 创建自己的教学博客**

(1)设置博客名称

WordPress 成功安装过程中，如图 5-54 所示。在页面中输入你的博客名称和邮箱地址。单击“安装 wordPress”按钮之后，系统会自动安装博客系统，并且生成管理员用户名(admin)和随机密码，并记住随机密码。同样也可以在登录以后，在“设置”选项卡里设置博客名称和邮箱地址，如图 5-55 所示。

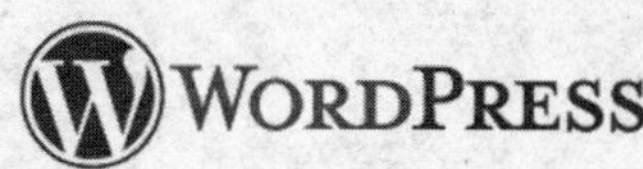

欢迎

欢迎进入 WordPress 快速安装程序！有时间的话，您可以先浏览 说明文档 。安装时，您只需要填写下列信息，就可以使用全世界最强大的个人信息发布平台。

需要的信息

请提供以下信息。不必担心，这些信息以后都可以随时修改。

Blog 标题 我的教学反思

您的电子邮箱 bloguser@126.com

请确认您的电子邮件地址无误后再进入下一步。

☑ 我希望我的 Blog 被 Google 和 Technorati 等搜索引擎收录。

安装 WordPress

图 5-54 设置博客名称和邮箱

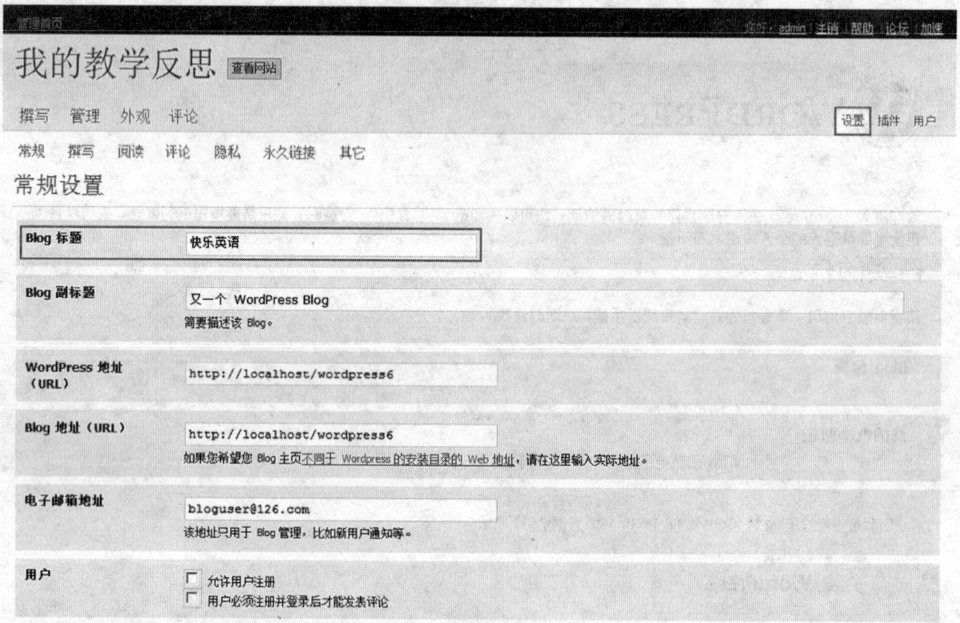

管理首页 您好：admin | 注销 | 帮助 | 论坛 | 加速

我的教学反思 查看网站

撰写 管理 外观 评论 设置 插件 用户

常规 撰写 阅读 评论 隐私 永久链接 其它

常规设置

Blog 标题 快乐英语

Blog 副标题 又一个 WordPress Blog

简要描述该 Blog。

WordPress 地址（URL） http://localhost/wordpress6

Blog 地址（URL） http://localhost/wordpress6

如果您希望您 Blog 主页不同于 Wordpress 的安装目录的 Web 地址，请在这里输入实际地址。

电子邮箱地址 bloguser@126.com

该地址只用于 Blog 管理，比如新用户通知等。

用户 ☐ 允许用户注册 ☐ 用户必须注册并登录后才能发表评论

图 5-55 设置博客名称

(2)撰写日志

以管理员的身份登录到博客管理后台，在页面上方单击“撰写”按钮，就可以轻松完成日志的撰写。在“标题”栏里输入你的日记标题，在“日志”框里输入你的教学反思日志。如图 5-56 所示。完成之后可以在右方单击“保存”或者“发布”按钮。

单击页面上方博客名称旁的 查看网站 按钮，就可以看到博客的用户界面，如图 5-57 所示。

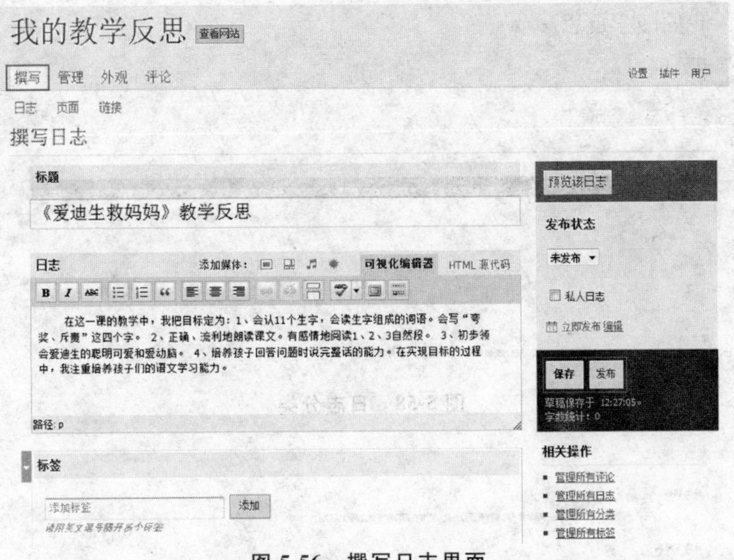


图 5-56　撰写日志界面

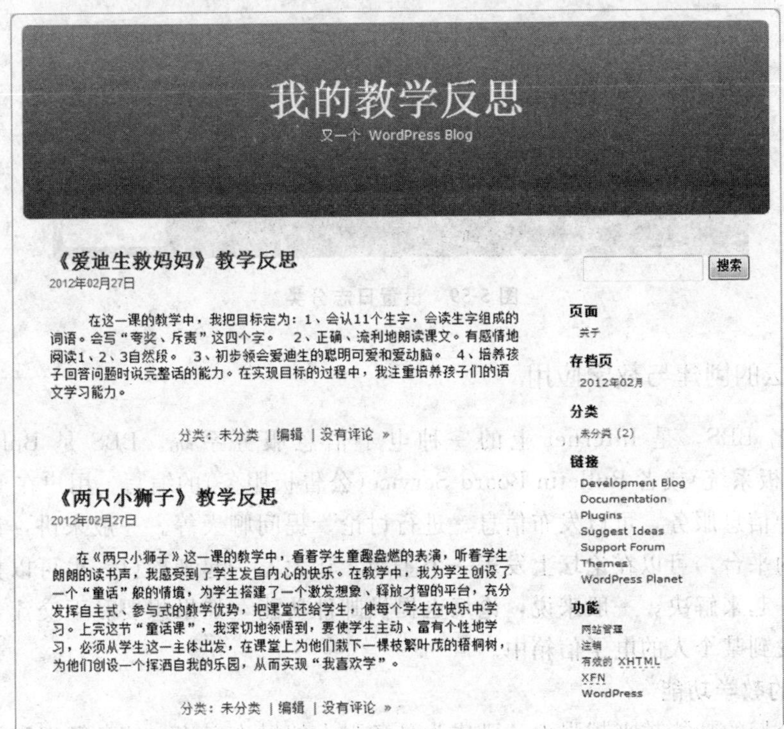


图 5-57　博客系统用户界面

### 3. 管理和设置博客

在博客系统管理界面，除了撰写日志功能之外，还有其他管理的功能。如对日志进行分类，如图 5-58 所示；在网站上加入链接、导入其他博客系统的评论等功能；评论功能主要是帮助管理员审核评论，对评论进行删除等操作；外观功能主要是帮助用户选择合适的外观风格，并且可以通过官方网站获取更多相关的主题外观。

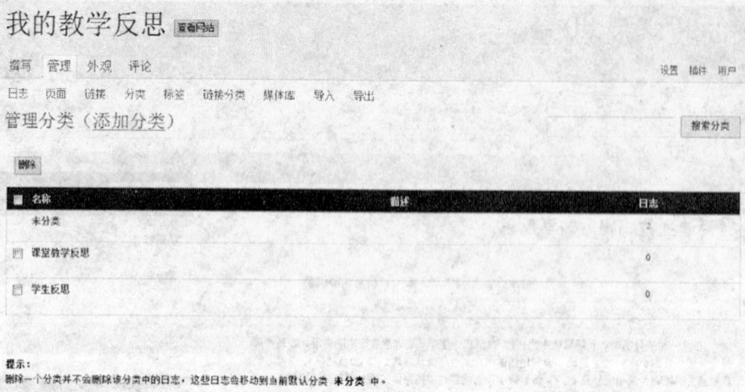

图 5-58　日志分类

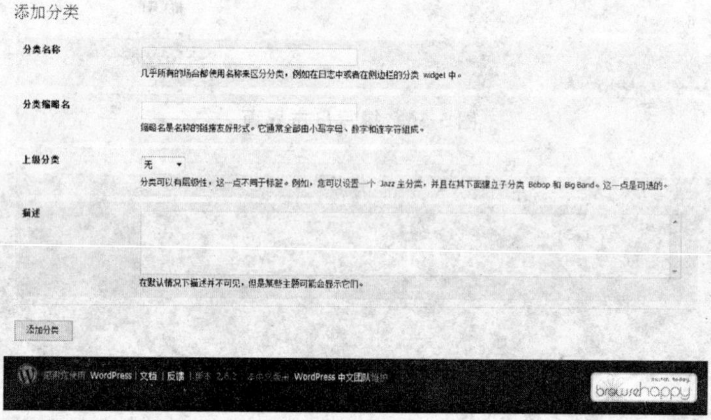

图 5-59　设置日志分类

## 三、论坛的创建与教学应用

论坛又名 BBS，是 Internet 上的一种电子信息服务系统。BBS 是 Bulletin Board System(公告板系统)或者 Bulletin Board Service(公告板服务)的缩写。用户在 BBS 站点上可以获得各种信息服务，可以发布信息、进行讨论、提问聊天等。一般来讲，论坛就是在网络上交流的平台，可以在论坛上发表一个主题，让大家一起来探讨，也可以提出一个问题，让大家一起来解决。一般来说，论坛也提供邮件功能，如果想要私下交流，可以将想说的话直接发到某个人的电子信箱中。

**1. 论坛的教学功能**

目前，论坛的功能越来越强大，已成为具备强大的讨论交流、信息管理和用户管理功能，并且整合短信平台于一体的信息交流平台。而教学过程正是一个知识传递、师生信息互动的过程，可以借助论坛的部分功能构建我们的信息技术网络教学平台。并且越来越多的教师、学校和教学管理部门为了教研交流、教育管理、共享资源等，也建立了各种论坛。在教学中，论坛的功能具体性表现如下：

(1)学生信息管理

利用用户管理功能，构建学生信息管理系统。通过在线统计功能，了解学生的学习动向与考勤情况。

(2)积分制度

积分制定可借鉴到教学中来，用等级制来提高学生参与学习的热情，给自主学习增加了无形的内驱力。

(3)构建网上开放课堂

利用分论坛和文章管理系统，构建网上开放课堂。基于 BBS 的信息技术课堂，可设置教学信息发布栏目、学生作业分论坛、第二课堂分论坛和学习答疑分论坛 4 个版块。

(4)投票功能

利用投票功能进行课前测评、课后评价。教师可以从答题的状况中了解全班整体情况。

(5)精华帖

利用精华帖功能，点评、批改学生网上作业。教师一方面可以直接编辑学生的作业帖子；另一方面可用奖励手段把学生的作业帖子加入精华帖。

论坛的其他功能对教学来说也非常有意义。如对上传文件类型、大小和个数进行限制，可避免学生上传与课堂教学无关的文件；利用帖子的过滤字符，可防止一些不健康的用语；类似于 E-mail 的短信系统，功能强大，可整合到发帖和回帖中，便于学生及时交流；后台的上传文件管理功能，可以让教师提高处理学生的信息的效率，等等。

**2. 基于论坛(BBS)学习的特点**

对于论坛的成员而言，每个人都有发问与讨论的机会。面对别人的问题或答案时，成员们必须具备独立思考与批判思考的能力，而不是全盘接受他人的看法与意见。一般来说，基于论坛(BBS)的学习具有以下特点：

(1)既定主题下的发帖提问、讨论

BBS 大都设立了许多版块，每个版块讨论的内容不同。因而，教师或者学生在论坛提问或者讨论时需要首先确定自己的问题或者主题所属的版块，否则将会出现问题和主题长时间无人响应和人气不足的现象。

(2)多主题、多角度、覆盖面广

由于 BBS 具有保存信息、异步交流的特点，所以参与人数较多且大多数会员具有同样的爱好。会员发的帖子，大都会得到很多人的响应，尤其是优质资源的帖子。

(3)面向组织松散的公众，无关信息较多

BBS 面向的人群较为开放，论坛的互动相对较为自由和随便，只要是注册用户一般都可以查看信息、发帖讨论，经常出现一些意义不大的表达，比如："顶"、"支持"或是一些语气词，造成论坛信息的繁杂，给信息检索造成一些困难。所以学校教师建立的班级论坛应该对注册的用户信息和用户发表的帖子进行严格审查，保证论坛的组织性。

安装 PHPnow1. 4. 5(安装过程见广州市师生多媒体创作网站(http：//ss. gzjkw. net/ssdmt/)上的相关视频操作示范)，输入 http：//localhost/phpmyadmin，在你的主机上为 Discuz！建立一个数据库，名为 discuz，如图 5-60 所示。

图 5-60　创建 discuz 数据库

安装 UCenter 产品，把 UCenter 文件夹下的 upload 重命名为 ucenter 后，复制到 htdocs文件夹里。在 IE 浏览器中输入 http：//localhost/ucenter/install/。在第二步安装中输入数据库名 root 和密码，如图 5-61 所示，单击“下一步”按钮进行安装。(注：Discuz! 6.0 版本要求装通过 UCenter 可以无缝整合 Comsenz 系列产品，实现用户的一站式登录以及社区其他数据的交互。)

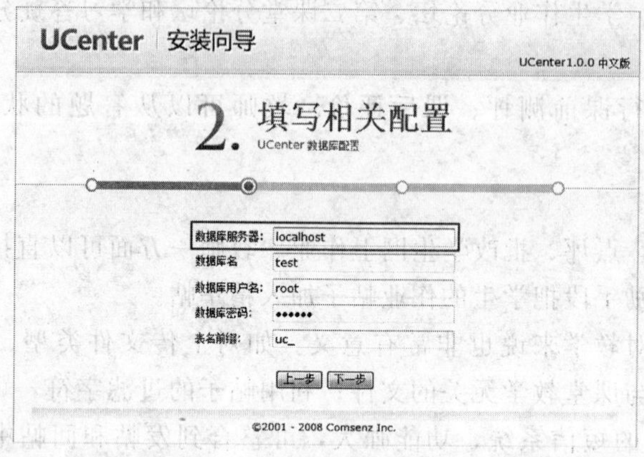


**图 5-61 Ucenter 安装界面**

把 Discuz！安装文件夹中的 upload 文件夹复制到 PHPnow 安装目录的 htdocs 文件夹里，重命名为 discuz。

在 IE 浏览器中输入 http：//localhost/discuz/install/，出现安装向导界面，根据向导的提示，填写数据库名和密码，完成 Discuz！安装，安装成功界面如图 5-62 所示。

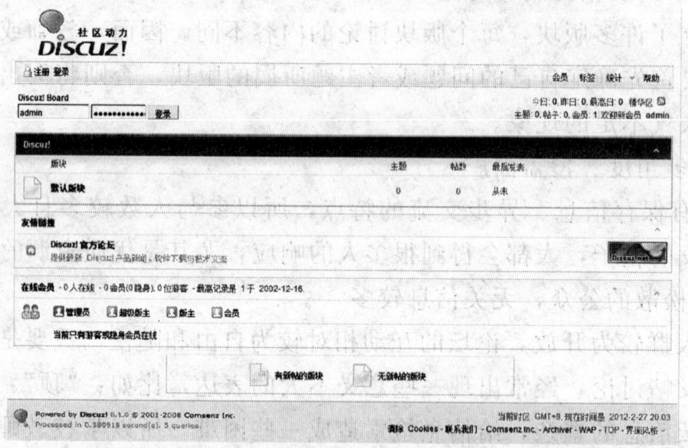


**图 5-62 Discuz！安装完成界面**

## ●●●● 综合实践

1. 动手安装 Moodle 教学环境，为所教课程创建一门课程并参与到课程的教学中来。

2. 安装一个 LAMS 学习活动教学环境，并在平台中设计一个探究性的活动，让学生参与，对学习的活动过程实施监控。

3. 亲身体验 Web 2.0 类型的网络学习环境，并动手安装基于 Web 2.0 的博客和论坛，实施教学活动。

# 第六章

# 信息化教学研究

“教师即研究者”的观念深入人心，教师的职责不再仅仅是教书育人，而且还要从一线教学实践问题出发积极探索教育规律，不断促进自身专业发展，但是许多教师对如何开展教育课题研究还不知如何下手。本章以信息化教学研究步骤为主线，依次讲解信息化教学研究的选题与设计、立项申请、开题、实施和结题的主要工作内容。

## 学习目标

1. 掌握信息化教学研究的选题及其设计方法
2. 掌握信息化教学研究的申请流程
3. 熟悉信息化教学研究开题与论证主要形式和工作内容
4. 理解信息化教学研究实施的基本原则、步骤和管理
5. 掌握信息化教学研究的结题立项的意义、主要步骤

## 本章知识地图

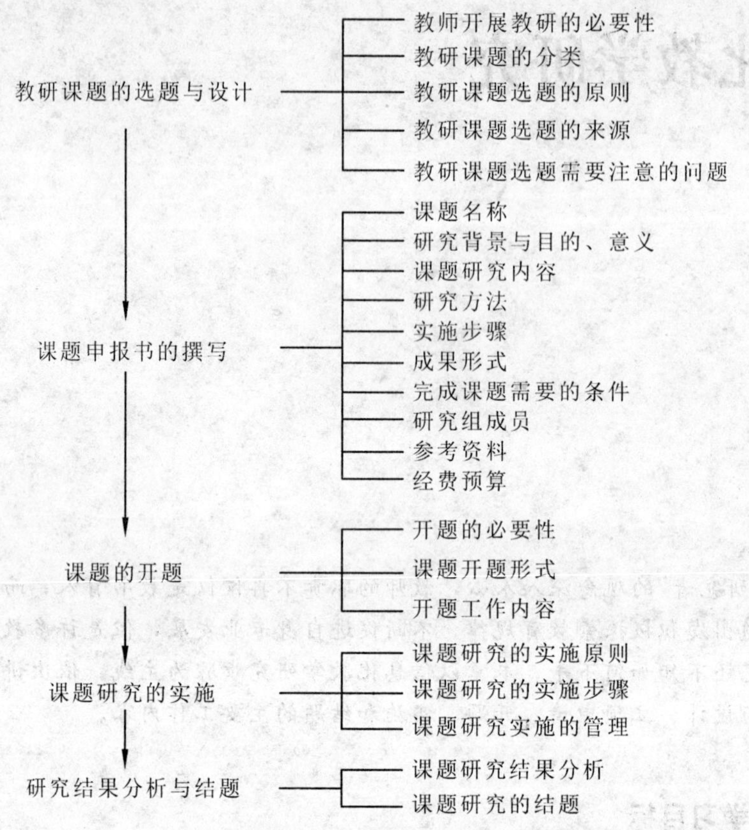


# 第一节 教研课题的选题与设计

选题，顾名思义，是指经过选择来确定所要研究的问题。任何科学研究都始于问题，爱因斯坦曾有一个著名的论断：提出一个问题往往比解决一个问题更重要、更困难，因为解决一个问题也许仅是一个数学上的或试验上的技能而已，而提出新的问题、新的可能性，从新的角度去看待旧的问题，都需要有创造性的想象力，而且标志着科学的真正进步。

## 一、教师开展教研的必要性

**1. 信息时代发展的客观要求**

教学系统是由教师、学生、教材、媒体等要素构成。其中教材即教学内容随着时代的发展和科技的进步要不断融入新鲜的血液，教师要更新知识结构，不断整合教材；新的课程开发，国家把部分权力下放给学校和教师，教师既是课程的消费者，也是课程的开发者、设计者，这就要求教师应以研究者的身份进行课堂教学实践；教育的对象——学生具有鲜明的个性、不同的智力水平等，这需要教师因材施教，创造性地进行教育，开发他们的智慧潜能，这些无疑都需要教师具备较浓厚的科研意识，要求教师在研究状态下工作。

**2. 教师不断成长的必备条件**

从教师专业成长的角度说，教师的专业知识拓展、专业能力提高和专业情意的发展，都离不开研究。这是因为教师参与研究可以提升自己的自我反思意识和能力，美国学者波斯纳认为：教师成长＝经验＋反思。通过研究了解自己行为的意义和作用；还有利于改进自己的教学工作，提出切实可行的教育改革方案。由于了解了自己的行为习惯和思想观念，教师才有可能了解自己还存在什么不足，进而采取行动改进自己的工作。一名师范毕业生由新教师成为合格教师，可以在实践中感悟或师于名师，而模仿和向老教师请教是一条成为合格教师的捷径，可以少走弯路，缩短成熟期；而从基本胜任到名家名师的成长，则需要像科学家那样的探索研究，用理性的目光，大胆尝试，创造性地改进自己的工作，逐步形成自己独特的教学风格，成为业内的行家里手。国内外许多教育家，如美国的桑代克、我国的陶行知等人，他们都是教师出身，但他们在工作中研究，在研究中工作，探索出教育的真谛，成为大教育家，被后人敬仰。

**3. 课堂教研是转变教育生产力的有效手段**

只有教师成为研究者，才能使教研活动根植于课堂，也才能使教育研究成果很好地在教育实际中加以应用，较好地变为教育生产力。“教师即研究者”运动的积极倡导者藤豪斯谈道：“如果没有得到教师这一方面对研究成果的检验，那么就很难看到如何改进教学，或如何能满足课程规划。如果教学要得到巨大的改进，就必须形成一种可以使教师接受的，并有助于教学的研究传统。”教师通过研究，可以转变传统的教育思想，树立现代的教育发展观、人才观、教育教学观，构建新的教育理念，是教育改革发展的先导和动力；还可以构建以生为本的高效的课堂创新模式，推进素质教育的进一步深入，教育研究的理想是，每个课堂都是实验室，每一位教师都是科学共同体的成员。

**4. 形成教师健康个性的需要**

进行研究可以使教师更加热爱教育工作，在劳动中获得理性的升华和情感上的愉悦，提升自己的精神境界和思维品位。正如苏霍姆林斯基所言：“如果你想让教师的劳动能够给教师带来乐趣，使天天上课不至于变成一种单调乏味的义务，那你就应当引导每一位教师走上从事研究这条幸福的道路上来。”教师参与研究还可以破除教师群体对研究的迷信，增强自己的自尊、自信和自立的能力。研究人，研究人的心理，研究人的天性，不仅能提升教师的人格魅力，而且能提高教育的有效性，和孩子们一起建设“精神家园”，是一件永远快乐的事情。教师要想获得持续性发展，适应教育改革的要求，就必须在自己的从教生涯中不断地反思，不断地研究，不断地改进。

## 二、教研课题的分类

(1)从研究的性质看，可以分为理论性课题和应用性课题。

(2)从资料来源和时间看，可以分为历史性课题和现实性课题。

(3)从研究的内容看，可以分为综合性课题和单一性课题。

(4)从研究的手段看，可以分为实验性课题和描述性课题。

(5)从课题选定形式看，可以分为新开题课题、结转课题、委托课题和自选课题。

## 三、教研课题选题的原则

**1. 价值性**

作为课题的问题首先应具有研究价值，即所选择的问题具有一定的学术价值或者具有一定的应用价值。所研究的问题，或者对于相关领域的理论发展有所贡献，或者对于改革实践具有指导作用，即研究结论具有应用价值。

对于中、小学教师来说，选题的价值体现在，所选择的课题是否符合社会发展、教育事业发展的需要，是否有利于教育改革和提高教育质量，是否能促进学生的身心健康、促进青少年的全面发展。也就是说，选定的课题要具有应用价值。从这个意义上讲，中、小学教师的选题范围很广。只要从当前教育改革和发展的实际出发，选择具有针对性、代表性、被普遍关注、急需解决的问题，这些问题就是有意义、有价值的。作为教师应该研究近在眼前的教学问题，即从教师自己认为重要的、手头上的教学问题开始研究。

**2. 科学性**

选题的指导思想、目的必须明确，选题的立论依据必须充分合理。要保证选题的科学性必须做到三点：

(1)课题要在充分占有资料的基础上形成。任何一项研究都是在以往研究基础上进行的，只有了解了关于这个课题的研究现状，才能知道现在研究这个问题是否有意义，是否能提出新观点、新方法，避免简单重复别人的研究。比如，要研究"如何建立良好的班集体"，就要了解这方面的研究成果，了解在理论和实践上已经解决了哪些问题，理论上还需要论证什么问题，在实践中还存在什么问题，这样才能确定研究的方向。

(2)选题要有事实依据，课题不是凭空杜撰出来的，只有在实践经验的支持下，才可以保证课题选择的科学性。对教师来说，选题一定要以教育改革实践和教育教学的经验为基础。

(3)选题要以教育科学基本原理为依据，这是选题的理论基础。如果选题没有一定的理论支撑，必然会造成选题的盲目性。

**3. 创新性**

创新是科学研究的重要属性。选择前人没有解决或没有完全解决的问题，通过研究有所发展或创新。因此要通过广泛深入地查阅文献资料和调查，了解他人对该问题的研究状况，从而在他人研究的基础上，确定自己研究的着眼点和切入点。当然，科学研究具有继承性，创新并不是要求一切都是独创的，更不能要求我们去开辟全新的研究领域。创新有不同层次、不同水平。提出一个别人还没有研究过的课题是创新，将一种理论观点首次应用到实践中去也是创新。同时，创新也不反对验证性、移植性的研究。

**4. 可行性**

指研究者具备顺利进行课题研究的条件。一般包括两方面：一是客观条件，包括与课题相关的资料、设备、时间、经费、技术、人力等，也包括进行课题研究的科学上的可能性；二是主观条件，指研究者原有知识、能力、基础、经验、专长以及自己的兴趣爱好。总之，要选择能发挥自己优势特长的课题。对于一线的教育工作者来说，他们具有丰富的经验，适合于进行实践性较强的研究，因此最好选择与自己的实践工作有密切联系的问题。

总之，要根据本人的知识经验水平、所接触的教育领域对某个问题的了解程度以及进行教育研究的目的，选择既有一定价值又具有可行性的研究课题。

## 四、教研课题选题的来源

**1. 从实践中碰到的疑难问题中选择课题**

作为教育教学工作的一线操作者、实践者，结合自己的工作实践来发现并选定课题，这是最好的途径，因为教育教学实践是教育科学研究最直接、最大的课题库。教育问题纷繁复杂，犹如“满天星斗”。如果教师们带着问号去审视日常教育教学工作，就会发现有不少疑难问题在等待我们去解决。从这些疑难问题中提炼的研究课题，其实践与推广价值是不言而喻的。这样的例子，不胜枚举。

如一书法教师在教学中发现学生在练习毛笔字时，握笔很难掌握“指实掌虚”这一要领，手指僵硬局促，不仅姿势难看，而且由于手部肌肉高度紧张而影响了运笔的流畅自然。如何纠正这一错误，让学生养成正确书写姿势呢？该教师提出了“培养学生正确书写姿势的研究”这一课题，总结了“初学毛笔字，可在握住毛笔的同时，在手掌中握住一只乒乓球以帮助领会‘指实掌虚’的训练方法”，对提高写字质量起到了明显的实效，具有较高的推广价值。

**2. 从教育改革的热点问题中选择课题**

每个科学领域，在不同的历史时期，在特定的社会背景下，都会产生一些相应的热点问题。近十年来，我国基础教育也是热点问题，时兴话题一潮紧跟一潮，“素质教育”、“创新教育”、“心理健康教育”、“减负”、“研究性学习”等都是我们教师耳熟能详的。将这些热点问题纳入自己的研究视野，进行综合判断，统筹考虑，能够使我们从中选择出符合自己能力、特长、知识、兴趣的适当课题。

如浙江省临安市石镜小学的教师在已往的教育教学中非常注重让学生写一些学习日记或学后记与教师进行沟通，在培养学生学习上的自我反思、自我监控能力方面取得了一定实效。当心理健康教育逐渐受到重视，中央、地方各级教育行政部门相继出台了关于开展心理健康教育的实践意见后，学校迅速意识到只要将原来的学习日记的范围扩大，把学习、生活、交往中的一些烦恼心理纳入师生交流范围，便是一项很好的心理健康教育的研究。由此，确立了“学生心理日记的研究”这一课题。

**3. 从教育教学的薄弱环节中选择课题**

事物总是由几个方面或几个环节组成的，其中有的是主要的、关键的，有的则相对次要些。事物的关键环节总能引起人们的足够重视，次要环节也总相对受人冷落。教育工作中也不例外。

从大的方面来说，教育目标是德、智、体、美、劳五育并举，但由于长期受应试教育的影响，不列入升学考试范围的科目总是处于相对薄弱的地位。退一步讲，就是一所学校的工作或一门学科的知识体系也存在薄弱环节，甚至成为无人光顾的空白地带。在积极开展教育教学工作的同时，审时度势，必定也能选择出一些课题，如学生青春期教育问题、公民教育问题、学生的社会性发展与培养问题、理科教育中的人文教育，等等。这类课题的确定、研究，既具有创新性，又有重要的现实意义。

**4. 从总结自己的教育经验中选择课题**

在每一名教师的教育教学实践中，或多或少地创造了教育经验。问题在于，有人的教育经验是显性的，有人的教育经验是隐性的；有人的教育经验是理论层面的；有的人的教育经验还停留在现象层面。总结自己的教育经验，就要将一些现象层面转化为理论层面，将隐性经验转化为显性经验，使之系统化、理论化，成为指导实践的武器。

有一位小学教师，本人对古典文学的兴趣较浓，在小学语文的古诗教学中，或讲故事，或画图画，或动作表演，或介绍诗人生平，或介绍创作背景，方法灵活，使学生学习古诗脱离了“死记硬背”的藩篱，教学效果明显。在这些方法各异的做法中，究竟有没有隐含着共性？如有，又是什么样的共性？带着这些问题，该教师认真翻检了历年来的教案，比较了其他教师的教学，最后归纳出上述做法中都有着“再现”这一成分，是“再现”缩短了学生与古诗之间的时空距离，让学生走进了每一首诗歌所特有的境界。在这基础上成功总结了“小学古诗再现教学法”这一教学经验。

**5. 从文献资料中选择课题**

人类几千年的文明史，为教育积累了大量宝贵的文献资料，这是后人赖以进一步探索、研究教育的基础。但由于前人和他人的研究不可避免地存在遗漏和不完善的地方，为后继研究留下了一个很大的空间，因而本着“取其精华、弃其糟粕”这种批判精神去审视文献资源，也能找到一些值得研究的课题。

如“元认知”理论自从进入我国，就被很多专家、学者所看好，充分显示出它的前瞻性。但综观各种文献，只停留在对其结构的研究及认为元认知水平能随着年龄而提高、元认知能力在学习、生活诸方面都会起重要作用、元认知水平可通过训练得以提高这一较为理性的层面，而教师在教育教学中如何培养、提高学生元认知技能却未见论断，这对于整个元认知理论体系不能不说是一大缺憾。于是产生了“小学生元认知技能发展与培养实验研究”这一课题，并在元认知技能培养策略研究中取得了突破性进展。

## 五、教研课题选题需要注意的问题

**1. 课题的大小范围要适宜**

教师要避免研究宏观层面的问题。问题过大时，针对性就差，实施起来难免无从下手。如有的教师选择“素质教育的综观认识与实践”、“自主、合作、探究学习方式研究”、“学生非智力因素培养研究”等，这些课题具有综合性，仅凭一个人的力量是不够的。相反，有的老师结合自己的教学实际提出了诸如“运用讨论法与比较法教《数的整除》一章的效果的比较”、“如何控制工读生吸烟行为的研究”、“艺术印章的魅力”等课题，这些课题都属于微观领域而且是教师非常熟悉的，做起来就很容易上手。当然，课题也不能过小，范围不能太窄，否则，研究的意义不大。

**2. 课题的难易程度要合适**

有些课题虽然很有价值，但是做起来很难，或者耗时太长。还有些问题属于日常的琐碎问题、个别问题。如班级两个学生闹不团结的问题，可能是一种偶然事件，原因比较具体，这类问题没有普遍意义，不适合作为研究课题。但这类问题的解决，可以作为个案，进行积累，作为个案研究的资料。

**3. 课题的主攻目标要明确**

选择的问题一定要具体化，界限要清楚，不能太笼统、不着边际或含混不清。如“初中低年级学习困难学生成因的研究”，在这个课题中研究的问题、研究的对象、研究的范围都非常具体。

## 第二节　课题申报书的撰写

在教育科学研究中，撰写课题申报书是非常重要的一环。因为在一个完善的课题申报书中，需要明确研究的课题名称及其范围，明确研究的意义及其目标，明确研究的创新之处及其可能碰到的难点，明确要采用的研究方法及其成果形式，明确研究的实施步骤及其过程。所有这一些都有助于自觉有序地进行课题研究并因此而收到事半功倍的效果。

一般来说，课题申报书包括课题名称、背景及意义、研究内容、研究方法、实施步骤、成果形式、完成课题需要的条件、研究组成员、参考资、经费预算料十个方面的内容，下面就其体例特点及要求作一些介绍。

### 一、课题名称

课题名称，又称题目，就是指研究问题的具体陈述形式。在名称确定之前，我们只是选定了一个比较有价值的问题，确定了课题研究的大体思路，但当落笔成文、制订方案的时候，就会发现还有许多内容需要进一步推敲，如何确定课题名称就是其中之一。通常一个有价值的问题需要斟酌多次才能确定它的陈述形式；也就是说，用一个题目的形式把它写下来时，还得花很多心思。一个好的课题名称，使别人看后能很快地从课题的名称中理解课题研究的实质，它的文字表达力求做到新颖、准确、简洁、生动和引人注目。一般有三种形式：

第一种是直述课题研究的问题，用词较为概括，例如：《成功教育研究》。

第二种是在课题名称中尽可能表明研究三要素：研究对象、研究问题和研究方法。如《初中代数自学辅导教学的实验研究》，研究对象是初中学生，研究的问题是代数教学中的自学辅导教学，研究的方法是实验法。

第三种是为了使课题名称醒目突出，或因文字表述较多，干脆采用正副标题形式，正标题精练新颖，副标题再作补充和解释。例如：顾泠沅先生的《寻找中间地带——从一堂几何课看数学教育改革行动》就属于这种形式。

一般在研究方案中提倡采用前两种形式，在研究报告中可采用第三种形式。

例如，广州市电子信息学校的曹树坚老师所带领的团队在申报广州“教育 e 时代”应用实验研究项目的子课题时，课题名称为《“教育 e 时代”网络环境下培养中职生就业能力的实践研究》，研究对象是中职生，研究问题是就业能力，研究方法是实践研究；这样的课题名称非常清晰，让审批者一目了然。

### 二、研究背景与目的、意义

首先，要阐述课题研究的背景，即根据什么、受什么启发而搞这项研究，主要描述三方面的内容：

(1)本课题与时代发展、社会变革的联系，反映时代对教育的要求。这是课题提出的大的背景。

(2)前人对本课题研究的思想、范围、方法和成果。把已有的研究成果作为自己的研究起点，不致使自己的研究重复别人的劳动，不致使研究成为过时的。

(3)结合当前自己学校的教育教学实际，存在哪些确实需要解决的问题。这也体现了课题的可行性原则。

其次，要阐述此项研究的目的和意义，说明本课题研究的立论依据、主攻方向、课题研究的理论和实践价值以及本课题研究的特色或突破点。通过揭示研究的价值，认识研究的重要性，才能真正进入课题，增强研究的动力，激发研究的兴趣，树立起研究的责任感，增强研究的自觉意识，把课题研究作为自己工作的一个重要组成部分来对待。

例如，广州市第九十七中学的刘玉梅老师所带领的团队在撰写《应用“教育 e 时代”教学模式和资源以促进学生“互动·善学·乐学”的有效课堂教学策略研究》这个课题的申报书的时候，结合新课程改革的大背景和课堂教学的有效性阐述了本课题的研究背景、目的与意义。

新一轮课程改革的不断深入，推动着教育的第三次革命。教学思想、教学观念的转变，是这场新的教育革命的重要标志之一。新课程改革背景要求教师转变教育观念，改变教学方式、方法，变革学生学习方式，使学生形成全面、和谐、积极、健康的可持续发展的现代人。课堂教学的有效性是指通过课堂教学活动，学生在学业上有收获、有提高、有进步，使学生获得发展。课堂教学的有效性最核心的特征是看学生是否愿意学、主动学以及怎么学、会不会学。

本研究项目的研究意义主要体现在与这一领域的研究现状的联系与区别在于：

(1)联系

· 都是对传统课堂教学中不利于学生充分发展、低效的教学方式的摒弃，倡导有利于培养学生创新意识和实践能力的有效教学策略。

· 都是借助于现代教育教学改革中的成功经验，并试图在此基础上通过实验论证上升为教学理论。

(2)区别

· 研究的背景不同：本研究项目是在全市全面实施“教育 e 时代”应用实验工作的背景下实施的，对如何高效应用“教育 e 时代”的教学模式和资源来组织实施旨在促进学生“互动·善学·乐学”的有效课堂教学策略进行研究。

· 研究重点不同：其他研究大多侧重理论方面，而本课题主要是应用实践研究，重在研究如何通过应用“教育 e 时代”的教学模式和资源来提高教学效率，使教师在研究、形成促进学生有效学习的教学策略的同时，全面展开利于学生自主学习的学科学法指导。

## 三、课题研究内容

设计课题研究的内容是整个课题设计的核心。目前，许多中、小学教师在课题设计活动中最薄弱、问题最多的就是内容的设计。如果这个问题不解决，课题研究就无法真正实施。

**1. 研究范围的限定**

制定研究方案时，为了使研究内容更加明确，往往要对课题的研究范围作一些解释和说明。

第一，对研究对象的界定。对研究对象进行界定，包括两个方面：①对研究对象的总体范围进行界定。如果研究对象的总体范围不同，那么同一个研究课题所得的结论就很可能不同。例如：研究教师的素质，以经济发达地区教师为研究对象和以欠发达地区教师为研究对象所得到的结论不可能会是一样的。②对一些研究对象的模糊概念进行界定。有不少课题中研究对象的概念模糊，外延不确定，如"厌学生"、"差生"、"青年教师"等。因此，要尽可能使用有参考依据的、比较权威的、被大多数人所认可的说法。

第二，对一些关键概念的界定。对研究课题中的一些关键概念必须作比较明确的定义。一方面，可以使该课题研究在确定的范围内开展，使课题思路明确清晰，具有可操作性，使研究成为一个有确切含义的问题，具有科学性；另一方面，也便于别人按照研究者规定的范围来理解研究结果和评价该研究的合理性。

**2. 研究内容的表述**

研究范围限定以后，就要着手考虑具体的研究内容。这一部分主要阐明课题研究的基本内容、重点、难点。研究内容必须具有可操作性，要使课题研究具备可操作性，还要确定其操作指标。如学生学习态度中的学习行为意向，其操作指标是：学生到校率、迟到和早退的次数与时数、上课时认真听讲的情况、完成作业的认真程度等。

课题研究内容的设计可以有多种方法和思路，如程序法、分解法、分类法等。在中、小学的课题研究中常用的是分类法。所谓分类法就是把课题研究内容分为理论研究和实践探索两个部分进行设计。对一线教师而言更侧重于实践探索部分的设计，即找到解决问题的载体、突破口、切入口等。

例如，广州市海珠区宝贤大街小学的谢小雁老师所带领的团队在开展《网络环境下互动课堂建构的研究》这个子课题研究的过程中根据研究的具体目标和总体目标，确定了自己的研究内容：①研究确定课堂中"互动"因素的构成及其相互影响；②探索网络环境下一系列促进教师和学生在教学活动中互动的教学策略；③构建网络环境下互动课堂教学模式。

## 四、研究方法

在制定课题研究方案时，研究者应该根据课题研究的具体目标、研究内容和研究对象的性质来考虑选择哪些具体的研究方法以及在研究中如何科学安排，通过对它们的合理运用来达到研究的目的。例如，对教师的素质现状进行研究，必然离不开调查法；研究如何对教师进行培养，一般总要用到经验总结法；探讨一种新的教学方法是否优于原有的教学方法，则宜采用实验法。需要特别提出的是，由于研究的对象往往是丰富多彩、复杂多变的教育事实，因此，选择的研究方法不能是单一的，而应该是综合的，特别是一些比较复杂的重大研究课题，常常需要综合地运用多种研究方法。我们所开展的行动研究不仅是一种方法，更是一组方法，可以调查、谈话、讨论，也可以理论分析、文献研究等。如进行某项调查研究，主要采用问卷调查，可以得到大量数据，但也要辅之以访谈，以使结论更加可靠，材料更加丰富。

“研究方法”主要反映一项研究课题的“怎样做”的问题。除了要叙述清楚使用什么方法进行研究之外，还要尽可能写得细致一些。如用调查法，可写明调查方式是问卷还是访谈。如果用问卷调查，最好能将设计好的问卷附上。如果是访谈调查，尽可能附上访谈提纲。

例如，广州市海珠区宝贤大街小学的谢小雁老师所带领的团队在开展《网络环境下互动课堂建构的研究》这个课题研究的过程中，计划采用行动研究法、观察法、文献分析法、内容分析法、准实验研究法等多种方法来收集相关资料，分析网络环境下的互动课堂建构。

## 五、实施步骤

在课题研究方案中，还要标明课题研究的进度、步骤和起止时间。要科学地安排时间，各阶段在时间安排上也要留有余地，以免不能按时完成任务而影响整个课题研究的进程。课题研究的管理者也可据此对课题研究进行检查、督促与管理。

一般研究都分为准备阶段、实施阶段和总结阶段。如果研究过程较长，那么实施阶段还可再分为几个小的阶段。

准备阶段(××年××月××日——××年××月××日)。大体包括调查和前测、理论学习武装头脑、制定研究方案、建立实验组织机构、确立研究对象等。

实施阶段(××年××月××日——××年××月××日)。大体包括开始操作研究内容、加强管理、注意观察记录、整体协调、完善修改研究方案等。

在实施阶段，还要明确如何将自己设计的研究内容和方法落实于具体教育实践，从哪个角度切入研究，进行操作。同时为了检验所采取的改善行为的有效性，检验自己研究结论的真实可靠，要明确如何记录整个研究过程，包括记录的内容和方法。中、小学教师可以从多种渠道获得数据，主要有写观察、访谈笔记和教育日志等方法；过程性资料可以通过教育日志反映，包括日常研究活动记事以及做这些活动背后自己的所思所想；研究结果方面的资料主要是指学生的发展变化、教师的发展变化以及教育情境的变化。

总结阶段(××年××月××日——××年××月××日)。就是要通过自己的理性思考，对材料进行统计分析和加工，寻找规律，设计出预期成果的形式，写出总结报告，发表教育论文等。

## 六、成果形式

教师根据所研究课题的层次和类型，确定研究成果的表现形式。理论研究成果表现为论文、专著和研究报告；实践研究成果的表现形式除论文、专著、研究报告外，还可以表现为调查报告、计算机软件和观摩课录像，或具有一定可操作性的方法、规范及制度、法规、条例等形式。

比较小的课题写成最终成果即可；比较大的课题，除了要有最终成果，还应该有阶段性成果，或者将比较大的课题分解为若干子课题，分别有各子课题的成果和总课题的成果。

在研究方案中设计出成果形式，从研究者角度来说，可以明确将来用什么形式来表现研究成果，从研究开始就可以着手向这方面努力，积累材料，构思框架，进行分工，以利于研究成果的顺利问世；从课题研究的管理者角度来说，可以据此进行检查验收。

例如，广州市海珠区宝贤大街小学的谢小雁老师所带领的团队在撰写《网络环境下互动课堂建构的研究》课题申报书的时候，明确指出了本课题的成果形式和完成时间。

(1)网络环境下互动课堂建构研究报告(研究报告)　　完成时间：2010.11

(2)网络环境下互动课堂教学研究(系列论文)　　完成时间：2010.6

(3)网络环境下互动课堂实验研究(实验方案、教学反思)　完成时间：2010.6

(4)网络环境下互动课堂典型案例集(系列教学设计)　　完成时间：2010.6

(5)网络环境下师生互动课堂课例(实验课例)　　完成时间：2010.6

(6)优秀学科网站(多媒体软件)　　完成时间：2010.6

## 七、完成课题需要的条件

对课题实施和完成条件的分析论证，是课题研究方案中的一个重要组成部分。这部分内容应写清楚进行课题研究的主观条件和客观条件。如进行科学研究的经费、场所、资料、通信手段及研究人员的组成结构、水平等。在此基础上，根据课题组成员的水平、能力及特长进行分工，把每项工作都要落实到人，以确保研究任务的如期完成。

例如，广州市越秀区东风东路小学的刘燕文老师所带领的团队在撰写《"教育e时代"数字化生态校园文化建设研究》课题申报书的时候首先介绍了与本项目相关的研究工作积累和已取得的研究工作成绩：主要包括学校的建设概况以及一些项目成就；然后在此基础上阐述了开展本课题研究所需要的条件以及拟解决的途径，最后将研究定位于"启动信息生态工程，构建一个和谐的学校信息生态系统，探索一套教育信息化可持续发展的长效机制和实施策略，通过教育信息化实现学校教育的和谐发展"。

## 八、研究组成员

在研究方案中，将课题研究组负责人、成员名单及分工情况写出，用以说明课题负责人及其成员是否具备一定的研究素质及能力，说明课题组成员的知识结构是否合理，对该项工作的时间投入能否保证课题的完成以及课题组成员间的协作程度等。

## 九、参考资料

从研究的科学性出发，课题方案还要提供自己立论和研究的参考文献资料，教师的课题方案一般只要列出目录即可，但作者、出版社、版本一定要写清楚，以便查对。

## 十、经费预算

经费预算一般包括图书资料费、调研费、会议费、仪器购置费、出版费、打印费、外出考察差旅费等项目。

以上十项是课题申报书的基本因素，在实际操作中，不一定按照这样的顺序排列，有些可以合并，也不一定要把这十项要素写全，可以裁减，可以增补，这都要依情况而定，但其中"课题名称"、"背景及意义"、"研究内容"、"研究方法"、"实施步骤"等几项，一般是必不可少的。

对于课题申报书的撰写，各位中、小学教师可以参考下列资源：

广州市教育局科研项目申报书（2010 年版），可以到以下网址下载：http：//www.gzjkw.net/view.jsp? NewsID=19131。

广州市教育科学规划课题申报书(陈丽萍，《教学反思对有效教学的作用研究》)，详细内容：http：//www.thjy.org/tianzhiyw/article/633092167105781250/633433456816528750.aspx。

中央电化教育馆全国教育技术研究规划课题申请·评审书，可以到以下网址下载：http：//www.cetr.com.cn/e21web/content.php? acticle_id=479。

国家级、省级、市级教育信息技术科学研究“十二五”规划课题申报指南，可以到以下网址查看详情：http：//www.gysdzx.cn/Article/ShowArticle.asp? ArticleID=758。

## 第三节 课题的开题

### 一、开题的必要性

开题是课题研究实质性的开始，是课题申报立项之后组织的可行性研究，是在课题申报之后的对课题研究的再认识和深化，是深入研究的第一步。开题就是在课题申报书的基础之上进一步明确课题研究思路，明确课题研究重点与难点，确定每个研究每个阶段性成果和终结性研究成果及其相关负责人，使课题研究更加明确、具体和可操作，这是课题研究实施的基本条件。同时开题是保障课题研究质量的重要条件，以往的经验表明，课题开题的缺失或者不完善将直接导致课题的质量不高或者课题不能顺利按时完成甚至半路流产。

所以要对课题的预期目标、研究内容、研究方法、研究计划和预期成果及其相关人员分工和负责人等做基本计划安排，明确重点，把握关键，使之恰当，以确保研究成果的科学性。可以说，课题的开题关系到课题实施开展的方向和进程，影响到课题研究质量以及能否及时结题。

### 二、课题开题形式

课题开题形式多样，课题组应该根据各自情况或者根据上级管理者的要求组织相应形式的课题开题。一般而言课题开题主要有三种形式：会议开题、专家开题与课题组内开题：

(1)会议开题，会议开题主要通过召开现场会形式研究、落实课题研究任务。会议开题适合课题研究内容比较宽泛、实验学校及实验教师较多的课题开题。通过现场会议，课题成员、实验学校、教师之间相互交流、协调任务分工和各项任务活动。

(2)专家开题，即课题组要求课题研究相关领域的专家学者参与课题组开题与论证工作，专家学者根据课题申报书的研究目标、内容、研究方法与技术路线等找出课题研究设计存在的问题，并提出修改意见和改进措施，专家开题侧重找出问题和提出问题的解决方案。

(3)课题组内开题，即课题负责人和课题组成员自行组织课题组内的开题，这一般要求课题负责人有丰富的课题研究经验，最好有独立承担课题研究的经历，而且还要求课题组负责人和成员比较熟悉和理解课题身的研究内容、目标和研究路线等，对课题论证具有相当的把握，不需要邀请专家进行开题指导。课题组内开题重点在于使课题组成员明确各自的任务及其责任。

### 三、开题工作内容

课题开题是对课题申报书的各项内容再认识和深化，因此课题开题要求课题组人员对课题研究设计的各部分加以认真的反思和再设计。课题开题一般要完成以下几个方面的工作：

**1. 调整和完善研究目标与内容**

在申报书的基础上，对研究目标和内容进行充实和完善，使研究内容从体系设计上完整、系统、科学，并有足够的理论支撑。研究目标规定了课题研究的方向、研究内容则规定了课题的主要工作，是课题研究的根本。在开题时应虚心听取专家的意见和课题组成员的反馈意见，科学地修改和调整。

**2. 调整和完善研究方法与技术路线**

研究方法和技术路线是实现研究目标，完成研究内容工作的思路和方法手段，开题工作期间应该根据研究目标和内容科学合理的设计整个研究的技术路线，将研究目标和内容进一步细化成若干相互联系子课题，明确各个部分子课题的研究重点和采用的研究方法。

**3. 落实研究任务与人员分工**

研究目标、内容和研究方法和技术路线确定之后课题组应该根据每个成员的研究方向和特长逐一落实每个研究子课题任务以及最终研究成果，确保每个任务都有人负责。

**4. 加强人员沟通与协作**

课题开题不仅是落实课题任务的需要，而且也是加强课题组成员之间沟通协作的需要，课题研究任务需要每个成员相互配合，统筹协调各项任务。

## 第四节　课题研究的实施

### 一、课题研究的实施原则

课题实施是一个课题从申报到成果落地的关键过程，因此在课题研究的实施过程中应该接受系统方法的指导，同时也要遵循一定的课题实施原则，主要有：目的性原则、人道性原则、科学性原则、过程性原则、协作性原则。

**1. 目的性原则**

教育课题研究活动具有明确的研究目标，因此课题研究的实施过程中各项研究活动的开展均要以实现课题研究目标为准则，全面落实课题研究方案的各项任务要求，保障研究目标的顺利达成。

**2. 人道性原则**

教育课题研究的研究对象一般是学生，课题出发点和终极目标是促进学生的全面发展，因此课题研究实施过程中课题组成员应该遵循国家的法律法规、社会公德、伦理规范，全面尊重课题研究过程中教师与学生的生命、信仰和权利。

**3. 科学性原则**

科学性要求课题组成员按照研究设计方案，遵守各个研究方法的操作程序和要求，科学合理的实施干预措施，以严谨务实的态度完成各项研究任务，收集研究数据资料。

**4. 过程性原则**

教育研究过程不可能一蹴而就，它要经历一个由浅到深，由易到难，由简单到复杂的不断发展、不断积淀的过程。因此，课题研究人员应该循序渐进，参考研究设计方案分阶段完成研究任务，及时总结各阶段研究经验和成果，并依次向前推进。

**5. 协作性原则**

协作性原则不仅要课题组成员之间相互沟通协作，协调好各自任务活动，保证各自任务按时完成，同时要求课题组成员与参与课题研究的师生互动，亲自走进研究现场参与观察、讨论，获取课题研究第一手数据资料。

## 二、课题研究的实施步骤

课题研究的实施是实施课题研究方案，积累事实性资料的过程，其核心是对课题研究数据的收集、整理、运用和再创造的过程。即按照研究方案规定的内容和步骤具体操作和实施。在实施阶段，要明确如何将课题研究设计的研究内容和方法落实于具体教育实践，从哪个角度切入研究，进行操作。同时为了检验所采取的改善行为的有效性，检验自己研究结论的真实可靠，要明确如何记录整个研究过程，包括记录的内容和方法。教育课题研究者可以从多种渠道获得数据，主要有写观察、访谈笔记和教育日志等方法；过程性资料可以通过教育日志反映，包括日常研究活动记事以及做这些活动背后自己的所思所想；研究结果方面的资料主要是指学生的发展变化、教师的发展变化以及教育情境的变化等。课题研究的具体实施步骤如下：

**1. 研究准备阶段**

研究准备阶段要求教育科研人员在具体开展研究实验之前根据课题研究方案及其各自的人员分工开展一些准备性的工作，其中的两大核心工作是：①根据各自任务的目标要求及其方法要求制定具体的教育研究干预，比如设计一个教学模式并开发具体实例，开发一个教学专题网站，制定一套具体的规章制度等；②根据解决任务采用的研究方法选择合适的研究工具。比如问卷调查法需要制定合理的调查问卷，访谈法需要制定访谈大纲和制定具体的访谈方案(包含访谈对象、访谈方式、访谈地点、访谈时间等的设计与规划)，实验法需要确定实验对象与环境、实验设计模式、实验变量控制与操作方法等，内容分析方法则需要制定内容分析类目表和确定内容分析人员等。

**2. 研究实施阶段**

该阶段是教育科研人员将教育研究干预付诸研究实践并利用研究工具实施研究方法、收集过程性研究数据，记录研究过程和内容的过程。在该阶段课题研究成员需要时刻牢记研究任务与目标，保持敏感性，善于发现研究实施过程中的问题，避免不利因素的干扰，及时根据研究计划调整研究方向；需要善于观察和科学地收集各种过程性资料和数据，收集研究过程的完整数据。此阶段应该注意如下问题：

(1)数据资料收集时候，课题研究者尽量走进研究现场，通过自身的观察和与一线教师、学生的交流互动获取课题研究的一手数据资料。数据收集过程中研究者还应该注意数据的有效性和科学性，切勿凭空捏造数据或者理所当然地记录数据。

(2)研究者要时刻保持与一线实验学校或者基地的联系，通过定期的沟通交流及时发现课题研究过程中可能存在的问题，并制定及时有效的纠正调整方案。

例如，广州市第九十七中学的刘玉梅老师所带领的团队在开展《应用“教育 e 时代”教学模式和资源以促进学生“互动·善学·乐学”的有效课堂教学策略研究》这个课题的研究过程中，将研究的总体目标分解为几个子目标，然后采用行动研究的方法分阶段来实现这些子目标，具体的实施步骤如下：

第一轮：(2009 年 4～6 月)研究目标：分析促进学生互动能否提高课堂教学有效性

(1)计划：在学科中应用“教育 e 时代”工程中能促进学生互动的教学资源，广泛开展课堂教学的实践。

(2)行动：教学设计研究、上课实践。

(3)观察：促进学生互动和提高课堂教学有效性有什么关系？促进学生互动的教学方法有哪些？

(4)反思：促进学生互动能否提高课堂教学有效性。

第二轮：(2009 年 9～11 月)研究目标：分析促进学生善学能否提高课堂教学有效性

(1)计划：在学科中应用“教育 e 时代”工程中能促进学生善学的教学资源，广泛开展课堂教学的实践。

(2)行动：教学设计研究、上课实践。

(3)观察：促进学生善学和提高课堂教学有效性有什么关系？促进学生善学的教学方法有哪些？

(4)反思：促进学生善学能否提高课堂教学有效性。

第三轮：(2009 年 12 月～2010 年 3 月)研究目标：分析促进学生乐学能否提高课堂教学有效性

(1)计划：在学科中应用“教育 e 时代”工程中能促进学生乐学的教学资源，广泛开展课堂教学的实践。

(2)行动：教学设计研究、上课实践。

(3)观察：促进学生乐学和提高课堂教学有效性有什么关系？促进学生乐学的教学方法有哪些？

(4)反思：促进学生乐学能否提高课堂教学有效性。

## 三、课题研究实施的管理

课题研究重在过程，为了让参与课题研究的成员扎扎实实地进行研究，加强课题的过程监督非常重要。课题研究实施过程的管理其职能主要表现在管理和服务：①管理职能，管理职能具体体现在落实计划、信息反馈和检查与评价，即课题支持单位、承担单位和课题组相互沟通保障课题研究信息及时反馈至课题管理人，以便其根据课题研究方案确定课题研究任务、经费器材、人员的具体落实情况和检查和评价课题研究的实施效果与进度；②服务职能，即课题管理人员需要在课题研究实施过程中要通过与课题承担单位和课题组相互沟通及时发现课题实施问题并帮助其解决一些科研问题，如提供科研信息和改善科研条件。

课题研究实施的管理核心是课题实施的质量控制，是依靠课题组及其相关辅助部门全体人员，综合利用各种科学评价方法和工具对课题研究实施过程中形成的数据资料和阶段性成果进行全面检查和评价的管理活动，是保证课题研究高质量完成的重要手段。质量控制主要体现在检查和评价上。

(1)检查，即课题组负责人和成员应该在课题实施过程中要定期整理和记录课题实施过程信息，以便课题管理人员能按课题管理的有关程序和法规进行定期检查。课题由主持部门或者课题承担单位负责组织检查，可以每季度或半年检查一次，年终做出总结。

(2)评价，即阶段性评估，主要是课题实施过程中阶段性工作进行定量与定性的分析和总结，为此，在课题实施过程中，必须大力加强和做好科研管理的各项基础性工作。

## 第五节　研究结果分析与结题

### 一、课题研究结果分析

课题研究实施完成之后需要将课题组所有的数据资料整合起来加以分析处理形成研究结果，一般课题组最终的数据资料可以分为两类：借助于问卷法、调查法、测验法收集的选项性数据资料，借助于访谈法、开放式问卷法、观察法、个案研究法而收集的描述性数据资料。课题研究资料的分析处理一般包括 5 个具体步骤：

(1)筛选原始数据资料，即研究成果分析之前需要先筛选合格的原始数据资料保证数据资料的完整性、真实性和可靠性，对存在问题的数据资料要予以剔除或者返回研究现场重新收集数据资料。

(2)整理原始数据资料，选项性数据资料一般采取将选项赋值的方式转化为数值数据，而描述性数据资料的整理是一个由整体到局部的过程，研究者需要在了解原始资料总体情况和各部分具体内容及其相互关系的基础上根据研究目标和资料性质去粗取精、由表及里提炼原始数据资料，寻找贯穿资料的内在主线和能说明研究问题的核心内容。

(3)验证数据资料的信度和效度，信度是指数据资料的可靠性，效度则是数据资料的有效性，选项性数据资料处理之后可以采用 SPSS 等数据统计工具验证其信度和效度，而描述性资料的信度和效度则需要根据具体采用的研究方法采取特定的方式检验其信度和效度。

(4)数据资料的分析，数据资料的分析可以使资料更加条理化和系统化，反映研究对象的属性性质，揭示隐藏在现象之后的本质规律，一般而言选项性数据转化为数值数据之后可以借助 SPSS 之类的数据统计工具对其进行数理统计处理，而描述性数据资料则可以选用内容分析法、扎根理论等方法对原始资料进行提炼，抽取出主要内容和概念及其关系，找出说明问题的关键性指标。

(5)得出研究结论或者验证假设，在数据资料的分析之后研究者可以通过数据资料分析抽取提炼出理论模式用以解决研究问题或者验证研究干预的有效性，揭示教育研究干预应用的内在规律。

研究结果分析之后研究者还应该及时归纳整理将研究成果转化为学术论文和研究报告，这既能帮助研究者总结和提炼课题研究过程经验和教训，也是推广课题研究成果的重要手段之一。

## 二、课题研究的结题

### 1. 课题研究结题的意义

课题研究结题是课题研究总结、反思、咨询的过程；是研讨、阐释、理论提升的过程；是为新一轮研究提供研究基础的过程；也是进一步地形成、开发、应用课题研究经验、研究成果的过程，是课题研究必不可少的环节，具有重要的意义。

(1)课题研究结题是课题研究的需要，课题结题有利于科学总结和完善课题研究成果，有利于向社会推广课题研究成果，丰富教育理论宝库，为教育行政主管部门提供抉择依据。

(2)课题研究结题是课题管理的需要，课题研究一般是课题主管部门和课题组之间共同约定的研究活动，课题研究结题则是表明课题管理部门与研究者双方约定的研究任务的达成。结题鉴定可以进一步提高课题主持人的科研信度，得到课题管理部门的信任，而课题主管部门也能通过课题结题鉴定挖掘优秀的课题研究人才，并为下一步课题规划和管理工作提供宝贵经验。

(3)课题结题是课题研究主持人和研究人员的需要，结题鉴定为课题主持人和课题组研究人员提供了听取同行评议、反思自己研究过程和研究行为的机会，有利于发现研究中存在的问题或是产生新问题，为进一步在自己的研究方向上进行更深入的研究开辟了道路。

### 2. 课题研究结题的方式

课题研究一般有三种结题鉴定的方式：会议结题，通信鉴定和成果鉴定。

(1)会议结题，已召开同行专家会议的方式对课题研究过程和过程进行鉴定以确定其是否按照研究方案中的研究目标、研究过程和方法来开展和完成预期目标。会议鉴定能够得到专家全面的评价，有利于提升课题研究成果的理论高度。

(2)通信鉴定，以通信方式将把鉴定材料发送至评审专家，由专家组成员个人完成课题评审并交由评审专家组长统一各个专家组成员意见完成课题鉴定工作。通信鉴定方式成本较低，但由于缺少专家与课题组之间的互动而很难保证专家组能够全面理解课题研究，提出科学合理的课题评审鉴定意见。

(3)成果鉴定，通过社会专业评价机构的审定和认可，在专业刊物发表的论文或公开出版的专著、获政府奖励等来表示课题研究成果已经取得，从而认定结题。这种方式需要研究者提交评价机构的证明，提交成果与课题研究相关性的说明，由课题管理部门进行判断和认定。

### 3. 课题研究结题的步骤

(1)准备结题材料，一般需要准备结题鉴定申请书，课题研究报告，公开发表的论文、专著以及其他成果等。还需要准备一些附加性材料，如立项通知、课题开题论证书、课题中期检查报告或报表、验证课题成果推广效益的有关附件和其他佐证材料。

(2)申请课题结题鉴定。①与课题管理部门取得联系，送交结题鉴定材料，课题管理部门审查文档，核实是否材料齐全、是否完成课题研究任务。②与课题主管部门协商结题鉴定方式，一般是由课题主持人提出，经课题主管部门同意即可。重点资助课题一般要求采用会议鉴定，以发挥会议鉴定对课题研究的作用。③与课题主管部门协商鉴定组专家构成，一般专家组人员不少于 3 人。

(3)会议鉴定或通信鉴定。会议鉴定或通信鉴定的核心工作是安排鉴定的具体组织程序，使同行专家有充分的时间和机会对课题研究过程及成果进行学术上的评判，提出切合课题实际的鉴定意见。

课题鉴定结束之后，课题组应该根据专家组提出的意见进一步修改完善，提升课题研究的价值和水平，并以恰当的方式积极传播、宣传和推广课题研究成果。

**4. 课题结题报告的结构**

课题结题材料中最重要的是课题研究报告，研究报告要对课题研究获得的成果及其科学合理性做出解释和说明。研究报告要求全面反映整个课题研究的主要过程，把握课题研究重点，突出研究成果特色。一般研究报告需要包括如下几个部分：

(1)导论，研究者要根据课题的实际开展过程认真回答清楚“研究什么课题”，“为什么要研究这个课题”，“研究这个课题的意义”，“国内外研究到哪个地步”等几个问题，即阐述课题提出的背景及其理论与现实意义，研究的内容及其目标和国内外研究进展与趋势。

(2)主论，该部分要认真结合课题研究过程阐明课题研究采用的各种研究方法及其相应的研究结果，并对研究结果予以升华、诠释，了解其理论与实践意义，讨论其可靠性和局限性；这部分还包括对结果的概括和推论，针对问题提出建议与措施等。要求简明归纳研究成果的基本要点，即研究了什么问题，有什么结果，说明了什么问题。同时要根据研究情况得出下一步应深入研究的问题。

(3)参考文献，即给出研究过程中对课题研究具有重大参考价值和启示的国内外文献，参考文献的给出表明了课题研究的坚实基础，也是对别人研究成果的尊重。

## 问题与思考

1. 信息化教学研究主要有哪些步骤，并简要论述各个步骤主要内容。
2. 信息化教学研究常用的研究方法有哪些？

# 参考文献

[1]余胜泉．信息技术与课程整合——网络时代的教学模式与方法[M]．上海：上海教育出版社，2004

[2]张筱兰，郭绍青．信息化教学[M]．北京：高等教育出版社，2010

[3]钟志贤．信息化教学模式[M]．北京：教育科学出版社，2003

[4]祝智庭．现代教育技术——走进信息化教育[M]．北京：高等教育出版社，2001

[5]柯清超．信息化教学设计与教学工具[M]．西安：陕西师范大学出版社，2008

[6]王琳．基于LAMS的活动理论教学设计模式研究[D]．武汉：华中师范大学硕士学位论文，2009

[7]杨慧玲．基于LAMS开展信息化教学设计的实践研究[D]．武汉：华中师范大学硕士学位论文，2008

[8]苏旺辉．多媒体课件开发及其模型研究[D]．兰州：西北师范大学硕士学位论文，2006

[9]卢雪玲．混合学习课程设计案例研究[D]．广州：华南师范大学硕士学位论文，2010

[10]李莉．信息技术环境下小学综合实践活动课教学设计[D]．兰州：西北师范大学硕士学位论文，2006

[11]李林．超级画板支持下的高中数学教学研究[D]．广州：广州大学硕士学位论文，2010

[12]安涛．信息技术在教育中应用效果的研究[D]．保定：河北大学硕士学位论文，2006

[13]邓国民．基于Moodle的《现代教育技术》网络课程的开发和应用[D]．成都：四川师范大学硕士学位论文，2008

[14]高文．情境学习与情境认知[J]．教育发展研究，2001(8)：30—35

[15]何玮，刁静．Windows系统中LAMS教学平台的构建[J]．软件导刊(教育技术)，2009(12)：67—69

[16]蒋业权，刘红宇．网络教学环境的构成及优化[J]．广西师范大学学报(哲学社会科学版)，2007(43)：86—89

[17]解腊梅，王瑜．中、小学教师怎样进行课题研究(二)[J]．教育理论与实践，2008(5)：41—43

[18]解腊梅．中、小学教师怎样进行课题研究(一)[J]．教育理论与实践，2008(2)：40—42

[19]李焕勤，郭峰．多媒体网络教学资源库的开发与应用[J]．现代教育技术，2005(4)：54—59

[20]李哉平，徐朝晖．教育科研课题结题与研究报告的生成[J]．教学与管理，2007(12)：32—35

[21]马勃民，程建钢，韩锡斌，杨超，曹岩．构建网络教学资源库系统[J]．中国电化教育，2002(12)：74—77

[22]毛庆华．利用授导型教学设计一堂英语课[J]．科技信息，2007(31)：227

[23]权凤荣．教育科研课题实施中的管理工作[J]．吉林教育科学，1994(4)：44—46

[24]盛英洁．可持续发展的上海教育资源库推广服务机制研究[J]．中国电化教育，2008(3)：35—39

[25]宋艳．中小学教师怎样进行课题研究(九)教育科研资料的处理与分析[J]．教育理论与实践，2008(9)：41—43

[26]谈秀菁．怎样做好课题的开题工作[J]．南京特教学院学报，2007(2)：72—73

[27]万良来．利用 NetSupport School 开展信息技术课堂教学与管理——以《机器人走正方形》教学设计为例[J]．中、小学信息技术教育，2010(7)：87—89

[28]王珏．网络教学环境的特点及构建[J]．理论观察，2003(6)：106—107

[29]王玉红，刘砚秋．网络教学环境的构建及应用[J]．电化教育研究，2011(2)：201—202

[30]易志勇．教育科学省级规划课题的结题鉴定与具体操作[J]．长沙民政职业技术学院学报，2008(15)：83—86

[31]张景中．《超级画板》的初步认识和体验[J]．数学通讯，2007(1)：7—8

[32]张静，刘延申．中、小学教学资源库的建设[J]．教育信息化，2004(7)：34—37

[33]张亚涛．现代教育技术课题研究的实施与过程管理[J]．中、小学电教，2006(7)：20—21

[34]周坤亮．信息化教学设计研究综述[J]．南京晓庄学院学报，2011：64—67

[35]周颖华．教育科研课题开题的形式与内容[J]．小学校长，2008(6)：32—33

# 教学支持说明

建设立体化精品教材，向高校师生提供系列化教学解决方案和教学资源，是北京师范大学出版集团“服务教育”的重要方式。为支持相应课程的教学，我们向采用本书作为教材的教师免费提供教学资源。

为保证该资源仅为教师获得，烦请授课教师填写如下开课情况证明，扫描后寄至下面地址或发送电子邮件到邮箱 songshuyu@bnupg. com。

我们的联系方式：

地址：北京市海淀区新街口外大街 19 号北京师范大学出版社职教分社

邮编：100875　　　电话：010-58804236

E-mail：songshuyu@bnupg. com

---

# 证　　明

兹证明＿＿＿＿＿＿＿＿＿＿大学（学院/学校）＿＿＿＿＿＿＿系/院第＿＿＿学年开设的＿＿＿＿＿＿＿＿＿＿＿＿＿＿课程，采用北京师范大学出版社出版的＿＿＿＿＿＿＿＿＿＿（书名和作者）作为本课程教材，授课教师为＿＿＿＿＿＿＿，学生＿＿＿＿＿＿＿个班，共＿＿＿人。

授课教师需要与本书配套的教学课件为：＿＿＿＿＿＿＿＿＿＿＿＿＿＿＿＿＿＿＿＿＿＿＿＿＿＿＿＿＿＿＿＿＿＿＿＿＿＿＿＿＿＿＿＿＿＿＿＿＿

地　址：＿＿＿＿＿＿＿＿＿＿＿＿＿＿＿＿＿＿＿

邮　编：＿＿＿＿＿＿＿＿＿＿＿＿＿＿＿＿＿＿＿

电　话：＿＿＿＿＿＿＿＿＿＿＿＿＿＿＿＿＿＿＿

E-mail：＿＿＿＿＿＿＿＿＿＿＿＿＿＿＿＿＿＿＿

系/院主任＿＿＿＿＿（签字）

（系/院办公室盖章）

201＿＿年＿＿月＿＿日